야구 교과서

WATCHING BASEBALL SMARTER:
A Professional Fan's Guide for Beginners, Semi-experts,
and Deeply Serious Geeks by Zack Hample
Copyright © 2007 All rights reserved.

This Korean edition was published by BONUS Publishing Co.
in 2009 by arrangement with Vintage Anchor Publishing,
a division of Random House, Inc., New York through KCC(Korea Copyright Center Inc.),
Seoul.

이 책의 한국어판 저작권은 (주)한국저작권센터(KCC)를 통한 저작권자와의 독점 계약으로
보누스출판사에 있습니다. 저작권법에 의해 보호를 받는 저작물이므로 무단전재 및 무단복제를
금합니다.

야구 교과서

규칙과 전략이 한눈에 보이는 똑똑한 야구 관전 가이드

잭 햄플 지음 | 문은실 옮김

보누스

머리말

야구는 교회와 같다.
많은 사람들이 보러 가는데,
이해하는 사람은 거의 없다.

— 웨스 웨스트럼, 전 메이저리그 포수

이 책이 야구를 보고 이해하는 방식을 다루는 유일한 책은 아니다. 하지만 이 책을 읽으면 선수들이 왜 항상 사타구니를 잡고 있는지 다른 어떤 책에서보다 잘 알아낼 수 있다.(9장, '그곳을 잡는 이유' 참조) 나는 운동장에 서 있는 선수들이 왜 그런 행동을 하는지 알고 있다. 나 자신도 그런 행동을 했기 때문이다. 나는 리틀 리그에서부터 대학 때까지 그 짓을 했다. 플로리다에서 캐나다에 걸쳐 열린 숱한 야구 캠프와 클리닉에서 그 짓을 해왔던 것이다.

허세를 부리려는 뜻은 없다. 전국으로 방송되는 텔레비전에서 그 꼴을 보인 적은 한 번도 없거니와, 어쨌거나 자랑 삼을 일은 아니지 않은가. 그렇다고 그게 또 부끄러워할 일이냐 하면, 그건 전혀 아니다. 그것은 그저 경기의 일부분일 뿐이다. 그러나 바로 이것 때문에 나는 이 책에 사타구니에 관한 이야기를 집어넣었다. 마찬가지 이유로 스테로이

드, 통계, 연봉, 수술, 구장, 미신, 침 뱉기에 관한 이야기들도 이 책에 담았다. 이것들도 야구라는 경기를 이루는 일부분이다. 그렇더라도 야구에서 중심이 되는 문제는 아니지 않을까? 물론 말할 나위도 없다. 하지만 야구라는 경기를 제대로 즐기기 위해서는, 그리고 진정한 팬이 되기 위해서, 하다못해 말 안 통하는 꼴통들을 농락하기 위해서라도 방금 말한 것들에 대해서는 알 필요가 있다.

타자가 투수가 던진 공에 맞으면 1루로 걸어 나가게 된다는 것은 대부분의 야구팬들이 안다. 하지만 투구에 맞는 게 정확히 얼마만큼 아픈지는 잘 알지 못한다. 그리고 투수가 던진 볼에 맞아 사망한 유일한 선수에 관한 이야기도 잘 모른다. 헬멧을 최초로 착용한 팀에 대해 설을 풀어놓을 수도 없으며, 언제 헬멧 한쪽에 귀덮개를 달게 되었는지 조금도 알지 못한다. 사실, 그런 문제들을 주워섬기는 것은 싱거운 짓일 수 있다. 하지만 그게 모두 재미를 이루는 부분인 것이다. 인필드 플라이 규칙에 대한 간략한 설명을 읽고 거기서 그치고 마는 대신, 그 규칙에 관하여 잘 알려지지 않은 사실을 몇 가지 알아보는 것도 나쁠 것 없지 않은가? 그렇게 해서, 야구 좀 안다고 재는 사람이 인필드 플라이 규칙에 대한 지식을 놓고 혹여 여러분을 시험해보려고 들거든, 여러분도 되받아 쳐줄 수 있는 실탄을 몇 발 보유하게 되는 것이다.

"왜 그런 규칙이 있냐고? 알다마다. 사실은 나도 인필드 플라이 규칙에 대해서는 약간 들은 게 있다고. 그러는 당신은 이 규칙이 몇 년도에 제정됐는지는 아나?"

야구팬들과 자주 어울려 다니는 편이라면, 누군가는 여러분에게 도전해올 것이다. 팬들이 어떤 식으로 생각을 하는지는 내가 잘 아는데, 나 자신이 팬이기 때문이다. 나는 10만 장이나 되는 카드에 경기기록을 기억시켜두었고, 1500개가량의 선수 사인 가운데 어떤 것은 빗속에서 기다리다가 얻었으며, 내가 방문한 적이 있는 41개의 메이저리그 경기장 모든 곳에서 어떻게 하면 효율적으로 화장실을 다녀올 수 있는지 전략이 다 서 있다.(스리 아웃 때까지 기다리면 안 된다. 그때 가면 다른 사람들도 모두 화장실에 가려 할 것이다.)

경기장에 직접 찾아가 야구를 본다는 것은 두말할 필요도 없이 신나는 일이다. 하지만 야구장에 직접 가서 경기를 보는 것이 야구라는 경기를 익힐 수 있는 최선의 길은 아니다. 전문가와 함께 경기를 보러 갈 만큼의 행운아가 아니고서야, 야구장에서 경기 돌아가는 상황, 선수 특징, 야구 은어, 일화, 역사, 전략, 뒷이야기 그리고 가장 중요하게는 뉘앙스에 대해 설명해줄 사람은 어디에서도 찾기 힘들다. 그리고 박스석에 앉을 만한 행운 역시 누리지 못하는 처지라면, 어쨌거나 그 모든 것을 알아

볼 만큼 가까이서 경기를 지켜보지도 못할 터이다.

나는 TV로 야구 보는 편을 좋아한다. 돈도 안 드는데다가, 보기도 언제나 더 좋기 때문이다. 심지어는 각도만 딱 잡혀 있다면 욕실에서도 감상할 수 있다. 여러 대의 카메라로 다른 각도를 잡고, 바로 그 자리에서 슬로모션으로 다시 틀어주는 것도 마음에 든다. 그런 장면은 야구장의 대형 전광판에서는 그다지 자주 볼 수가 없다. 특히 홈팀에 불리하게 작용할지도 모를 아슬아슬한 판정이 나왔을 경우가 그런데, 경기장 관리자 측에서는 리플레이를 해서 관중을 즐겁게 해주기보다는 폭동을 막으려는 데 치중할 것이기 때문이다. 무엇보다도 나는 중계자들의 이야기를 듣는 것이 좋다.

중계자들은 대개 2명이 한 쌍을 이룬다. 보통 유력한 스포츠 앵커, 그러니까 한 방송국의 중계를 거의 도맡아 하는 앵커가, 여러 일화와 내부자로서의 분석을 곁들이며 경기 중간중간을 메우는 전직 선수를 해설가로 대동하고 경기를 설명한다. 그런데 그들의 중계가 시즌 내내 경기를 끼고 사는 팬들에게는 아주 좋은 도구이지만, 야구에 죽고 못 살지는 않는 팬들에게는 혼동을 안겨줄 수도 있다. 특히 중계자들이 알아듣지도 못할 은어를 쓸 때는 더욱 그렇다.

존슨이 타석에서 기가 막힌 볼티모어 찹을 때려내 수비를 꼼짝 못
하게 하는가 싶더니, 로드리게스가 나타나서 5.5홀 사이로 뛰어올
라 공을 건져내고 전광석화와 같은 플레이로 1루에 공을 뿌렸단 말
이죠.

뭐라고? 이 말은 그러니까 타자가 유격수 앞 땅볼로 아웃되었다는 것을 폼 나게 표현한 것이다. 야구에는 다채로운 언어가 녹아들어 있다. 독자 여러분은 그 언어를 이해할 필요가 있다.

이 책 전체에서 야구 은어와 핵심용어에 해당하는 영어 표현은 이탤릭체로 표시하겠다. 만약 어떤 말이 나왔는데 뜻을 모르겠거든, 용어집을 확인하라. 본문과 용어집은 상호보완적인 역할을 하게끔 만들었고, 어떤 부분에서는 왔다 갔다 하느라고 약간 시간을 잡아먹을 수도 있다. 하지만 본문에는 나오지 않는 수백 개의 용어와 함께, 용어집은 그 나름대로 책의 한 부분을 이루고 있다. 용어집을 쭉 읽어보기를 권한다. 그러나 그게 성가시다면, 책을 TV나 컴퓨터 옆에 가까이 두고 메이저리그 생중계를 시청하거나, 뉴스를 접하거나, 아니면 기록을 찾아볼 때 뒤져볼 수 있게끔 하자.

나는 온갖 수준의 팬이 섞인 친구들 몇 명에게 이 책을 처음 보여주면

서, 이 책이 그들 모두의 눈길을 붙잡기를 바랐다. 나는 이 책에서 기본을 다루면서도 소수만이 아는 내용을 탐사했다. 재미있는 일이었고, 진지하게 접근했다. 책에는 통계와 일화들이 담겨 있었다. 메이저리그의 역사와 전략이 들어 있었다. 썩 잘 매만진 책이었다. 그런데 한 젊은 여성이 말했다.

"설명이 좀 더 필요하겠는걸요. 전 땅볼이 뭔지 몰라요."

농담이 아니었다. 이런 일은 전에도 겪어본 적이 있다. 한번은 영국에서 온 사내에게 야구가 무엇인지, 아주 기초적인 것부터 설명하느라 두어 시간을 보낸 적도 있다. 그는 야구경기라고는 한 번도 본 적이 없었다. TV에서 스쳐 지나가듯 본 적조차 없었다.

"좋아요. 저기 저쪽에 기다란 나무방망이를 들고 서 있는 사람 보이죠? 그게 타자예요."

그게 이 교육이 시작된 계기였다. 하지만 내가 그런 방식으로 이 책도 썼다는 얘기는 아니다. 그러니 나는 한 이닝에 아웃이 몇 개까지 있으며 야구가 몇 이닝으로 하는 경기인지는 독자 여러분이 이미 알고 있기를 기대한다. 홈 플레이트가 어디 있는지, 그곳에 기다란 나무방망이를 들고 서 있는 사람을 뭐라고 부르는지 알고 있기를 바란다. 그리고 땅볼의 정의가 무엇인지는 알고 있으면 좋겠다. 어쨌거나 나는 그런 이야기를 꽤나 많이 풀어놓으면서 먹고사는 사람이고, 그런 용어에는 많은 종류가 있다(눈을 가리키는 에스키모 단어가 아주 많은 것과 비슷한 경우이다). 여러분이 '스퀴버squibber'와 '스쿼터squirter'를, '스크리머screamer'와 '스코처scorcher'를, '너버nubber'와 '허거hugger'를, '드리블러dribbler'와 '블리더bleeder'를, '롤러roller'와 '태퍼tapper'를, '룸 서비스 합room service hop'과 '볼티모어 찹Baltimore Chop'을 구분해낼 수 있는 경지에 오르기 전에, 일단 가장 흔한 종류의 땅볼이 어떤 것인지 머릿속에 그려낼 줄 알아야겠다.

그러나 여러분의 야구 지식에 대하여 그다지 걱정하지 않아도 된다. 진심으로 하는 말이다. 배트를 한 번이라도 휘둘러본 적이 있거나, 여기저기서 곁눈질로 야구를 한 이닝씩 본 적이 있다면 문제없을 것이다. 그리고 이미 모든 것을 알고 있다고 해도, 여러분이 몰랐던 사실을 이 책에서 발견하게 될 것이다.

우리 부모님은 책을 읽다가 어느 대목에선가 푹 빠져버렸다. 우리 아버지는 어릴 적에, 장차 명예의 전당에 들어갈 투수 워렌 스판이 뛰던 마이너리그 팀에서 볼 보이를 했다. 그리고 어머니는 가족 소프트볼 게임에서 다른 엄마들보다 긴 타구를 날려 보내는 게 일이었다. 우리 부모님은 야구에 관한 사실 한두 가지는 알고 있지만, 전문가는 아니다. 그래서

나는 그분들을 염두에 두고 책을 썼다. 메이저리그 게임을 볼 때마다 부모님이 너무나 많은 질문을 던져댔기에 고무받은 일이었다. 저 코치가 마운드에 올라가서 뭐라고 얘기하는 거지? 저 친구는 어디 잘하는 구석이 있기는 한 거냐? 투수가 커브볼 던질 것은 어떻게 알았냐? 멘도사 라인이라는 게 뭐냐? 투수가 고의로 타자를 맞힌 건가? 저 잔디에 나 있는 문양은 왜 저렇게 낸 거냐? 게임마다 공이 몇 개나 사용될까? 심판들은 왜 하나같이 저렇게 뚱뚱한 거지? 장타율에 관해 다시 한 번 설명해줄 수 있겠니? 포수는 왜 자꾸 옆으로 눈을 돌리는 거지? 너클볼은 어떻게 던지는 공을 말하는 거냐? 그리고 그게 있지, 왜 선수들은 허구한 날 사타구니를 쥐고 있는 거냐?

다른 팬들도 같은 질문에다가 더 많은 질문을 얹어주기 바란다.

이 책에 답이 있다.

차례

머리말 · 004

chapter 1 투수와 포수 PITCHERS & CATCHERS · · · · · · · · · · · · · · · 016

구질의 종류 | 패스트볼 | 커브볼 | 슬라이더 | 체인지업 | 스플릿핑거 패스트볼 | 너클볼 | 스크루볼 | 스핏볼 | 이퍼스 | 자이로볼 | 사인 | 투구 선택 | 로케이션 | 볼 카운트 | 보크 | 비번인 날의 투수 | 차트와 비디오 | 몸 유지하기 | 완투 | 완봉 | 중간계투 | 셋업맨 | 마무리투수 | 마운드에서 나누는 이야기 | 토미 존 | 사이영상

chapter 2 타격 HITTING · 052

라인업 | 홈런 | 히트앤드런 | 희생번트 | 클린업 타자 | 대기타석 | 송진 | 기본기 | 스탠스 | 그립 | 중심 이동 | 스윙 | 팔로 스루 | 부처보이 | 스위치히터 | 투 스트라이크에서의 타격 | 득점 제조 | 파워 히터 | 몸에 맞는 볼 | 부러진 방망이와 날아가는 방망이

chapter 3 베이스러닝 BASERUNNING · 072

룰 | 포스아웃 | 태그아웃 | 플라이볼 | 베이스라인 | 전략 | 한 베이스에 두 주자 | 앞선 주자 지나치기 | 타구에 맞았을 때 | 투아웃 풀 카운트 | 오버슬라이딩 | 후크 슬라이딩 | 팝업 슬라이딩 | 테이크아웃 슬라이딩 | 슬라이딩을 하지 말아야 할 때 | 대주자 | 사인 | 스피드의 가치 | 도루 | 런앤드히트 | 세이프티 스퀴즈 | 수이사이드 스퀴즈 | 허슬

chapter 4 **수비** FIELDING · 100

수비대형 | 테드 윌리엄스 시프트 | 휠 플레이 | 노더블 디펜스 | 오른손잡이와 왼손잡이 | 몇 아웃? | 베이스 백업 | 햇빛에 가려진 공 | 버뮤다 트라이앵글 | 인필드 플라이 규칙 | 무관심 도루 | 어필 | 외야 수비 | 내야 수비 | 룸 서비스 합 | 쇼트 합 | 인비트윈 합 | 투수 | 포수 | 1루수 | 2루수 | 3루수 | 유격수 | 골드글러브상

chapter 5 **구장** STADIUMS · 138

독특한 구장들 | 펜웨이 파크 | 리글리 필드 | 양키 스타디움 | 매커피 콜리시엄 | 쿠어스 필드 | 미닛메이드 파크 | 오리올 파크 앳 캠즈 야드 | 코메리카 파크 | 메트로돔 | AT&T 파크 | 구장 관리인 | 애스트로터프(인조잔디) | 태양 | 구장의 이름 | 야구장의 규격과 배치

chapter 6 **심판** UMPIRES · 154

어려운 직업 | 페어 볼 퀴즈 | 스트라이크 존 | 세이프 | 아웃 | 파울 팁 | 히트 바이 피치 | 페어 볼 | 그라운드룰 더블 | 노 캐치 | 노 피치 | 그라운드룰 더블 | 체크 스윙 | 퇴장 | 애매한 판정 | 항의 | 심판에 관한 요모조모

chapter 7 **기록** STATISTICS · 176

숫자 놀음 | 통계의 역사 | 출루율 | 장타율 | 도루성공률 | 승률 | 수비율 | 타율 | 마지막 4할 타자 | 타율 계산 | 방어율 | 자책점 | 방어율 계산 | 극과 극의 투수 기록 | 구원 | 공식기록원 | 게임 따라잡기 | 포지션과 약어 | 박스 스코어 읽기 | 리그 선두 타이틀의 자격 | 놀라운 업적들 | 퍼펙트 게임 | 노히트 게임 | 사이클 히트 | 인사이드파크 홈런 | 한 게임에 4홈런 | 30/30 클럽 | 타격 3관왕 | 투수 3관왕 | 연속 안타 | 연속 이닝 무실점 | 연속 출장 기록

chapter 8 **메이저리그란 무엇인가** THE BASICS · · · · · · · · · · · · 216

꿈 | 드래프트 | 메이저리그로 가는 길 | 리그, 디비전, 팀 | 스프링 트레이닝 | 정규 시즌 | 포스트시즌

chapter 9 **메이저리그에 관해 알아야 할 기본** · · · · · · · · · · · 234

그곳을 잡는 이유 | K | 불문율 | 도시와 구단 이름 | 신인왕 | MVP | 올스타 게임 | 명예의 전당 | 유니폼 번호 | 부정행위 | 관중 수 | 우천 경기 | 7회 스트레치 | 미신 | 더블 스위치 | 매직 넘버 | 로스터, 거래, 계약 | 프리 에이전트 | 메이저리그 스캔들

chapter 10 현장에서 느끼는 즐거움 · · · · · · · · · · · · · · · 271
언제나 씹는 중 | 입술을 읽어봐 | 흙과의 싸움 | 음악 | 경기 중의 소리 | 아나운서 | 공 돌리기 | 현재 게임 상황 | 모자 | 고의사구 | 워밍업 피치 | 1루수의 공 | 새 공 | 팬도 가지가지 | 깜박이는 눈 | 거꾸로 보기 | 음소거 버튼

용어집 : 야구 은어 · 284
부록 A : 메이저리그 기록실 · · · · · · · · · · · · · · · · 316
부록 B : 유니폼 번호 · · · · · · · · · · · · · · · · · · · 325

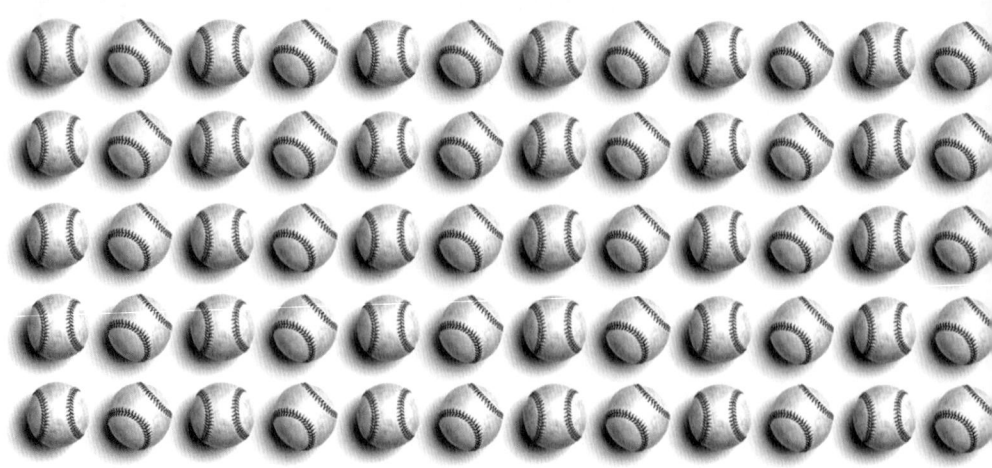

CHAPTER 1

밥 깁슨에게 얘기를 하려고 마운드로 올라가던 때를 기억한다.
그는 내게 자리로 도로 돌아가라고 말했다.
자기가 피칭에 대해 아는 것이라고는 치기 어렵다는 것뿐이라는 게 그의 말이었다.

— **팀 매카버, 전 메이저리그 포수**

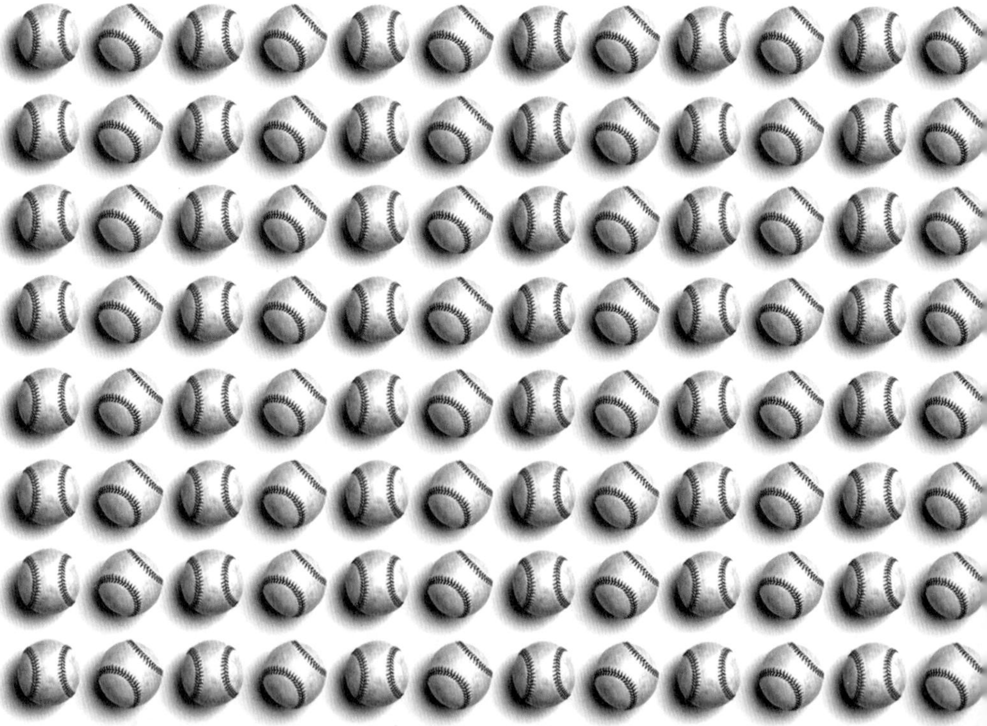

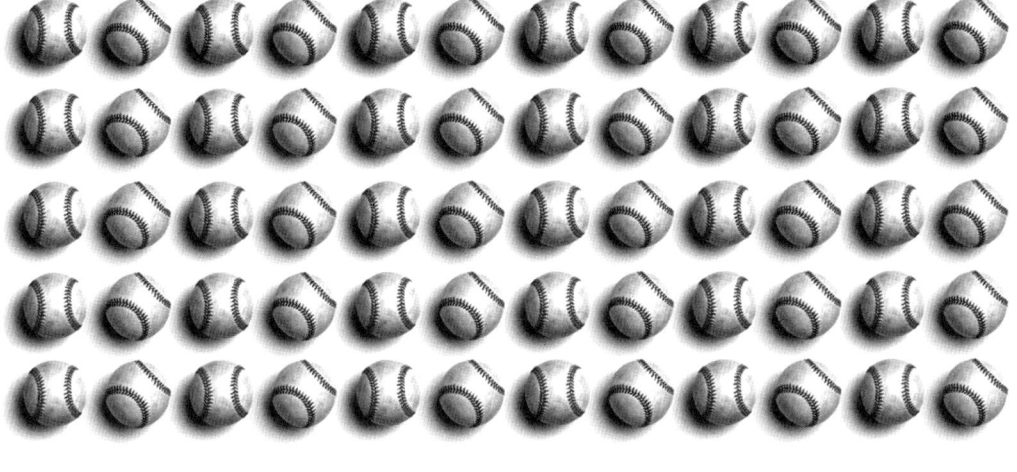

PITCHERS & CATCHERS
투수와 포수

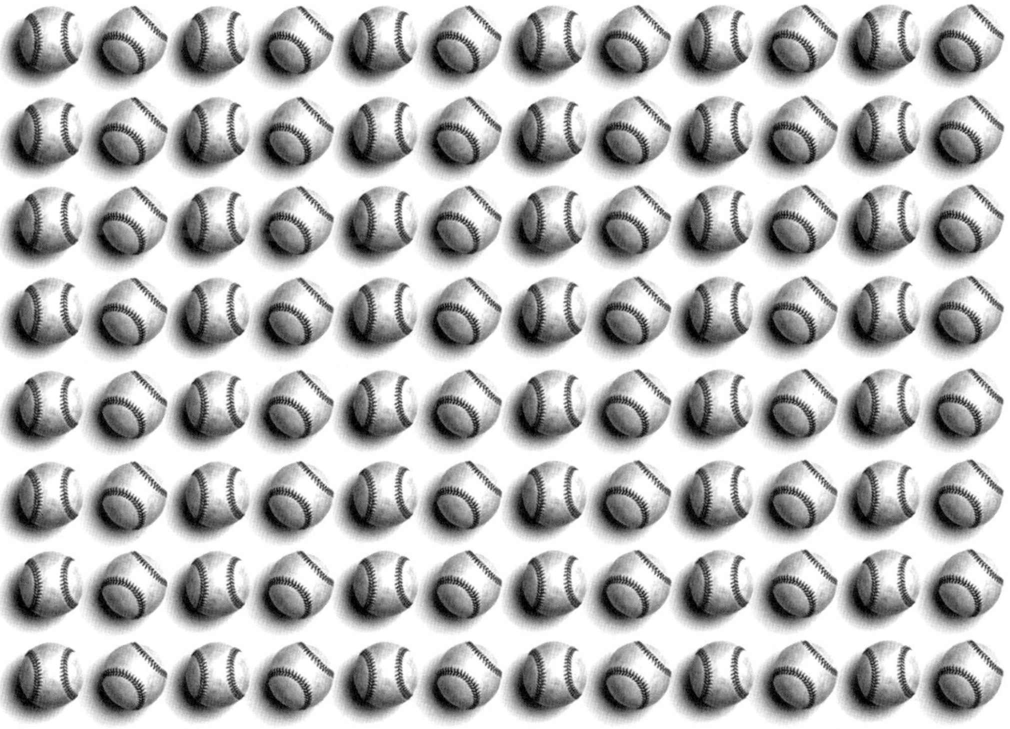

Watching Baseball Smarter

구질의 종류

메이저리그 타자라는 사람이 스트라이크 존 한가운데로 들어오는 공은 눈 뜬 채 그냥 흘려보내고, 땅바닥에 튀기도록 낮게 오는 다음 볼에 스윙을 하는 모습을 보면 한심하지 않은가? 1년에 290만 달러라면, 여러분도 그 선수만큼은 해낼 수 있지 않겠는가? 아니, 뭐 그 반만 받고도 해낼 수 있을지 모른다.

우리는 모두 그런 감정을 느낀 적이 있다. 왜냐하면 적어도 우리 인생에서 몇 번쯤은 배트를 쥐고 우리에게 날아오는 저 작고 둥근 물건을 향해 맹렬히 스윙을 해본 적이 있기 때문이다. 그리고 발을 딛고 설 정도의 나이가 된 이래로 이런 말을 들어왔다. "공에다 눈을 맞춰." "때릴 수 있는 공을 기다려."

듣기에는 쉽다. 아닌 게 아니라 실제로도 쉬운 일이기는 하다. 우리는 투구 하나하나를 치기 좋도록 느리게 던져주는 친구나 홈 플레이트 근처에 공을 보내는 것도 힘겨운 아이를 상대로 배트를 휘둘러왔다. 투구의 방향과 궤적을 가늠하고, 저녁으로는 뭘 먹을지 생각하며, 스윙을 할지 말지 결정할 시간이 아주 많은 것이다. 이 경우에는 모든 공이 똑같은 속도로 날아오기 때문에 타이밍도 고려 요소가 되지 않는다. 그런데도 우리는 때로 스트라이크 존을 비켜 가는 공을 쫓아 방망이를 휘두른다. 왜 메이저리그 타자도 똑같은 짓을 할까? 왜냐하면 볼이 너무나 빠른 속도로 오기 때문에, 공이 날아오는 동안이고 자시고 공이 투수 손을 떠나 홈 플레이트로 날아오기 시작할 때부터 어떤 공이 올지, 스윙을 할지 말지 짐작으로 맞혀야 하기 때문이다. 많은 공이 갑자기 가라앉고 꺾이기 전까지는 스트라이크 존을 향해 날아오는 것처럼 보인다. 반면에 존 바깥으로 날아오는 것 같은데 막판에 심판으로부터 스트라이크 판정을 얻어내는 공도 있다. 그러니 타자가 나쁜 공에는 스윙을 하면서 좋은 공은 흘려보내는 것을 볼 때면, 그에게 마음껏 화는 내되, 그가 한 짓이라고는 자신을 스트라이크아웃시키기 위해 전 인생을 바쳐온 세계 최고의 투수 중 한 명을 상대로 추측을 잘못한 게 전부임을 명심하자.

1980년대 보스턴 레드삭스에서 뛰면서 다년간 타격왕을 차지했던 웨이드 보그스는 '좋은 눈good eye'이라는 말을 새로운 수준에 올려놓았다. 그는 양쪽 2.0 이상의 시력에다가 공이 투수의 손을 떠나는 방식을 보고 구질을 식별해낼 수 있었기 때문에 늘 추측만 하고 있을 필요는 없었다. 다른 타자들은 공이 회전하는 모습에 따라 투구 타입을 알아낼 수 있다. 그러나 평범한 인간에게는 그 도전이 훨씬 크게 다가온다. 이제 타자들이 타석에 들어서서 무엇을 상대하게 되는지 소개한다.

— **패스트볼**fastball(일명 히터heater, 허머hummer, 데드 레드dead red, 치즈cheese, 스모크smoke, 가스gas, 스위프티swifty, 익스프레스express, 넘버원number one) | 시속 138~158킬로미터로 날아가 홈 플레이트에 0.4초 만에 도달하는 패스트볼은 가장 흔한 공이며, 제구하기가 가장 쉬운 공이다. 공을 쥐는 방식이 편안하고 표준적인 방법으로 공

을 던지기 때문이다. 다섯 가지 형태가 있다.

- **포심 패스트볼** *four-seam fastball* (일명 포시머 *four-seamer*, 크로스심 패스트볼*cross-seam fast ball*) | 실밥의 가장 넓은 부분에 손가락을 걸쳐 잡으며, 던지면 똑바른 궤도로 날아간다. 공의 회전과 공기저항이 일관되기 때문이다.

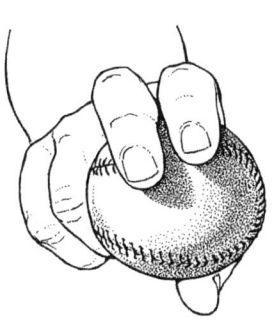

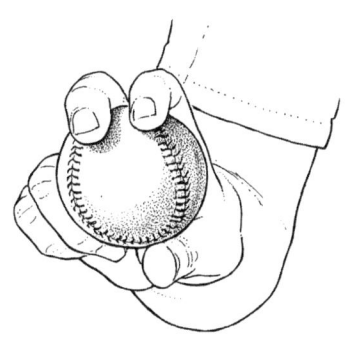

- **투심 패스트볼** *two-seam fastball* (일명 투시머 *two-seamer*, 테일링 패스트볼 *tailing fastball*) | 검지와 중지로 실밥의 가장 좁은 부분인 꼭대기를 쥐는 공인데, 투수가 던진 곳으로부터 홈 플레이트의 옆쪽을 향해 간다.(오른손투수가 던졌을 때 오른손타자의 안쪽으로 따라붙는다.)

- **컷 패스트볼** *cut fastball* (일명 커터 *cutter*) | 공이 옆으로 가되, 투시머와 반대 방향으로 움직인다. 투수가 던진 곳으로부터 홈 플레이트의 반대 방향을 향해 움직이는 것이다. 오른손투수가 왼손타자의 안쪽에 이 공을 성공적으로 던지면, 타자를 꼼짝 못하게 하고 배트를 부러뜨려버릴 수도 있다.

- **싱커** *sinker* | 투심 패스트볼과 공을 쥐는 법은 같되, 엄지를 공 바로 아래쪽에 둔다. 일반적인 패스트볼보다 약간 느리게 날아가며, 플레이트에 도달하면서 뚝 떨어진다.

- **라이징 패스트볼** *rising fastball* | 몹시 세게 던지는 공이어서, 홈 플레이트

를 지나 스트라이크 존 꼭대기 근처에서 솟아오르는 것처럼 보인다. 치기에 거의 불가능함에도 타자가 스윙을 하는 것은 눈높이에서 더 커 보이는 타깃이 되기 때문이다.

— 커브볼curveball(일명 벤더bender, 듀스deuce, 해머hammer, 후크hook, 엉클 찰리Uncle Charlie, 찰스 경Lord Charles, 야커yakker, 스내퍼snapper, 미스터 스내피Mr. Snappy, 넘버 투number two) | 야구공은 손으로 만들기 때문에 모든 공이 정확히 똑같지는 않다. 하지만 대부분의 차이(크기, 무게, 모양, 밀도 등)는 무시할 수 있는 정도이고, 게임에 영향을 끼치지 않는다. 그래도 투수를 행복하게 만들어줄 만한 한 가지 차이점은 두드러진다. 바로 돌출한 실밥이다.

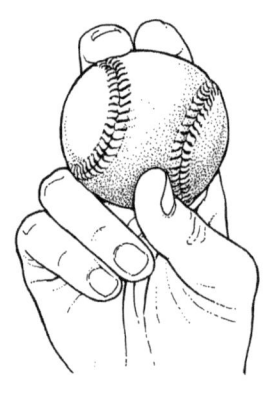

패스트볼보다 시속 15킬로미터에서 30킬로미터 남짓까지 느린 커브를 던질 때, 투수는 가운데손가락으로 실밥을 누르고 공을 놓을 때 손목을 홱 들었다가 꺾는다. 이렇게 하면 스핀이 더 빨리 먹힌다. 실밥이 더 높이 튀어나와 있을수록 실밥 등줄기가 더 커지고, 그러니 손가락으로 누르기도 더 쉬워진다. 공기저항이 무브먼트를 증가시키는 데 도움이 된다지만, 거의 건드릴 수조차 없는 공으로 만들어주는 것은 한층 빨라진 스핀이다. 변종 중 하나가 너클커브knuckle-curve인데, 검지 끝을 공 위에 두고 던지는 볼이다. 다른 그립은 커브와 똑같이 둔다. 공은 보통의 커브와 같이 움직이지만, 어떤 선수들에게는 그렇게 던지는 편이 더 편안하다고 한다. 오른손타자가 오른손투수(혹은 왼손타자가 왼

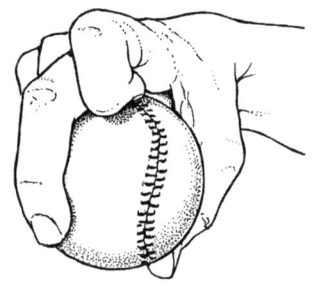

손투수)를 마주했을 때, 커브볼은 처음에는 제 머리를 향해 속도를 내며 곧바로 날아오는 것 같기 때문에, 공이 휘어 나가며 스트라이크 하나를 먹이기 전에 움찔하게 된다. 그렇기 때문에 타자들은 아무래도 자신과 다른 손잡이의 투수들을 더 좋아할 수밖에 없다.

— 슬라이더slider(일명 바이터biter, 슬라이드 피스slide piece) | 슬라이더는 커터와 비슷하지만 약간 더 느리게 던지는 공으로, 횡적인 움직임을 더한 패스트 커브볼 같은 것이라고 설명할 수 있다. 투수는 중지로 실밥을 눌러서—커브를 던질 때와 마찬가지로—가능한 한 가장 빡빡한 스핀을 만들어낸다. 세 가지 변종이 있다.

- 백도어backdoor 슬라이더 | 바깥쪽에서 시작해서 마지막 순간에 플레이트 위를 치고 지나간다.
- 백업backup 슬라이더 | 플레이트의 안쪽 위에 머문다.
- 슬러브slurve* | 슬라이더와 커브의 무브먼트를 조합한 볼이다.

— 체인지업change-up(일명 데드 피시dead fish, 팜볼palmball, 체인지오브페이스change-of-pace, 포시fosh) | 구속을 변화시켜 얻는 볼이기 때문

---

* 정말로 슬러브를 던지는 투수들이 간혹 있기는 하지만, 어떤 아나운서들은 그 차이를 알지 못하면서도 눈 가리고 아웅 식으로 이 단어를 쓰곤 한다

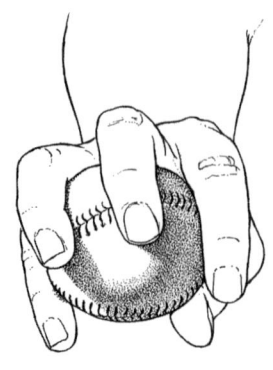

에 이런 이름이 붙었다. 체인지업은 타자가 너무 빨리 스윙하도록 유도한다. 투수가 패스트볼과 똑같은 팔 스피드로 공을 던지면서, 손바닥 전체로 공을 잡는 것으로 구속을 시속 15킬로미터 이상 느리게 해버리기 때문이다. 가장 인기 있는 체인지업인 '서클체인지 circle change'는 엄지와 검지 끝으로 동그라미 모양을 만들어 공 한쪽을 쥐고, 새끼손가락으로 공 반대편을 쥐고 중지와 약지는 거의 공 위에 띄운다는 느낌으로 살짝 잡아서 던지는 볼이다.(다음에 캐치볼을 할 때 이 그립을 시험해보라. 시속 15킬로미터의 차이는 얻지 못할지라도, 패스트볼만큼 빨리 던질 수 없다는 것만큼은 알아챌 것이다.)

— 스플릿핑거 패스트볼 split-finger fastball(일명 스플리터 splitter, 스플리티 splitty, 포크볼 forkball) | 이 볼은 패스트볼 항목에 들어갈 수도 있지만, 그 고유한 움직임 때문에 특별 우대를 받는 피치이다. 모든 투수들이 패스트볼은 던진다. 하지만 모두 스플리터를 던지지는 못한다. 검지와 중지를 쫙 벌려 쥐는 이 볼은 패스트볼만큼이나 빨리 날아가면서, 플레이트에 다다를 즈음이면 뚝 떨어진다. 공이 두 손가락 사이에 문자 그대로 끼어 있기 때문에, 투수의 팔 인대들이 쭉 늘어나고 분리될 수 있다. 하지만 보라, 많은 타자들이 스트라이크 존을 벗어나는 공을 치려고 쫓아 헤매고 있으니, 감수할 만하지 않은가. 포크볼은 더 넓고 깊은 그

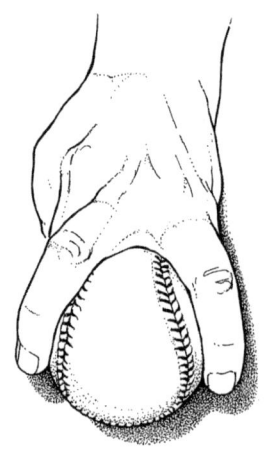

립 때문에 더 큰 각도로 떨어진다. 스플리터의 느린 버전이다.

— 너클볼knuckleball (일명 너클러knuckler, 플로터floater, 댄서dancer, 플러터볼flutterball, 래빗rabbit, 버터플라이butterfly, 모스moth) | 겨우 시속 80~110킬로미터 사이를 넘나드는 피치로, 어떻게 보아도 가장 희한하며, 던지고 치고 잡기 힘든 공이다. 너클볼은 손가락 관절과 아무 상관이 없다. 투수는 손톱들로 공 표면을 누르고, 공을 놓을 때면 공에 스핀을 전혀 먹이지 않기 위해 손가락 끝으로 공을 밀어낸다. 이렇게 하면 실밥이 공기저항을 받게 되어, 한가운데 자갈이 끼어 들어간 위플볼 공처럼 예기치 못한 방식으로 서성이며 날아가게 된다. 너클볼 투수 중에 이 투구를 주무기로 선수생활을 시작하는 경우는 절대로 없다. 모든 투구 방법에 실패했을 때 이 변칙구를 마지막 수단으로 개발해서 너클볼 투수가 되는 것이다. 이 투구는 너무나 까다로워서, 90퍼센트 이상을 이 공만 가지고 승부해도 타자에게 먹힌다. 타자는 무슨 공이 오는지 알고 있어도 쳐낼 수가 없다.* 심지어는 포수도 무슨 공이 오는지 뻔히 알고 거대한 미트도 끼고 있건만, 공을 잡는 데 애를 먹는다. 그리고 이 공은 던지기

* 거의 모든 선수들이 이 수수께끼 같은 공을 싫어한다. 왜냐하면 자신이 맞춘 타이밍을 손쉽게 뒤집어엎고, 슬럼프에 빠뜨리기 때문이다. 어떤 스위치히터들은 오른손 너클볼 투수에게는 오른손으로 치는 것으로 상황을 극복할 수 있지 않을까 생각한다. 이게 답이 될까? 역사상 가장 유명한 타격 코치인 찰리 로는 확신하지 못하겠단다. "너클볼을 치는 것에 관해 두 가지 이론이 있다. 하지만 둘 중 어느 것도 소용이 없다."

가 너무나 어려운 나머지, 한 시대에 메이저리그에서 이 공을 던질 수 있는 투수는 두엇 정도만 나올 뿐이다.

— 스크루볼screwball (일명 스크루지scroogie, 페이드어웨이fade-a way) | 폐물이 된 이 투구 방법은 타자보다도 투수의 팔을 더 망쳐놓는다. 왜냐하면 엄청나게 부자연스러운 릴리스 동작을 요구하기 때문이다. 커브를 던질 때, 오른손투수는 손목을 오른쪽에서 왼쪽으로 꺾는다. 스크루볼을 던질 때는 손목을 왼쪽에서 오른쪽으로 꺾는다. 오른손 타자의 안쪽으로 공이 가도록 하는 것이다. 이 공이 얼마나 던지기 힘든지 알고 싶은가? 문손잡이를 다른 방향으로 돌려보라. 그런 식으로 공을 시속 120킬로미터로 던진다고 상상해보라.

— 스핏볼spitball (일명 샤인볼shineball) | 투수는 이 공을 던질 때, 손가락에 침(또는 바셀린처럼 미끌거리는 물질)을 발라서 공을 꽉 움켜쥐었다가 분출한다. 이 볼은 움직임이 패스트 너클볼 같은데, 괴상하고 위험하며 너무나 교활해서, 다른 변칙적인 투구인 '머드볼mudball' '에머리볼emeryball'과 더불어 1921년 시즌이 시작하기 전에 금지되었다. 그러나 메이저리그 측은 금지되기 전에 이 피치에 의존하고 있던 17명의 투수들은 나머지 선수생활 동안 이 공을 던질 수 있도록 허용했다. 명예의 전당에 들어간 벌리 그라임스가 1934년에 합법적인 스핏볼을 최후로 던졌다.

— 이퍼스eephus* (일명 블루퍼blooper, 듀드롭dewdrop, 폴리 플로터folly floater, 라로브LaLob) | 공을 느리게 던지는 소프트볼 투수가 홈 플레이트로

가는 공을 공중 높이 올려서 로브한다는 것을 아는가? 바로 그것이 이퍼스라는 구질을 구사할 때 볼 수 있는 모습이다. 사람들이 농담처럼 '결정구(아웃피치out-pitch)'로 쓸 피치라는 얘기를 곧잘 하지만, 그런 조롱을 받아도 이 공은 치기가 힘들다. 공이 유별나게 날카로운 각도로 떨어져 스트라이크 존을 통과하기 때문이다. 타자는 배트로 공을 제대로 맞히는 데도 애를 먹을 뿐만 아니라, 안절부절못하다가 타이밍을 잃고 만다. 시속 80킬로미터 정도로 높은 반원을 그리는 커브볼을 던지는 선수가 현역에 몇 명 있기는 하지만, 진정한 이퍼스는 너무나 드물기 때문에 여러분은 아마 한 번도 보지 못했을 수도 있다.

— 자이로볼gyroball │ 독자 여러분이 이 구질을 보았을 가능성은 심지어 이퍼스보다도 더 낮은데, 어쩌면 존재하지 않는 구질일지도 모르기 때문이다. 소문에서나 존재하는 괴물 '빅풋'과 마찬가지인 것이다. 어떤 구질로 생각해야 하는 건지 아무도 자신할 수가 없다. 일본 과학자 2명이 자이로볼 모델을 발명하려고 슈퍼컴퓨터를 이용했고, 세계에서 극소수의 투수들만이 이 볼을 실험해본 것 같다. 부분적으로는 스크루볼이고 부분적으로는 슬러브인 이 수수께끼의 구질은 '때려낼 수 없다'는 딱지가 붙었다. 독특한 팔의 각도와 릴리스 때문인데, 그 어떤 타자도 본 적 없는 방식의 스핀이 공에 들어간다. 마치 미식축구공이 거꾸로 나선형을 그리며 돌고 있는 모습(오른손잡이가

....

* '이퍼스'는 파이리츠의 외야수 모리스 밴로베이스가 1940년대에 만들어낸 말인데, 아무 뜻도 없는 단어이다. 동료 립 슈얼이 사냥 사고로 발에 총을 맞고 나서 이 피치를 발명했다.

던졌을 경우) 같다고나 할까. 패스트볼에는 백스핀이 들어가고 커브는 휘청이며 앞으로 나아간다고 하면, 자이로볼은 거의 감지할 수 없게 시계반대반향으로 횡적 스핀이 먹혀서, 어디서도 본 적 없는 공끝을 투수에게 선사해준다. 이론적으로는 그렇다!

보통의 투수는 겨우 서너 개의 구질 사이를 왔다 갔다 하지만(모든 구질을 숙달할 수 있는 투수란 있을 수가 없다), 그 정도로도 타자가 추측할 수 없어서 우왕좌왕하게 만드는 데는 부족함이 없다. 투수가 부주의하게 무엇을 던지는지 드러내지만 않으면 말이다. 스플리터를 쏘기 전에 그립을 놓고 무의식적으로 잠시 멈칫할 수도 있고, 서클체인지를 던지려다 허둥지둥대고, 포심 패스트볼을 던지려는데 무심코 쿵쿵거릴 수도 있다. 혹은 커브를 뽑아내려는 와중에 혀를 빼물 수도 있다. 각각의 구질마다 특정한 릴리스 포인트를 보이거나, 릴리스 포인트를 위한 특정한 각도를 얻으려고 '투수판rubber'의 다른 곳을 딛고 투구할 수도 있다. 상대 팀이 구질을 알아내려고 애쓰는 와중에, 투수는 예상하는 공을 주지 않겠다고 다짐하는 것이다.

사인

타자가 속아 넘어가는 것과 꼭 마찬가지로, 투수가 기대하는 것이 무엇인지 알아내지 못한 포수도 같은 일을 당한다. 포수는 많은 '패스트 볼passed ball'을 범한다. 공끝의 무브먼트를 예측할 수 없어 공을 잡아내기 어려운 경우가 있기 때문이다. 이것을 막기 위해 포수는 맨손으로 사인을 보내 어떤 공을 던질지 결정하고 투수와 의사소통을 한다. 홈 플레이트 뒤에 쭈그리고 앉아 양다리 사이 깊숙이 손을 넣고 사인을 보내는 것이다.

공격 팀이 사인을 훔치려고 애쓰기 때문에, 포수는 사인을 조심스럽게 보내야 한다. 그는 양다리를 가까이 붙여서 1루와 3루에 있는 주자와 코치들이 자신의 손을 못 보도록 단속한다. 그리고 손가락이 허벅지에 가려 보이지 않을 정도가 되지 않을 만큼은 높이 다리를 둔다. 포수는 또 타자가 곁눈질하지 않게 단속해야 한다. 타자가 사인을 훔쳐보는 일은 많지 않다. 훔쳐보다가 걸리면 다음 투구에 '빈볼이 날아오는 사태chin music'를 감수해야 한다는 것을 알기 때문이다. 하지만 타자는 곁눈질로 포수가 플레이트의 어느 방향으로 옮겨 앉는지는 볼 수 있다. 때로 태양의 각도나 스타디움에 내리쬐는 빛의 위치 때문에 포수의 사타구니 쪽 그림자가 타자 쪽에 보이는 경우가 있다. 이것은 포수가 자리를 빨리 잡으면, 의도하는 공의 위치를 드러내게 된다는 의미다. 그리하여 포수는 마지막 순간까지 기다렸다 자리를 잡는다. 그러나 너무 오래 기다리면, 투수의 정신을 산만하게 만들어버릴 수도 있다. 여우 같은 포수라면 안쪽으로 몸을 기울이고 글러브를 팡팡 치면서 타자로 하여금 안쪽에 자리를 잡았다고 생각하게 한 후, 공이 날아올 때면 바깥쪽 코너로 재빨리 자리를 옮겨 앉을 수도 있다.

투수가 플레이트를 향해 이글이글 눈길을 보낼 때는, 사납게 보여 타자를 윽박지르려는 것이 아니다. 투수는 그저 사인을 받고 있을 뿐이다. 운 좋은 사람들은 사인을 요란하게 보내고 있는 포수의 클로즈업을 볼 수도 있을 것이다.(포수는 때로 손을 초크에 문지르거나 하얀 테이프를 손가락에 두르거나 심지어는 손톱에 하얀 수정액을 칠해서 투수가 사인을 더 쉽게 볼 수 있도록 애쓴다.) 어떤 공이 올지 알면 재미있겠건만, 애석하게도 카메라는 그 대신에 관중석 첫 번째 줄에 앉아 있는 귀여운 아이나 콧구멍을 파고 있는 감독을 비춰주기가 일쑤인 것이다. 하지만 멀리서 카메라로 잡는 다고 해도, 팀들이 상대의 사인을 훔쳐 전해주는 것을 미연에 막기 위해 더그아웃이나 불펜에 텔레비전을 놓는 것은 금지되어 있다.

그러면 실제 사인은 무엇인가? 보통 포수가 한 손가락을 까딱거리면 패스트볼, 2개는 커브, 3개는 슬라이더나 스플리터 같은 다른 '브레이킹 볼breaking ball'들이다. 네 손가락을 보여주거나 흔드는 것으로는 체인지업을 요구한다. 주먹을 꽉 쥐는 것은 '피치아웃pitchout'을 요구하는 것이고, 엄지만 빼는 것은 투수가 '견제구pick-off'를 던져야 한다는 뜻이다. 안쪽이나 바깥쪽으로 공을 집어넣으라고 하고 싶으면, 두 허벅지 어느 한쪽을 문지르거나, 검지나 새끼손가락으로 플레이트의 원하는 어느 한쪽을 가리킨다. 공의 높이에 관해 주문할 때면, 손바닥을 펴서 땅이나 하늘 쪽을 가리킬 것이다.

주자가 2루에 나가 있으면, 모든 것이 한층 더 복잡해진다. 주자가 사인을 볼 수 있기 때문이다. 그러므로 '배터리battery'는 주자를 속이기 위해 진짜와 가짜 사인을 모두 사용한다. 그러지 않으면 주자가 타자에게 사인을 전해주지 않겠는가. 어떻게? 2루에 선 주자는 무릎에 손을 대고 서서 패스트볼이 온다는 표시를 손가락으로 알려줄 수 있다. 주먹으로는 공이 어느 곳으로 갈 것인지 로케이션을 일러줄 수 있다. 저지 셔츠의 소매를 매만지면서 사인을 가르쳐줄 수도 있다. 아니면 헬멧이나 벨트 버클을 만지는 방법도 있다. 또 땅을 차거나, 손바닥을 치기도 한다.

애석하게도 타자가 아니라 투수와 포수가 헛갈리는 경우도 없지 않다. 뭘 던지라는 얘긴지 확신할 수 없을 때, 투수는 사인을 다시 달라고 요청한다. 포수가 어떤 공이 오는지 '혼동해서crossed up' 패스트볼에 '글러브조차 제대로 가져다 대지 못하거나 *handcuffed*', 제때 무릎을 떨어뜨리지 않아 땅에 떨어지는 브레이킹 볼을 막아내지 못하면, 마운드로 올라가 사인에 대해 투수와 점검해볼 것이다. 그럴 때면 그는 마스크를 그대로 쓰고 있거나, 마스크를 벗더라도 글러브를 입 앞에 가져다 대고 상대 팀이 자신의 입술을 읽지 못하게 막는다.*

그러고서 그는 자신이 까딱거린 사인 중에 두 번째가 아니라 세 번째가 유효하다거나, 오른손으로 땅을 치면 다시 사인을 시작하는 것이라거나 하는 설명을 할 것이다. 그리고 받은 공을 가랑이 사이에서 꺼내 다시 마운드로 던지면, 어떤 사인을 내든지 간에 같은 공을 다시 던지길 바란다는 뜻이라고 말할 수도 있다. 또 타자가 안쪽 공을 좋아하니까 속이는 안쪽 공을 던지라고 말할지도 모른다. 아니면 11시에 호텔 바에서 여자를 만나기로 했고, 그 전에 샤워부터 하려고 하니 서두르라는 얘기나 할지도 모른다. 그러나 3점 차로 리드하고 있으니 괜히 스트레스는 받지 말라는 얘기를 하고 있을 수도 있다. 대개 이런 식이다.

투수와 포수가 타자와 주자와 씨름을 벌이는 동안, '중간내야수들 *middle infielders*'(유격수와 2루수)도 사인을 구한다. 그들은 정보를 계속 얻기 위해 마운드에서 열리는 회의에 합류하기도 한다. 구종이 무엇인지 알면, 타자가 패스트볼에 방망이가 늦게 나가거나 '오프스피드 피치 *off-speed pitch*'에 방망이가 일찍 나간다는 것 등을 예상해 주자를 '속이거나 *shade*' 그저 위치를 옮겨볼 수 있기 때문이다. 그들은 또 외야수들에게도 사인

---

* 1989년 내셔널 리그 챔피언십 시리즈 1차전에서, 타자로 나온 샌프란시스코 자이언츠의 1루수 윌 클라크는 시카고 컵스의 투수 그레그 매덕스가 마운드에서 회의를 하는 동안 감독 돈 지머에게 "안쪽 패스트볼"이라고 말하는 입 모양을 보았다. 다음 피치에서 클라크는 '그랜드 슬램'을 쳐냈다.

투수와 포수

을 전달할 수 있다. 야구는 몇 센티미터와 찰나를 다투는 게임이다. 한 발자국의 움직임이나 공을 향한 폭발적인 '점프jump'가 타점을 내는 안타와 게임을 구하는 포구捕球 사이의 차이를 만들어낼 수 있다.

팬들은 마운드에서의 회합이 늘어질 때, 특히 원정팀이 이렇게 경기를 지연시키면 야유를 보내기 시작한다. 물론 한동안을 끌면 짜증스럽기는 하다. 하지만 마운드에서의 회합은 정말로 야구라는 게임의 일부분이며, 심판이 그 회합을 깨러 마운드로 올라가는 것도 마찬가지로 게임의 일부분이다. 다음번에 누가 야구는 너무 정적이라고 투덜대거든, 두 가지 조치를 취해볼 수 있다. 우선 하나하나의 피치 전에 이루어지는 계획과 전략 짜기, 계산하기, 속임수에 대해 설명한다. 그러고 나서 명예의 전당에 들어간 아나운서 레드 바버의 말을 인용한다. "야구는 지루한 정신에게만 지루하다."

투구 선택

고등학교와 대학에서는 코치가 어떤 공을 던지게 할지 결정하는 일이 종종 있다. 그들을 탓할 수는 없다. 그들은 이기고 싶고, 전략이라면 10대 포수들보다는 더 많이 알기 때문이다. 하지만 아이들은 자신이 저지른 실수에서 배울 기회를 빼앗긴다. 아마추어 코치들은 고의로는 아니지만 선수의 발전을 저해하고는 한다. 그리고 많은 포수들이 한 번도 자신만의 게임을 운영해본 적 없이 프로야구에 입문한다.

심지어 메이저리그 포수도 결정적인 상황에서는 구종을 고르지 못할 수도 있다. 포수가 구장 한쪽을 응시하다가 고개를 돌려 투수와 마주하고 그에게 사인을 내는 것이 보인다면, 그것은 그가 감독이나 투수 코치가 어떤 지시를 낼지 일러주는 더그아웃을 바라보는 것이다. 상대 팀이 빤히 지켜보고 있으므로 코치가 하나나 둘이나 세 손가락을 내보일 수 없는 노릇임은 당연하다. 그러니까 포수만이 알아볼 수 있는 사인 체계를 따로 두는 것이다.(코칭 스태프는 또한 일부 견제구와 피치아웃에 대한 주문도 한다.) 코치가 구질을 선택하면, 투수는 들은 대로 던진다. 그러나 포수가 나름대로 게임을 운영할 때는, 투수가 사인에 '고개를 흔들어 shake off' 거부할 수 있다. 투수는 구종 선택이나 로케이션에 반대하거나, 단순히 다른 구종을 던지는 것이 더 자신 있다고 느끼기도 한다.

구종을 제안할 때 포수는 보통 패스트볼로 시작한다. 이것을 아는 타자는 투수가 고개를 저으면 오프스피드 공을 기다리게 된다. 타자가 안다는 것을 아는 투수는 사실은 패스트볼을 던지면서도 타자가 패스트볼이 오지 않을 것이라고 생각하도록 속이기 위해서 있지도 않은 사인에 고개를 흔든다. 그리고 투수는 때로 고개를 흔드는 대신에 마음에 드는 사인을 볼 때까지 포수를 응시하기만 한다. 이런 종류의 속임수는 투수에게 도움이 될 수 있는데, 설령 그가 '불리한 볼 카운트 behind in the count'에 몰려 있다고 해도, 타자에게 약간이나마 혼란을 안겨줄 수 있는 것이다.

투수는 매 투구마다 무언가를 얻어내야만 한다. 하물며 2-0(투 스트라이크 노 볼) 상황에서 '버리는 공 waste-pitch'을 던질 때도 타자가 스윙해볼 생각이 들도록 스트라이크 존 가까이 붙여볼 수 있다. 같은 얘기가 '퍼포스피치 purpose-pitch'에도 마찬가지로 통한다. 그러니까 높은 안쪽 패스트볼은 타자를 위협해서 다음 공에는 덜 공격적으로 임하게끔 만드는 공이다. 투 스트라이크를 잡은 투수는 타자의 두려움을 이용해 낮은 쪽을 노린 브레이킹 볼로 승부를 볼 수도 있다. 투수가 완벽하게 꽂아 넣기만 한다면, 대단히 훈련이 잘된 타자만이 공을 흘려보낼 것이다. 그렇지 않은 타자들은 이때 파울이라도 쳐내면 다행이다.

투구 순서를 짤 때 투수와 포수가 일정한 패턴으로 빠져드는 것을 어떻게 피하는지 지켜보라. 어떤 타자들은 초구에 패스트볼을 받는다. 다른 타자들은 오프스피드 공을 받는다. 투수가 어떻게 공을 안쪽, 바깥쪽 그리고 위쪽, 아래쪽으로 움직이는지 살펴보라. 투수와 포수가 무엇을 쌓아 올리고 있는지 생각해보라. 투구 중 어떤 것은 예측해볼 수 있는지 시험해보라.

로케이션, 로케이션, 로케이션

투수가 의도적으로 '스트라이크 존 한복판에 공을 꽂아 넣는*groove the ball*' 때는 볼 카운트에서 몰려 절대적으로 스트라이크를 잡아야 할 때뿐이다. 대개 투수는 모든 공을 스트라이크 존 내 특정한 곳에 꽂아 넣으려고 애쓴다. 그러나 스트라이크 존을 놓치더라도 어쩌다가 그렇게 된 일이라고 짐작할 일은 아니다. 볼 카운트가 유리하고 방망이 휘두르기를 좋아하는 '프리스윙어*free-swinger*'를 만났을 때, 투수는 플레이트를 아주 살짝 벗어난 곳, 아니면 약간 높거나 낮은 곳을 노려, 타자가 '달려들도록*go fishing*' 유도한다.

타자는 구질을 짐작하기 위해 애쓰면서, 로케이션에 대해서도 생각하게 된다. 타자는 볼 카운트 등의 상황이나 수비 위치에 근거해서 예측에 들어간다.

- 1루에 주자가 있고 투 아웃 이하일 경우, 투수는 타자로부터 땅볼을 유도해 '더블 플레이*double play*'를 잡고 싶어한다. 땅볼은 보통 낮은 공을 던졌을 때 나온다. 방망이가 공의 윗부분을 때리게 되기 때문이다. 타자는 커브볼이나 싱커, 스플리터처럼 아래쪽으로 무브먼트를 보이는 공을 예상하게 된다.
- 바람이 그라운드 안쪽으로 불어올 때면, 타자는 대부분의 플라이 볼이 그라운드를 벗어나기 전에 잡히리라는 것을 안다. 그러므로 그는 높은 패스트볼에 대비하게 된다. 볼 아래쪽을 쳐서 공이 허공에 뜨기 십상이기 때문이다.
- 야수들이 '반대 방향*opposite field*'으로— 왼손타자인데 왼쪽으로, 오른손타자인데 오른쪽으로—이동하면, 타자는 투수가 스트라이크 존에서 '바깥쪽 가운데*outer half*'를 공략할 것이라고 생각한다. 타자가 늦게 스윙을 하게 해서, 타구가 왼손타자에게서는 왼쪽 방향으로, 오른손타자에게서는 오른쪽으로 날아가게 하려는 것이라고 보는 것이다.
- 발 빠른 주자가 1루에 나가 있을 때, 포수는 주자가 2루 베이스를 훔치려고 하는 경우 공을 던질 시간을 최대한 확보해야 한다. 그럴 때면 타자는 다른 어떤 공보다도 포수에게 빨리 도달할 패스트볼을 노리게 된다.

투수가 어디다 공을 던지려고 하는지 알고 싶으면, 포수를 보라. 매번 공을 던지기 직전마다, 포수는 엉덩이를 옮겨서 안쪽인지 바깥쪽인지 목표 지점을 보여준다. 투수가 던진 공은 대부분 타깃을 맞힌다. 최고의 투수들은 의도한 곳을 놓치는 법이 거의 없다. 설령 놓치는 한이 있더라도 별 문제 없이 모면하는데, 이루 말할 수 없이 '구질*stuff*'이 좋기 때문이다. 스트라이크 존 안에서 이리저리 헤매며, 스트라이크 존을 찾아내는 데만도 쩔쩔 매는 투수들은 메이저리그에 그다지 오래 머물지 못한다.

메이저리그에서는 일반적으로 타자가 타석에 들어설 때마다 좋은 공을 1개나 받을까 말까 한다. 타자가 파울 볼을 치고 나서 유달리 속상해 하는 모습을 보이면, 그것은 그가 그 드문 기회를 날려버렸기 때문이다. 플레이트에 꽉 차는 '행잉 커브볼hanging curveball'이나 포심 패스트볼 같은 공 말이다. 물론 투수들이 실수를 저지르고도 모면하는 일이 있는 것처럼, 타자들도 뛰어난 투구에 인색하게나마 안타를 얻어내기도 한다. 하지만 가장 강력한 타구는 투수가 불리한 볼 카운트에 몰려 있거나, 투수가 목표 지점에 공을 꽂아 넣지 못했을 때 나온다.

볼 카운트

패스트볼은 보기에는 때려내기에 가장 어려운 것 같지만—'패스트fast'라고 부르는 데는 다 이유가 있다—오는 것을 알고 있을 적에는 타자가 엄청나게 맞히기 쉬운 것이기도 하다. 노 스트라이크 투 볼 상황에서 타자는 '마음 놓고 느긋하게 패스트볼이 올 것을 기다리는데sit dead red', 그것은 더 불리한 카운트에 몰리지 않기 위해 투수가 스트라이크를 던져야 한다는 것을 알기 때문이다. 그리고 이는 대부분의 선수들이 베이스가 꽉 찼을 때 타율이 더 좋은 이유이다. 그때는 투수가 당연하게도 타자를 걸러 보내지 않으려 하므로, 패스트볼을 예측하기가 더 쉬워지는 것이다.

타자 입장에서 볼 카운트가 불리한 경우에는 무슨 공이 올지 알 길이 없다. 짐작을 해봤자 틀리기가 십상이다. 무엇이 올지 추측도 해보지 않고 단순히 날아오는 공에 반응하려고 한다면, 방어적으로 방망이를 휘두르고 보잘것없이 공을 쳐낼 가능성이 높다. 그러므로 투수에게 가장 중요한 투구는 초구이다. 초구로 곧바로 누구 쪽이 유리할지 결정이 나기 때문이다. 노 스트라이크 원 볼 상황에서, 평균적인 타자의 타율은 대략 7푼5리가 올라간다. 원 스트라이크 노 볼의 상황에서는 같은 비율로 타율이 떨어진다.

투 스트라이크 노 볼에서 투수는 어마어마하게 유리한 고지에 서게 된다. 스트라이크를 던지지 않아도 되기 때문이다.(어떤 감독들은 투 스트라이크 노 볼에서 스트라이크를 던진 투수에게 실제로 벌금을 매긴다.) 투수는 타자가 설령 배트를 휘두르지 않아 투 스트라이크 원 볼이 되더라도 여전히 여유 있는 상황이라는 것을 알기에, 바깥쪽에 딱 걸치는 곳을 노리면서 '스트라이크 존을 확장시켜 expand the strike zone' 볼 수 있다.

보크

투수가 다리 동작이 흐트러지거나 씹는담배를 삼키는 바람에 투구하던 도중 동작을 멈추어버리는 일이 있다. 베이스가 비어 있다면 벌칙은 없다. 그러나 '주자(들)가 베이스에 있다 ducks on the pond'면, 이 동작은 주자를 속이려는 여러 가지 불법적인 시도 가운데 하나로 간주된다. 규칙을 어기는 움직임 중 일부는 교묘하거나 고의성이 없다. 그러나 그런 동작을 목격했을 경우, 심판은 팔을 치켜들고 소리친다. "보크!" 그리고 주자(들)가 한 베이스씩 진루하도록 허용한다. 이런 대가를 치러야 하는 위반 행위를 피하기 위해 투수가 따라야만 하는 규칙이 몇 가지 더 있다.

- 포수의 사인을 받고 딜리버리를 시작할 때, 투수판을 반드시 건드리고 있어야 한다.
- 공을 갖고 있지 않을 때 투수는 투수판을 건드릴 수 없다.(투수가 공을 갖지 않은 채 투수판을 디딜 수 있다면, 주자는 '공을 숨겨서 속이는 플레이 hidden ball trick'에 대처할 도리가 없어질 것이다. 이것은 매우 드문 수비 플레이인데, 내야수가 견제구를 받은 뒤 투수에게 도로 던지는 척하면서 던지지 않고 글러브 속에 공을 몰래 집어넣고 있거나, 마운드에서 회합한 후에 공을 숨겨 와서 주자가 리드를 하자마자 태그해 아웃시키는 것이다.)
- 투수판에 있을 때 투수는 공을 떨어뜨리면 안 된다.
- '간결한 딜리버리 stretch'로 투구를 시작할 때, 투수는 몸통 앞에 맨손과 글러브 낀 손을 함께 맞잡고 있어야 하며, 투구를 하기 바로 전 순간까지 그렇게 유지하고 있어야 한다.('세트 포지션 set position'이라 부르는 이 동작을 줄여 '세트 set'라고도 하는데, 주자를 너무 빨리 견제하지 않게 하기 위한 규칙이다.)
- 투수는 세트 포지션에 들어가면 양손을 떼거나 어깨를 움직여서는 안 된다.
- 1루에 견제구를 던지기 전에, 오른손투수는 오른발을 들어 투수판 뒤로 물러나야만 한다. 왼손투수는 왼발로 같은 행동을 해야 하며, 혹은 그저 왼쪽 다리를 들어올려 발걸음을 떼고 공을 던지면 된다.
- 왼손투수가 킥을 할 때 앞발이 투수판의 뒤를 가로지르는 경우, 몸을 홱 돌려 2루에 견제구를 던지지 않는 이상, 그는 반드시 홈으로 공을 던져야 한다. 앞발이 킥을 하는 동작에서 투수판을 가로지르지 않은 상황이라면, 홈이나 1루를 향해 공을 던질 수 있다.(이렇게 하면 주자를 묶어두는 효과가 나는데, 투수가 어디다 공을 던질지 주자가 알 수 없기 때문이다.) 오른손투수의 경우에는 3루에 견제구를 던지는 상황에서 똑같은 룰이 적용된다.

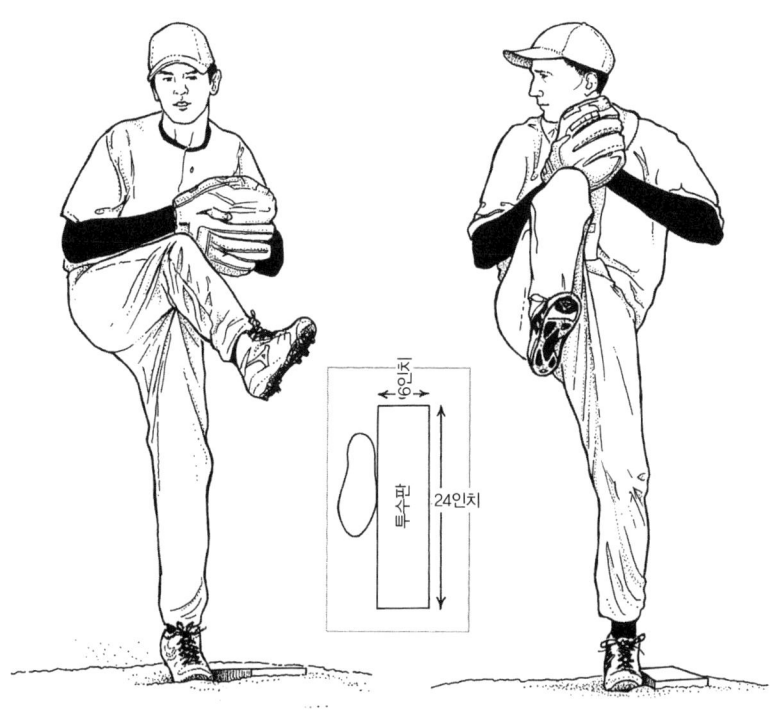

- 투수판에 발을 대고 있는 동안 견제구를 던지려면, 투수는 견제구를 던지려는 쪽의 베이스를 향해 발걸음을 떼야 한다.(예를 들어 왼손투수는 홈 쪽으로 발걸음을 향하면서 1루로 공을 던질 수 없다. 그것은 너무나 야비한 짓으로 간주되기 때문이다.)
- 투수는 투수판에 발을 대고 있는 동안에 견제구를 던지는 척하는 동작을 할 수 없다. 그러나 '주자가 1, 3루에 있을 경우 *runners on the corners*'에, 오른손투수는 3루 쪽으로 발을 내디뎠다가 1루 쪽으로 몸을 돌려도 된다.(하지만 그런 식으로 1루주자를 잡는 일은 거의 없다고 봐야 한다. 팬들은 그런 식의 견제에 야유를 보낸다.)
- 투수는 마운드에 올라가 있을 때 맨손으로 입을 만질 수 없다. 단, 예외

가 있는데, 날씨가 추우면 투수가 입으로 손을 불어도 된다고 양 팀 감독이 경기 전에 합의하고 심판에게 미리 알리는 경우이다.(이 규칙은 스핏볼 구사를 방지하는 데 도움이 된다. 베이스가 텅 비어 있는 가운데 투수가 이 규칙을 위반하면, 타자는 볼 카운트에 볼을 하나 추가받는다.)

주자를 속이기 위해 투수가 이용할 수 있는 합법적인 동작이 몇 가지 있다. 아니면 적어도 주자가 내달리는 것을 제한하면서 베이스에 좀 더 가까이 붙어 있게 할 수 있는 방법도 몇 가지 있다. 영리한 주자는 그 모든 것을 알고 있다.(그리고 베이스러닝에 관한 장을 읽고 나면 여러분도 다 알게 될 것이다.)

비번인 날의 투수

1998년 12월에 케빈 브라운은 향후 7년 동안 다저스에서 공을 던지기로 합의한 대가로 1억 달러가 넘는 계약서에 서명한 최초의 선수가 되었다. 이후 다른 선수들이 더 큰 계약을 따내기는 했지만, 브라운은 2003년에도 1571만 4286달러를 연봉으로 벌어들여 여전히 가장 높은 급여를 받는 투수였다. 그해에 그는 32게임에 나와 14승을 거두었고, 211이닝을 던졌다. 그러니까 승리 한 번을 거둘 때마다 110만 달러를 받았고, 1경기당 49만 1000달러를 받았으며(이 해에 완투는 한 번도 없었다.), 매 이닝 7만 5000달러에 가까운 돈을 받고, 아웃 카운트 하나당 정확히 2만 4825.10달러를 받았다는 뜻이다. 자, 이 성적이 나쁘다고 생각한다면, 브라운이 계약 기간 마지막 두 해에 양키스로 트레이드되어 거둔 승수가 총 14승이라는 것을 고려해보라. 그 두 해 동안에도 완투는 역시 한 번도 없었다.(이것도 안 좋다고 생각한다면, 브라운이 뉴욕에서 아웃 카운트를 겨우 잡아내고 머리끝까지 화가 나서 클럽하우스 벽에다 대고 화풀이하던 모습을 잊은 것임이 틀림없다. 당시 브라운은 왼손 뼈가 부러졌다.)

숫자 놀음을 하는 것도 재미있지만, 투수가 비번인 날에 어떤 일을 하는지 고려해보면 그렇게 간단한 일만은 아니다. 가령 던지기, 달리기, 웨이트 트레이닝, 구질 도표화, 비디오 분석, 타격 연습 때 루즈 볼 찾기 따위 말이다.

차트와 비디오

매 경기에서, 그날 던지지 않는 선발투수 중 한 명이 팀메이트들이 던지는 공 하나하나마다 무브먼트, 로케이션, 결과를 기록한다. 보통 다음 날 던지기로 되어 있는 투수가 이 임무를 맡는데, 누가 그 일을 더그아웃에 앉아 하고 있는지는 쉽게 알아볼 수 있을 것이다. 더그아웃에서 클립보드를 끼고 앉아 있는 유일한 선수이기 때문이다. 기록하는 것은 따분한 일이지만, 팀에게는 성공과 실패의 패턴을 알아내기 위한 최고의 길이다. 가령 다음과 같다.

- 팀은 상대 팀의 하위타선 3명이 투 스트라이크 상황에서 오프스피드 공을 던지면 애를 먹는다는 것을 알아챌 수도 있다.
- 이 투수의 경우 오른손타자들에게는 슬라이더가 더 잘 먹힌다는 것을 알아낼 수도 있다.

- 어떤 타자가 안쪽 패스트볼을 필드 좌중간으로 깊숙이 날려 보낸다는 것을 차트가 보여준다면, 투수는 타자의 그런 성향을 이용해서, 같은 방향의 펜스가 깊숙이 자리 잡은 야구장에서는 안쪽 볼을 던져볼 수 있다. 아니면 강한 바람이 그 방향으로 불고 있다면 투수는 안쪽 스트라이크 존에 공을 꽂는 것은 삼갈 수 있다.

기록 차트를 연구하는 것과 더불어, 모든 투수는 자신과 상대 팀들을 찍은 비디오테이프를 살펴본다. 투수는 자신의 투구역학을 분석하고, 타자들의 강점과 약점을 익히며, 그들을 상대하는 자신의 투구를 평가한다. 다른 팀의 타자들도 비디오를 보며 연구하기는 물론 마찬가지이다.(어떤 타자들은 비디오 아이팟에 자신이 섰던 모든 타석의 영상을 담아놓고 다닌다.)

하지만 차트와 비디오로는 선수들이 서로 직접 마주쳤던 경험을 다시 만들어낼 수가 없다. 10년이 넘는 과정(혹은 그저 한 시즌) 동안 같은 투수들과 타자들이 너무나 많은 횟수로 공수를 펼치기에, 그들은 구식 방법으로 상대의 성향을 익힌다. 이 방법으로 타자들은 이득을 얻을 수 있다. 생전 처음으로 마주친 투수와 타자의 경우, 타자는 어떤 공이 올지 알 길이 없다. 모든 투수에게는 고유의 리듬과 딜리버리, 릴리스 포인트란 게 있기 때문이다. 하지만 투수는 타자들만큼은 걱정할 필요가 없다. 왜냐하면 타자가 언제나 열심히 스윙한다는 것을 알기 때문이다. 바꿔 말하면, 타자가 배트를 휘두르는 방법보다 공을 던지는 방법이 더 많다는 뜻이다. 처음 한두 달을 성공적으로 보내는 신인투수들이 때로 나오는 이유이다. 그러고는 타자와 다음 게임에서 다시 마주쳤을 때 곧 무너지는 것이다. 또는 선발투수들이 두 번째나 세 번째로 타순이 돌면서 공을 두

들겨 맞기 전에 첫 번째 타순의 몇 이닝을 훌륭하게 막아내는 이유도 그것이다. 물론 난타를 당하는 데는 피로도 한 요소가 될 수 있지만 말이다.

몸 유지하기

구원투수들은 종종 연달아 게임에 나오기도 한다. 하지만 선발투수들은 그럴 수가 없다. 나흘 동안의 회복 기간이 없으면 그들의 팔은 떨어져 나가고 말 것이다. 하지만 그 휴식 기간에도 선발투수들은 공을 아주 많이 던진다. 캐치볼을 하면서 긴장을 풀고, 투수 코치와 함께 투구역학을 탄탄히 하며, '최대한 멀리 떨어져 캐치볼long-toss'을 하면서 팔의 힘을 키운다. 이것은 경기 전에 애용되는 인기 운동방법으로, 두 사람이 서로의 거리를 점차 늘려나가면서 공을 주고받는 것인데, 수십 미터의 거리가 벌어질 때까지 계속된다.(다음에 경기를 보러 갈 때 혹시 두어 시간쯤 일찍 도착하면, 이 연습을 하는 선수들을 볼 수 있을 것이다.)

투수 최고 기록인 27시즌 동안 공을 던졌으며, 40대 중반에도 번쩍이는 강속구를 유지했던 놀런 라이언은 경기에서 공을 던지고 나서 자전거 운동기구를 몇 시간이나 탔다.* 다리 힘은 투수들에게 몹시 중요하다. 투수판을 힘껏 차고, 구속에 힘을 더 얹어주는 것이다. 그러므로 당

---

* 다른 선수들도 더 강해지기 위해서 극단적인 연습과 요법을 썼다. 엄청난 노고가 드는 체력단련으로 유명한 로저 클레멘스는 팔뚝과 어깨의 힘을 강화하려고 쌀이 든 양동이에 손을 갈아댔다. 그레그 제프리스는 손목 힘을 기르기 위해 물속에서 납으로 만든 배트를 휘둘렀다. 호르헤 포사다, 모이세스 알루를 비롯한 여러 선수들은 피부를 더 강하게 만들기 위해 손에다 오줌을 눴던 사실을 인정했다. 놀런 라이언은 피클주스로 손에 생긴 물집을 치료했다.

연히 투수들의 연습 프로그램에는 달리기가 주요 부분을 차지한다.

오래 던지기

1904년에 잭 테일러는 39번 선발 연속으로 '완투complete game'를 했다. 2001년에서 2002년 사이에 탬파베이 데빌레이스는 194번 연속으로 완투 없는 경기를 했다. 1908년 에드 로일박은 하루에 두 번 '완봉승shutout'을 거뒀다. 미래의 명예의 전당 입성자인 페드로 마르티네스는 2002년 시즌에 완봉승을 두 번 거두었다. 1920년에 리온 캐도어와 조 에스커는 1:1 동점에서 각각 26이닝을 던졌다. 2003년에 로이 할러데이는 10이닝을 던진 끝에 거둔 1:0 승리로 신문 헤드라인을 장식했다. 12년 만에 처음으로 나온 연장전 완투, 완봉승이었기 때문이다.

어찌된 일인가? 인간의 몸이 지난 한 세기 동안 너무나 많이 변해서 공 몇 개를 더 감당하지 못하게 됐다는 말인가? 1970년대까지만 해도 일부 투수들은 나오는 게임의 절반 정도를 완투했고, 출장 때마다 150개 정도의 공은 줄곧 던졌다. 오늘날 같으면 듣도 보도 못할 일이지만, 당시에는 공을 그렇게 많이 던지는 것에 아무도 그다지 생각을 기울이지 않았다. 왜냐하면 게임에서 투수를 끌어내리는 것—당시에는 사내다움에 대한 모욕이나 다름없이 여겨졌다—은 전적으로 경기 수행 능력에 달려 있었기 때문이다.

오늘날은 코치들이 선발투수들의 투구수를 면밀히 모니터하고, 100개에서 120개를 넘기면 선발투수를 경기에서 빼낸다. 효율적으로 피칭을 하는 투수만이 '경기 끝까지 공을 던질go the distance' 수 있다. 그 밖의 다른 투수들은 '7회 스트레치seventh-inning stretch'쯤에 보통 한계투구수에 도달한다. 아니면 더 오래 버티도록 훈련을 받지 못했기 때문에 그저 지쳐버리고 만다. 에너지를 잃으면, 투수들은 투수판을 밀치고 강하게 마무리할 마지막 정력을 발휘할 수 없게 된다. 공을 꼭 그러쥐고 있을 수가 없기 때문에, 투구가 스트라이크 존의 높은 곳에 걸리고, 그러므로 치기에 더 쉬워지는 것이다. 이것은 커브볼의 경우에 특히 잘 해당하는 것인데, 커브볼을 던지려면 투수는 손목을 스냅하기 위해 팔을 한 결 더 올려야 하기 때문이다.

점수차가 적게 나는 게임이라면, 감독이 '교과서대로 가지 않고go against the book' 에이스로 밀고 나가는 일이 때때로 있다. 그가 공을 던지면서 받은 탄력과 열정이 도표와 통계 더미보다 더 큰 힘을 발휘할 수도 있기 때문이다. 그러나 투수의 결의로도 컨트롤과 구속 저하를 극복하지 못할 때면, 감독은 불펜을 이용한다. 그리고 감독에게는 확실히 옵션이 아주 많다.

- 선발투수가 몇 이닝 던지지 못하고 경기를 떠나게 되면 '롱 릴리버long reliever'를 투입한다.
- '중간계투middle reliever'는 게임이 막바지에 미치기 전에 한두 이닝을 던진다.
- '상황에 따라 나오는 좌완투수situational lefty'는 한두 명의 왼손타자를 상대한다.
- '셋업 맨set-up man'은 8회에 리드를 지키기 위해 나온다.
- '마무리투수closer'는 '세이브save' 상황에서 게임을 끝내기 위해 나온다.

어떤 팀은 구원투수진이 너무나 탄탄해서, 6이닝이나 7이닝에서 미리 게임이 결정되는 것처럼 여긴다. 이런 팀들은 앞서고 있는 상태에서 불펜으로 공이 넘어가면 승리는 따놓은 당상이라고 느낀다. 그러나 야구에서 따놓은 당상 따위란 없다. 특히 모두 각자 이런저런 문제가 있어 보이는 불펜투수들에게는 상황이 쉽사리 잘못될 수도 있다. 이를테면 롱 릴리버가 워밍업하는 데 다른 사람들보다 시간이 더 걸리는 선수일 수도 있다. 중간계투가 이미 사흘 연속으로 공을 던졌을 수도 있다. 왼손타자 전문 왼손투수가 오른손타자에게는 완전히 속수무책인 경우는 어떤가. 사생활에서 생긴 골칫거리로 집중력이 흐트러진 셋업 맨도 있을 수 있다. 주자가 이미 있는 상황에서 마운드에 오르는 것에 마음을 강하게 먹지 못하는 마무리투수도 있을 수 있다. 투수 코치는 이 모든 문제를 놓치지 말고 계속 알고 있어야 하며, 각각의 상황에 따라 맞는 투수를 고르도록 감독을 도와야 한다. 결정을 내리면, 투수 코치는 더그아웃에 있는 전화로 불펜 코치를 불러서 누가 몸을 풀기 시작해야 할지 알린다.

어쨌거나 왜 오늘날에는 구원 피칭에 그렇게 의존하는가? 선발투수들의 몸이 그 모든 근사한 식단과 정교한 몸 관리법으로 더 건강하고 강해지지가 않았단 말인가? 답은 간단하다. 돈이다. 팀들은 경기 하나하나의 결과보다는 장기적 미래에 더 신경을 쓰고 있다. 메이저리그 팀들은 고액 연봉의 슈퍼스타들을 덜 부려서 부상을 막는 것으로 더 많은 것을 뽑아낼 수 있다고 생각한다. 그들을 탓하기는 어렵다.

투수들도 투수들대로 적어진 작업량에 기분 상해하지 않는다. 선발투수가 승수를 챙기기 위해서는 고작 5이닝(비 때문에 시합이 짧아질 경우에는 4이닝)만을 던지고, 리드를 잡은 상태에서 팀 동료들이 나머지 게임

동안 그 리드를 지켜주면 된다. 그리고 나흘 동안은 경기에 나오지 않아도 된다.

나쁘지 않다.

아니, 나쁜가? 대부분의 팬들은 피칭에 별로 상관하지 않는다. 왜냐하면 홈런 세례를 보고 그 후에 자기들이 가장 총애하는 마무리투수가 관중에게 스트레스를 주지 않을 만큼의 피칭을 보이면서 9회에 세이브를 멋지게 추가하는 장면을 보는 것이 그들로서는 더 좋기 때문이다. 하지만 이런 일이 이제는 당연하게 굳어지다 보니, 멋진 기본기에 대한 필요성을 반감시켜왔다. 팀의 라인업에 스리런 홈런을 칠 수 있는 선수들이 즐비한데 왜 '번트 bunt'로 아웃 카운트 하나를 희생하거나 위험성 높은 '더블 스틸 double steal'을 시도하려 하겠는가?

구장에 늦게 도착해서 경기 상황을 훑어보자니, 4회째인데 '투수전 pitchers'duel'이 벌어지고 있다고 치자. 그렇다고 해서 "좋아, 아무것도 놓친 게 없군"이라고 자동적으로 생각하지는 말라. 요즘에는 타점을 막는 것이 타점을 올리는 것보다 한층 더 굉장한 일이니까 말이다.

마운드에서 나누는 이야기

코치가 투수를 칭찬해주기 위해 마운드를 방문하는 일은 절대로 없다.(시카고 화이트삭스의 감독 오지 기옌이 제 아이들이 TV에서 아빠를 볼 수 있게 마운드에 올라가는 일도 있다는 것을 시인하기는 했지만 말이다.) 코치는 투수에게 조언을 해주거나, 전략을 의논하거나, 구원투수에게 몸 푸는 시간을 더 주기 위해 시간을 끌려고 마운드에 올라갈 수도 있다. 진짜로 무슨 얘기를 하는지는 알 길이 없다. 하지만 몇 가지 할 법한 얘기는 있다.

- **역학** | "뒷다리를 제대로 밀어내지 못하고 있어. 패스트볼은 높게 들어가고, 커브볼은 밋밋해."
- **타자의 강점과 약점** | "이 친구는 안쪽 볼을 좋아해. 그러니까 안쪽 공을 때리지 못할 거라고 확신할 수 없거든 더 바깥으로 던져."
- **구질 선택과 시퀀스** | "첫 번째 피치에는 가만히 지켜보면서 공이 올라오기를 기다릴 거야. 그러니까 저 친구한테는 오프스피드 공을 던지고, 계속 낮게 던져. 그가 달려들지 않더라도, 불리한 볼 카운트에서라도 그렇게 던지는 게 나을 거야."
- **고의사구에 대한 고려** | "강타자가 나오고 1루 '베이스는 비어 open base' 있어. 승부해볼 수도 있겠지만, 1루에 그를 내보내고 다음 타자에게 '땅볼 roll one over'을 얻어내보지."
- **수비 전략** | "주자를 잘 봐. 도루를 시도하면 '홈에서 2루로 공을 던져서 throw through' 잡아낼 테니까."
- **다독이는 말** | "네 패스트볼을 믿어. 좋은 걸 갖고 있지 않았으면 이 마운드에 서 있지도 못했을 테니까."
- **빗맞은 안타 몇 개를 맞고 나서 투수를 진정시키기** | "벌써 더그아웃에 앉아 있었어야 하는데. 집중력을 흐트러뜨리지 마. 피해는 이쯤에서 줄이자고. 자, 자, 이 상황을 벗어나보는 거야."
- **가벼운 얘기로 부담을 줄여주기** | "경기 끝나고 어디서 식사할 건가? 난 하루 종일 스테이크가 먹고 싶어서 안달이 났는데 말이야. 한데 라루사 감독이 방금 전에 그러는데, 호텔 길 건너에 아주 쓸 만한 채식식당이 있다는 거야."

- **피로도 확인** | "어떻게 잘 버티고 있어? 이 이닝은 해결해볼 수 있겠어?"

물론 심신의 피로가 심각한 문제이기는 하지만, 늘 심각한 방식으로 다루는 것은 아니다. 뉴욕 메츠의 투수였던 터그 맥그로("믿어야 한다. Ya gotta believe"라는 저 유명한 금언을 남긴 사나이)가 한번은 감독 케이시 스텡겔에게 한 타자만 더 상대하고 경기를 떠나게 해달라고 간청했다. "저번 타석에서 스트라이크아웃을 잡았다고요."

스텡겔이 대꾸했다. "그래, 그래. 그런데 그와 마주친 저번 타석이라는 게 이번 이닝에서였잖아."

수십 년이 지나, 텍사스 레인저스의 구원투수 짐 컨은 강판을 둘러싸고 감독과 나누었던 대화를 떠올렸다. "나는 힘들지 않다고 말했다. 감독이 말했다. '그렇겠지. 그런데 외야수들은 확실히 힘들어하고 있어.'"

토미 존

오버핸드로 공을 던지는 것은 인간의 몸에는 자연스럽지 않은 동작이다. 건강하게 컨디션을 유지하는 동안에도, 많은 투수들이 팔의 통증을 겪고 있다. 의학이 덜 발달했을 적에는 이런 부상은 곧잘 선수생활의 종지부로 이어졌다.

1974년, 토미 존이라는 서른한 살의 '변칙투수 junkballer'가 왼쪽 팔꿈치를 날려먹었다. 폼 나게 말하자면, 척골 인대가 파열되어버린 것이다. 특단의 조치를 취하지 않는 한 선수경력이 끝장났다는 것을 안 그와 프랭크 조브라는 의사는 최초로 인대이식수술을 감행하게 된다. 100분의

1이라는 회복 가능성 아래서, 토미 존은 메이저리그로 뚝딱 되돌아와 의학계와 야구계 양쪽을 다 놀라게 했다. 그러고 나서 그는 14시즌을 더 던졌고, 164번의 승수를 덧붙였다.

숱한 선수경력을 살려낸 이 수술을 흔히 '토미존 수술 *Tommy John surgery*' 이라고 부른다. 이 수술에서 외과의사는 손상 입은 인대를 제거하고 손목, 손, 전박, 혹은 때로는 다리나 발가락에서 없어도 되는 힘줄을 떼어내 이식한다. 이제 투수들은 1년의 재활기간을 거쳐 90퍼센트의 확률로 완전히 회복한다.(어떤 투수들은 수술 전보다 더 강력한 공을 던지면서 되돌아온다. 하지만 토미 존의 경우는 아니었다. 그가 말했다. "팔 수술을 할 때, 나는 수술진에게 코팩스의 패스트볼을 던질 수 있게 해달라고 주문했다. 그들은 내 말대로 해주었다. 그런데 끝나고 보니 코팩스는 코팩스인데, 그 부인의 공이 되어 나왔다.")

오늘날 이 수술의 대가는 루이스 요컴 박사와 제임스 앤드루스 박사로 알려져 있다. 존 스몰츠, 케리 우드, 제이슨 이스링하우젠, 마리아노 리베라, 존 프랑코, 에릭 가니에, 밥 위크먼, 크리스 벤슨, 맷 모리스 그리고 이 수술 후의 최다승 기록 보유자인 데이비드 웰스 등, 1시간짜리 이 수술을 성공적으로 겪어낸 대투수들은 많다. 의사들은 이제, 팔 문제 때문에 전성기에 급작스럽게 은퇴를 할 수밖에 없었던 명예의 전당 투수 샌디 코팩스의 선수생활도 이 수술이 당시 있었으면 연장할 수 있었을 것이라고 믿는다.

사이영상

덴턴 트루 영이 '사이Cy'라고 불린 것은, 공을 던지는 것이 어찌나 빨랐던지 사이클론같이 보였기 때문이다. 그가 보여준 22년간의 전설적인 선수경력은 1911년에 마감되었다. 그는 511경기에서 승리했고, 그 밖에도 비범한 기록을 많이 쌓아올렸다.

1956년, 메이저리그 총재 포드 프릭은 야구에서 가장 뛰어난 투수의 영예를 빛내기 위하여 연례 사이영상을 만들었다. 미국야구기자협회의 선택으로, 내셔널 리그에 속한 브루클린 다저스의 돈 뉴컴이 최초의 수상자가 되었고, 1967년부터는 아메리칸 리그와 내셔널 리그에서 각각 한 투수씩 상을 주게 되었다.

1974년에는 마이크 마셜이 구원투수로서 최초의 수상자가 되었다. 페르난도 발렌수엘라(1981년)는 유일한 신인 수상자로 여전히 남아 있고, 에릭 가니에(2003년)는 패가 승보다 많은데도 사이영상을 탄 유일한 투수이다.* 그레그 매덕스와 랜디 존슨은 4년 연속 사이영상을 받았다. 그리고 최다 수상자는 로저 클레멘스로서, 총 일곱 번 수상했다.

야구 역사가들은 이 상이 더 일찍 생겼더라면 수상했을 투수들을 결정하기 위해 초기의 통계와 다른 요소를 이용했다. 그들에 따르면, 사이 영은 사이영상을 세 번 수상했을 것이다.

---

* 다저스의 마무리투수로서 가니에는 2003년에 2승 3패를 기록했다. 하지만 평균자책점earned run average, ERA이 1.20이었고, 55번의 세이브 기회에서 55번 연속 성공했기에 봐준다.

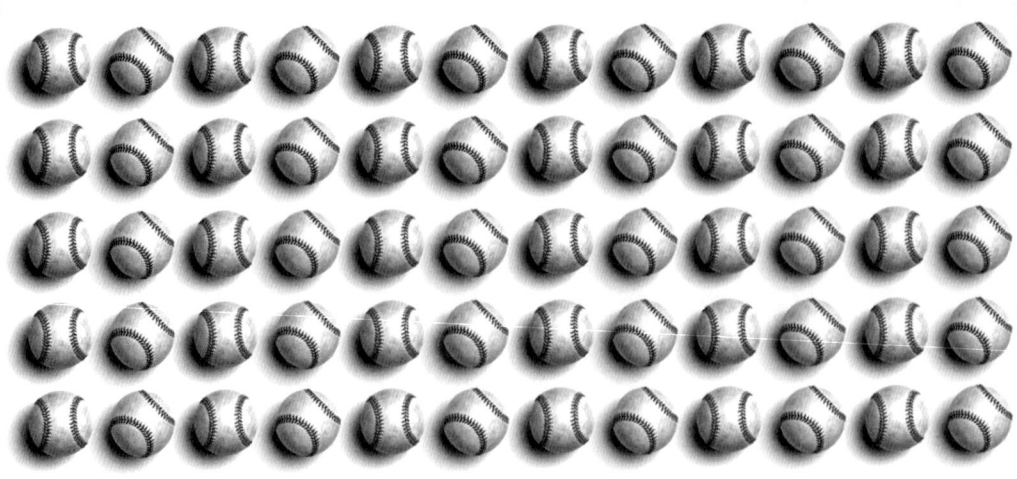

CHAPTER 2

투수는 공을 쥐었을 뿐이다. 내게는 배트가 있다.
무기로 따지면 확률은 내 편에 있고,
나는 공을 가진 친구가 애를 태우게 놔둔다.

―행크 아론, 명예의 전당 외야수

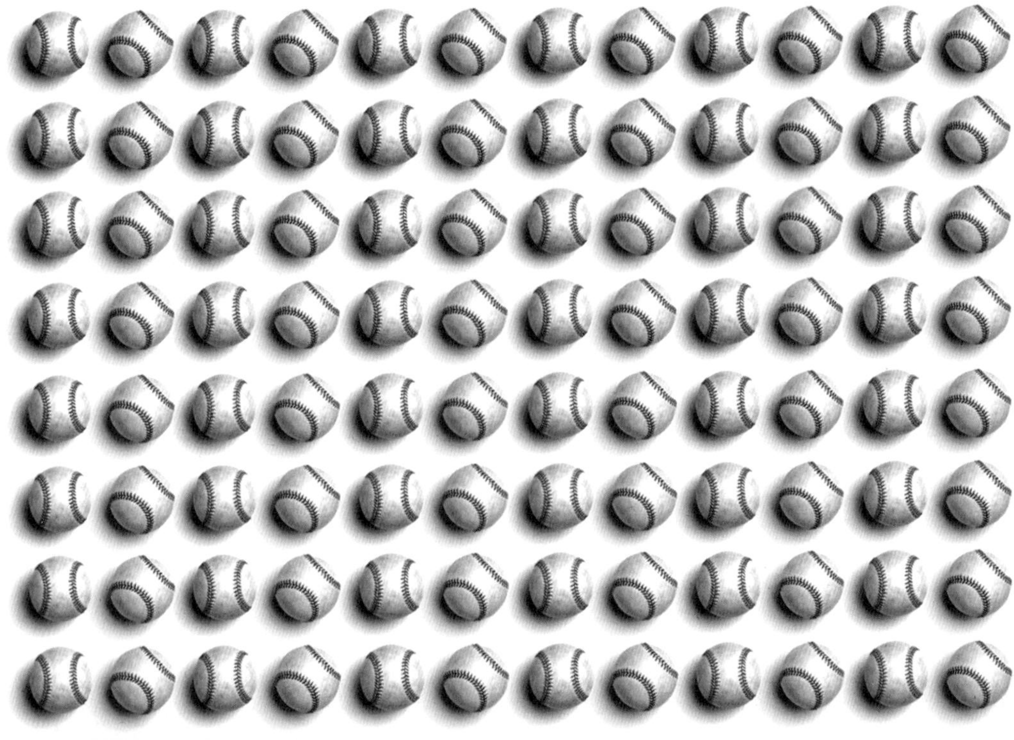

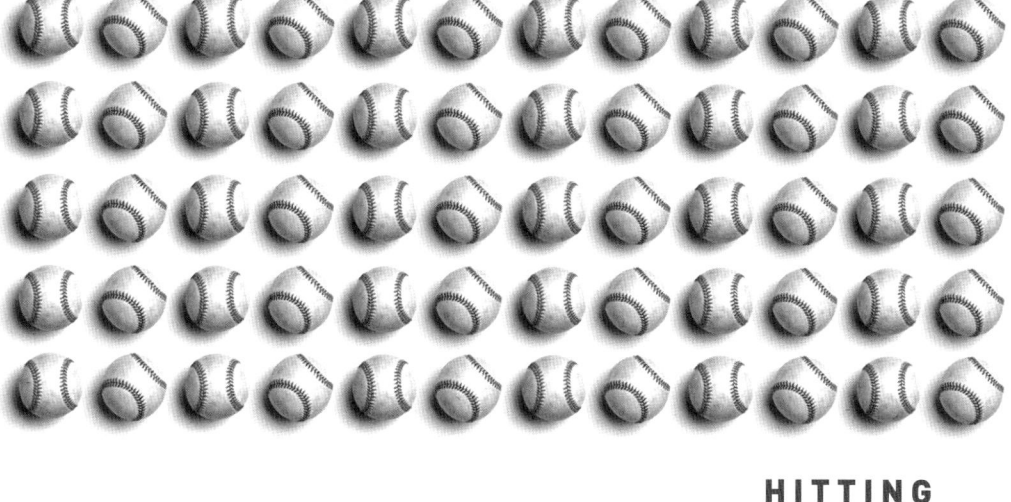

HITTING

타격

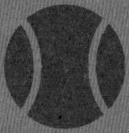

Watching Baseball Smarter

라인업

시즌을 치러가면서, 상위타순의 선수들은 하위타순보다 100타석 정도를 더 들어서게 된다. 생각해보자. 만약 5번타자가 경기의 마지막 아웃을 장식한다면, 6번부터 9번타자까지는 다른 선수들보다 '타석 plate appearance'에 한 번씩 덜 들어서는 셈이 된다. 그러므로 더 잘 치는 타자가 먼저 치는 것이다. 그러나 야구감독은 최고에서 최악에 따라 뻣뻣하게 타순을 짜지는 않는다. 만약 가장 강한 타자가 1번타자를 맡게 되면, 그의 많은 한 방이 '솔로 홈런 solo home run'으로 낭비되고 말 것이다. 가장 빠른 사내가 타순 한가운데 있게 되면, 가능한 한 많은 도루를 하려는 시도가 수포로 돌아갈 터이다. 왜냐하면 그의 앞에 더 느린 주자가 있기 때문이다. 그러므로 감독은 상황에 맞추어 각각의 자리를 고유한 기술을 갖춘 선수들로 신중하게 채운다. 경기를 치르면서 맞닥뜨릴 가능성이 높은 상황에 적합한 선수들을 배치하는 것이다. 거기에 덧붙여 감독은 오른손이나 왼손 타자 한쪽을 연달아 타순에 배치하는 것을 피한다. 상대편 구원투수 한 명이 편안하게 그들 모두와 상대하는 것을 막기 위해서이다.

첫 타자는 공격을 점화하는 역할을 한다. 그의 일은 어떻게든 베이스로 나가서 자신의 스피드를 이용해 일을 벌이는 것이다. 그러나 우선 그는 '타격 시간을 길게 가져갈work the count' 필요가 있다. 이유는 다음과 같다.

- '공 한두 개를 흘려보내는 것take a pitch or two'으로, 타자와 동료들은 투수를 지켜보면서 그의 스타일을 가늠해볼 수 있다.
- 출루율은 그의 기록에서 가장 중요한 부분을 차지한다. 투수가 공을 많이 던지게 할수록 볼넷을 얻을 가능성은 더 높아진다.
- 풀 카운트에 다가갈수록, 선발투수가 투구수 때문에 마운드에서 더 빨리 내려올 확률도 높아진다.

선두타자에게는 중요하면서도 저평가되는 임무가 또 한 가지 있다. 자기 팀의 투수가 타격을 하고(투수들은 거의 항상 9번을 친다.) 아웃되면, 선두타자는 타석으로 가는 시간을 느긋하게 잡아서 투수에게 더그아웃으로 갈 수 있는 시간을 더 마련해준다. 투수들은 손상을 입기가 쉽다. 피칭을 하는 것 외에는 절대로 힘을 뺏기지 말아야 한다.

2번타자는 1번타자가 출루하면 진루를 도와 '스코어링 포지션scoring position'으로 가게 한다. 그는 '삼진을 잘 당하지 않는 타자contact hitter'여야 하며, 배트를 훌륭하게 조절할 줄 알아야 한다. '히트앤드런hit-and-run' 작전이 걸렸을 때 주자를 보호하기 위해서뿐만 아니라, 발 빠른 동료가 도루할 기회를 만들어주느라 몇 개의 투구를 흘려보낸 끝에 투 스트라이크가 된 상황에서도 공을 맞힐 수 있는 능력이 필요한 것이다. 때로 그는 번트를 대기도 한다. 아니면 땅볼을 치더라도 '내야 오른쪽으로 보내서hit behind the runner' 주자의 진루를 도와야 한다. 2번타자는 자신도 출루를 도모하는 와중에 이 모든 일을 하는 것이다.

팀에서 가장 잘 치는 타자가 보통 3번을 맡는다. 그의 힘으로 타점을 올릴 수도 있고, '클린업 타자cleanup hitter'에 앞서서 출루하는 능력을 발휘해서 득점을 올리는 데 도움이 되기도 한다.

4번 자리에 들어갈 선수는 홈런 타자일 가능성이 가장 큰데, 베이스에 주자(들)가 있을 때 타석에 들어서는 경우가 자주 있기 때문이다. 이 자리는 한 가지 다른 가능성만 빼면 타순에서 이상적인 자리다. 1회 투 아웃 상황에서 '대기타석on-deck circle'으로 걸어갈 때, 그로서는 이번 이닝에 타석에 들어설 수 있을지 없을지 알 수가 없다. 3번타자가 출루할 경우에 대비해서 준비는 여전히 할 것이나, '1~3번타자가 연속으로 아웃one-two-three inning'(삼자범퇴)을 당하면 다음 '회frame'의 첫 타석에 서기 위해 다시 아드레날린을 모아야 하는 것이다.

만약 투수가 상대 팀에서 가장 잘 치는 타자와 마주하고 있는 상황인데, 대기타석에 별 볼일 없는 타자가 있는 것을 본다면 어떻게 하겠는가? 올스타 타자는 고의로 걸러 1루로 보내고, 실력이 떨어지는 선수와 승부를 볼 것이다. 그것이 5번타자가 중요한 이유이다. 그는 자신의 존재만으로도 자신 앞의 타자에게 투수가 스트라이크를 던질 수밖에 없게 만들 만큼 실력이 좋아야 한다.

이상적으로는 6번타자와 7번타자도 점수 몇 점을 올릴 정도로 실력이 있으면 좋다. 하지만 나머지 하위타선에는 크게 기대하지 말자. 내셔널 리그에서는 가장 약한 타자가 8번타자가 되는데, 그래도 그는 여전히 중요한 역할을 맡고 있다. 투 아웃에 출루함으로써, '투수가 타석에 들어서게clear the pitcher's slot' 하는 것이다. 다른 말로 하면, 투수가 투 아웃 상황에 타석에 들어서서 아웃되고 공수교대가 이루어짐으로써, 다음

이닝에는 선두타자부터 타석에 들어설 수 있는 것이다.

피칭과 타격은 너무나도 다른 기술이어서, 한 사람이 양쪽 다 성공을 거둘 만큼 재능을 타고나는 일은 거의 없으며, 어쨌든 둘 다 연습할 시간을 갖기도 거의 힘들다. 물론 투수들도 몸을 풀고 타격을 한다는 것이 어떤 느낌인지 기억하기 위해 초반에 '타격 연습batting practice, BP'을 할 짬을 낸다. 하지만 그뿐, 더 이상 나아가지는 않는다. 투수들이 타격에 형편없는 이유가 그것이다.

타격 실력이 형편없는 게 일반적임에도 불구하고, 어떤 투수들은 타율 2할이 넘어서, 간혹 가다 타점을 내며 기염을 토하기도 한다. 투 아웃이 채 되지 않은 상황이고 주자가 베이스에 있는 상황이라면, 투수들은 보통 '희생번트sacrifice bunt'를 시도한다. 그렇지 않으면 공을 칠 수 있을 경우에는 힘껏 스윙을 한다.

선수가 한 시즌에 단 하나의 안타도 치지 못한 기록이 있는데, 그는 당연히 투수였다. 밥 뷸은 1962년 시즌 초반 시카고 컵스에 트레이드되고 나서 역사적인 안타 가뭄을 겪기 시작했다. 그는 70타수 무안타 기록으로 시즌을 마감했으며, 아웃의 절반 이상이 삼진이었다. 하지만 적어도 일관되기는 하지 않았는가.

대기타석

타자는 대기타석에 있을 때 무언가를 달아서 무겁게 만든 배트를 휘두르며 근육을 풀면서 타석에 들어서기를 기다린다. 이렇게 하면 타석에 들어설 때 배트가 더 가볍게 느껴지고, 배트 스피드를 높일 수 있으며(아니면 적어도 스윙 속도가 더 빨라졌다고 생각하게 만듦으로써 자신감을 높여준다.), '스윙을 날리기pull the trigger' 전에 공을 더 기다리는 인내심도 얻는다.

대기타석에서 타자들은 몸을 푸는 것 외에 다른 일도 한다. 많은 타자들이 방망이에 '송진pine tar'*을 바르며, 어떤 선수들은 풀 스윙을 하면서 타이밍에 대한 감을 잡으려 애쓰고, 일부는 그저 무릎을 굽히고 앉아 투수가 공을 던지는 모습을 본다. 대기타석의 타자가 홈 플레이트 뒤로 휘적휘적 가서 투구 모습을 더 잘 보려고 하는 모습도 간간이 눈에 띈다. 하지만 대기타석에서 너무 멀리 떠나와 투수의 시선에서 거치적거리면, 심판이 제자리로 돌아가라는 명령을 내릴 것이다.

기본기

"공을 기다려. 지금 좋아, 공에 눈을 계속 맞추고……. 스윙 레벨을 맞출 준비가 됐는가? 이제…… 팔로 스루!"

잔소리, 잔소리, 잔소리.

---

* 1983년 7월 24일, 양키 스타디움에서 저 유명한 '송진 사건'이 일어났다. 캔자스시티 로열스의 3루수 조지 브렛이 9회초에 투런 홈런을 쳐서 팀이 5:4로 리드를 잡자, 양키스 감독 빌리 마틴이 주심 팀 매클렐런드에게 브렛이 바른 송진이 손잡이 끝에서 18인치까지여야 하는 기준을 어겼다고 항의했다. 매클렐런드는 방망이를 조사하고, 브렛에게 아웃 판정을 내렸다. 그로 인해 로열스로부터 강력한 항의를 받았고, 전국적으로 시끌시끌해졌다. 아메리칸 리그 총재였던 리 맥페일이 결국 매클렐런드의 판정을 뒤집고 브렛의 홈런을 인정했다. 경기의 나머지 부분은 25일 후에 속개되었고, 로열스는 5:4 승리를 지켰다. 왜 방망이 전체에 송진을 다 바를 수 없는 것인가? 그렇게 하면 공이 더 멀리 날아갈까? 그렇지는 않다. 하지만 야수들은 송진 바른 배트에 맞아 끈적이는 공을 다루게 될 것이며, 그것은 공정하지 못한 일이 된다.(이 찐득한 것을 너무나 좋아해서 헬멧에 따로 간직해두는 타자들이 있을 정도다.)

부모와 코치들이 저 소리를 하도 자주 해대니, 짜증이 날 법도 하다. 하지만 그들이 옳다. 심지어 메이저리거들조차 저 뻔한 충고를 간과하다가 경기가 잘 안 풀려 애를 먹는다.

이런 기본기는 너무나 많아서 타자가 각각의 투구 전마다 죄다 기억해내려고 하다 보면 미쳐버릴 것이다. 그렇기 때문에 타자가 배팅 티에서 공을 때리고, '소프트토스soft-toss'를 하며, 구장과 지하 배팅 케이지에서 타격 연습을 하는 것이다. 타자는 이 기본기를 근육에 각인시키는 데 매진해서, 실전에 임했을 때 본능적으로 끌어낼 수 있도록 만든다.

스탠스 | 타자는 오픈 스탠스를 할 때 공을 더 잘 볼 수 있는데, 손과 눈이 좀 더 투수 쪽 정면으로 향하게 되기 때문이다. 반면에 클로즈드 스탠스를 취하면, 몸이 너무 일찍 확 열려버리는 것을 막을 수 있다.(몸이 일찍 열리면 타자는 힘을 잃고 머리의 중심을 잃게 된다. 공에 계속 눈을 맞추고 있기에는 좋지 않은 방법인 것이다.) '플레이트 커버리지plate coverage'는 필수적이다. 타자는 바깥쪽 공에 손을 댈 수 있을 만큼은 플레이트에 가깝게 서되, 안쪽 스트라이크가 들어왔을 때에도 쩔쩔 매지 않고 팔을 뻗을 수 있을 만큼은 떨어져 있어야 한다. 경기를 관전하다 보면, 타자가 타석에 들어서서 거리를 가늠하기 위해 방망이를 뻗어 플레이트의 가장 먼 가장자리를 두드려보는 장면도 볼 수 있을 것이다.

그립 | 어떤 홈런을 보면 거의 힘 하나 들이지 않은 것 같은 게 있지 않던가? 그것은 타자가 땅에 나무방망이 파편을 흩날릴 만큼 배트를 세게 쥐지 않았기 때문이다. 그는 긴장을 풀고 손가락 관절을 가지런히 해놓고 스윙을 한다. 주먹의 큰 관절이 아니라 노크할 때 쓰는 손가락 관절

을 말한다.

중심 이동 | 보기에는 커다랗게 울뚝불뚝한 근육이 멋질지 모르지만, 타자가 대부분의 힘을 만들어내는 것은 몸무게 중심 이동을 통해서이다. 타자는 대략 60퍼센트의 몸무게를 뒤쪽에 있는 다리에 싣고, 투수가 투구를 시작하기 전에는 심지어 더 뒤로 몸을 뺀다. 그러고 나서 볼을 공격하기 위해 앞으로 몸을 옮긴다. 발을 엄청나게 차올리든, 들어올리나 마나 하든 간에, 타자는 최후의 순간까지 양손을 뒤쪽에 두려고 노력한다. 혹시 변칙공에 속아 배트를 빨리 내민다고 해도 공에 배트를 제대로 갖다 맞히기 위함이다.

스윙 | 공이 날아오는 높이에 맞춘 레벨 스윙은 라인 드라이브를 낳을 가능성이 높다. 그래서 타자는 양손과 뒤쪽 팔꿈치를 높게 둔다. 팔을 내리면, '아래에서 위로 올려 쳐 홈런을 만들*uppercut*' 수도 있고, 가다가 힘이 없어 뻗지 못하는 플라이 볼을 날릴 수도 있다. 타자는 '잡아당기는*pull the ball*' 것으로 좀 더 힘을 실어 칠 수 있지만, 바깥쪽으로 빠지는 공을 잡아당겼다가는 방망이를 부러뜨리거나 중간에 있는 내야수들로 향하는 맥없는 땅볼을 칠 가능성이 높다. 마찬가지로, 안쪽으로 들어오는 공을 반대 방향의 필드로 날리는 것도 쉽지 않다. 그렇게 쳐야 하는 상황에서는 그래야 하지만 말이다. 일반적으로 타자는 그저 투수가 주는 공에 따라 반응해야 한다.

팔로 스루 | 1970년대 이전에는 타격 코치들이 팔로 스루를 할 때 양손으로 배트를 쥐고 있어야 한다고 가르쳤다. 그러고 나서 찰리 로가 등장

했다. 그는 선수들에게 팔로 스루를 할 때 한 손을 떼라고 독려한 최초의 코치였다. 사람들은 모두 그가 정신 나갔다고 생각했다. 하지만 그의 방법은 통했다. 오늘날까지 한 손 혹은 양손 팔로 스루 중 어느 것이 더 좋은지 확신하는 사람은 없다. 그리하여 타자들은 스스로 방법을 결정한다.

역사상 가장 위대한 타자라고 할 만한 테드 윌리엄스가 말했다. "타격의 50퍼센트는 어깨 위에 달려 있다." 그는 정신적으로 다부진 접근이 육체적으로 적절한 메커니즘만큼이나 중요하다는 것을 말하려는 것이었다. 타자는 대형 전광판에 비치는 제 사진을 보고 감탄하거나, 첫째 줄에 앉은 예쁜 여자를 흘깃거려서는 안 된다. 아니면 뒷주머니가 뒤집혀 안이 삐져나왔는지를 걱정해서는 안 되며, 공이 정말로 불규칙 바운드가 되었는데 에러로 기록한 공식기록원 때문에 마음이 흔들려서도 안 된다. 선수는 반드시 집중력을 유지하고 자신감을 가져야 하며, 실패에 대한 두려움을 떨쳐내야만 한다. 최고의 타자도 고작 10번에 3번꼴로 안타를 칠 뿐이다.

그리고 타자는 당연히 끝까지 공에 눈을 맞추고 있어야 한다.

번트

있는 힘껏 배트를 휘두르는 게 언제나 좋은 생각만은 아니다. 특정한 상황에서는, 타자가 내야수들이 뒤로 깊게 빠져 수비하는 틈을 타서, 홈 플레이트 위로 배트를 가져다 놓고 볼을 살짝 번트하는 것만으로 자기 몫을 해낼 수 있다.

쉽다. 안 그런가?

늘 그렇지만은 않다. 공이 그대로 떠올라 잡히거나 투 스트라이크에서 파울이 나서 아웃되기도 할뿐더러, 심지어는 매우 위험할 수도 있다. '배트를 눕히다 가*lay one down*', 즉 번트를 치다가 손가락이 부러지기도 하기 때문이다. 왜냐하면 번트를 칠 때는 배트를 제대로 쥘 수 없기 때문이다.

희생번트를 댈 때면, 타자는 자신의 운명은 걱정하는 일 없이 오로지 주자를 진루시키고자 한다. 수비진을 속여 넘기려는 뜻이 없다고 해도, 타자는 '투수를 정면으로 바라보며 몸을 돌려*square around*' 너무 빨리 빤한 의도를 드러내지는 않는 것이 좋다.(투구 첫 단계 동작부터 타자가 번트 동작을 할 것임을 아는 투수는 어떤 타격을 하려는지 다 안다는 것을 단지 드러내려는 의도만으로, 투구를 하는 대신 주자가 있는 베이스에 견제구를 던질 것이다.) 번트에 관한 기본이 몇 가지 더 있다.

- 배트를 스트라이크 존 '가장 높은 곳*letter-high*'에 두고, 손 위로 지나가는 공은 쫓아가지 않는다는 것을 명심한다.
- 한 손으로는 배트 손잡이 위의 '가장 통통한 부분*barrel*'을 잡아서 공이 떠오르는 것을 막는다. 낮은 공에 번트를 대기 위해서는 방망이만 낮추기보다는 무릎을 굽히고 몸 전체를 낮춘다.
- 타자는 엄지와 검지로 배트 몸통을 잡고 손의 나머지 부분은 배트 뒤로 두어 보호한다.

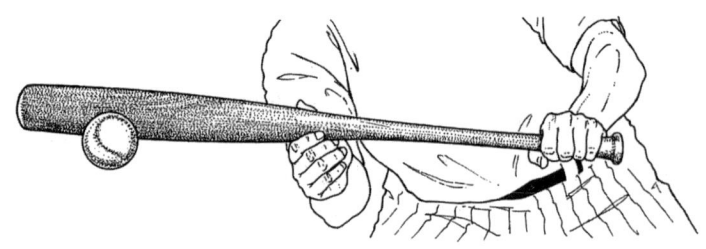

- 친다는 느낌보다는 공과 배트의 접촉을 흡수하여 공의 힘을 죽인다는 느낌으로, 거의 배트로 공을 잡는다는 느낌으로 번트를 댄다.

어떤 발 빠른 타자들은 스윙을 할 때보다 번트를 할 때 더 나은 타율을 보이는 경우도 있다. 번트가 안타를 내기에 더 쉬운 방법이라는 뜻은 아니다. 번트를 치고 1루에서 살아남는 것은 언제나 엄청나게 아슬아슬한 일이므로, 타자는 1초의 단 한 조각이라도 더 얻어내기 위해 할 수 있는 모든 것을 한다.

- 우완투수와 상대할 때, 타자는 3루 쪽을 조준해 번트를 댄다. 왜냐하면 투수의 몸은 팔로 스루 후의 타성 때문에 마운드에서 1루 쪽을 향하게 될 것이기 때문이다.
- 3루 쪽을 향해 번트를 댈 때, 타자는 볼이 파울 라인 바로 안쪽으로 흐르도록 시도한다. 공이 파울 라인 쪽 가까이에 붙을수록, 투수가 공을 잡으러 가는 시간은 더 걸린다. 일이 뜻대로 되지 않았을 경우, 타자는 페어보다는 파울 쪽을 바랄 것이다. 페어가 되어 투수에게 쉽게 아웃 카운트를 내주느니 스트라이크 하나만 받고 타석에 다시 들어서는 게 낫기 때문이다.

- 1루 쪽으로 번트를 대는 것은 위험도가 더 높다. 야수가 1루에 공을 던지는 길이가 짧아지기 때문이다. 만약 그쪽 방향으로 번트를 댄다면, 타자는 공이 파울 라인에 바짝 붙어 굴러가게끔 하거나, 타구가 마운드를 지나치게 해서 1루수가 자리를 벗어나게 하고 투수나 2루수가 1루를 커버하게 만들려는 것이다.
- 왼손타자는 공이 자신에게 다다르기 전에 1루 베이스 쪽으로 이미 몸을 움직이기 시작한다. 그 여세로 공을 맞힐 무렵이면 1루가 있는 오른쪽 방향으로 이미 향하게 된다. 이것을 '드래그 번트drag bunt'라고 한다.

설령 번트를 대려는 의도가 없어도, 타자는 '배트에서 손을 옮기는run his hands up' 동작을 취해 3루수를 내야 안쪽으로 끌어들일 수 있다. 3루수는 타자가 번트를 댈 것 같다고 생각하면 안쪽으로 더 가까이 들어와 플레이한다. 그러면 다음 공을 찰싹 때려서 3루수의 옆을 지나치게 하는 것이다. 아니면 '부처보이butcher-boy' 플레이를 해볼 수도 있다. 번트를 치는 척하다가 방망이를 다시 뒤로 빼 원래의 정식 타격 자세로 돌아가서는, 볼을 힘껏 쳐서 안쪽으로 끌려 들어온 내야수들의 키를 넘기는 것이다.

별난 스탠스

어떤 선수들은 타석에서 타격 자세에 들어가기 전에 엉덩이를 흔들어댄다. 선 자세가 우습거나, 방망이를 희한하게 쥐거나, 스텝을 별나게 밟는 선수들도 있다. 그러나 공을 기다리는 모습이 얼마나 기이하든지 간에,

스윙을 하기 전에 그들의 손과 몸은 항상 같은 준비 자세로 되돌아온다. 가외의 동작은 그저 타이밍 메커니즘이거나, 그도 아니면 실없는 버릇이다.

스위치히터

어떤 선수들은 홈 플레이트의 양쪽 편에서 타격을 할 수 있는 재능을 타고났다. 그들은 어떤 손으로 던지는 투수가 나와도 상관없기 때문에, 팀에게는 살짝 이득이 된다. 양손으로 다 타격을 할 수 있는 타자를 스위치히터라고 한다. 그리고 스위치히터 가운데 10명이 명예의 전당에 들어가 있다. 데이브 뱅크로프트, 쿨 파파 벨, 맥스 캐리, 조지 데이비스, 프랭키 프리시, 비즈 매키, 미키 맨틀, 에디 머레이, 앨버트 프레드 '레드' 쉰딘스트, 오지 스미스가 그들이다. (야구 도박으로 영구 제명된 피트 로즈도 스위치히터였다. 그는 선수생활에서 세운 엄청난 기록에도 명예의 전당에 들어가지 못했다.)

이런 선수들은 대개 양쪽에서 치도록 구조가 된 뒷마당이나 놀이터에서 스위치히팅을 배웠다. 그러니까 필드의 반대편 방향으로 공을 칠 수밖에 없는, 혹은 그렇게 쳐야 성과가 나는 곳에서 야구를 했다는 것이다. 그들은 어떤 투수가 나오는지 기다리는 입장이라기보다는, 홈 플레이트의 반대쪽에 서는 것으로 좌완 혹은 우완투수를 끌어낸다. 또 어떤 선수들은 코치나 아버지에게 스위치히팅을 배웠다. 그들은 자신의 아이들이 양쪽에서 타격을 할 줄 알면 나중에 선수로 뛸 때 '수비 한 포지션을 놓고 2명이 번갈아 경기에 나서야 *platooned*' 하는 신세는 맞이하지 않으리라는 점을 알았던 것이다.

스위치히터들은 양 타석 중 보통 타격하기에 선호하는 쪽이 있고, 한쪽에서는 강타를 날리는데, 다른 쪽에서는 평범한 정도의 타격만 선보인다. 그들 중 대다수가 오른손잡이로 타고나나, 오른손투수를 하도 많이 상대하다 보니 왼쪽 타석에 들어섰을 때 더 잘 치게 된 경우도 많다.

여기 두 가지 희한한 규칙이 있다.

- 투 스트라이크 상황만 아니라면, 타자는 타격 중에 타석의 위치를 바꿀 수 있다.
- 투수도 팔을 바꿔 던질 수 있지만, 한 타자의 타격이 진행되는 중에는 바꿀 수 없다.*

투 스트라이크에서의 타격

보통의 메이저리그 선수들은 투 스트라이크 상황에서의 타율이 2할을 밑돈다. 누구도 불리한 볼 카운트에 처하기를 바라지는 않지만, '파워 히터power hitter'는 불리한 볼 카운트라고 해도 타격에 대한 접근 방법을

---

* 역대 투수들 가운데 토니 멀레인을 필두로 해서 스위치피처는 모두 4명이 있었다. 멀레인은 1881년부터 1894년까지 메이저리그에서 뛰었고, 양팔을 자유자재로 바꾸어 던진 게임을 2경기 이상 기록한 유일한 투수로 남아 있다. 타고나기는 오른손잡이인데 양쪽 손에 다 맞도록 특별 제작한 글러브를 사용했던 그레그 A. 해리스는, 1995년 몬트리올 엑스포스의 구원투수로 나와 왼손으로 두 타자를 상대해 득점을 내주지 않으면서 마지막 스위치피처가 되었다.(엑스포스는 2005년에 연고지를 워싱턴 D.C.로 옮겨 워싱턴 내셔널스가 되었다.)

여간해서는 바꾸지 않는다. 그런 선수
는 단순히 타석을 지키고 공을 맞히는
것으로 그 자리에 서게 된 것이 아니다.
그는 홈런을 치라고 돈을 받는 것이고,
무슨 수를 쓰더라도 펜스를 겨냥해 스
윙을 한다.(그래서 강타자는 경기마다 빠짐
없이 삼진아웃을 당하기도 하는 것이다.) 하
지만 이른바 교타자라 불리는 선수들은
투 스트라이크에 처하면 살짝 조절을

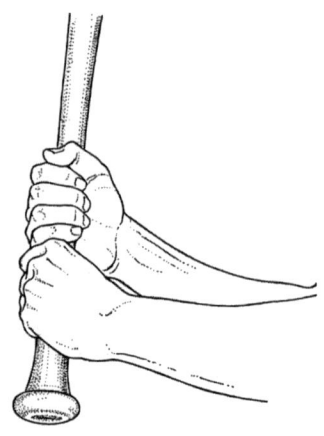

하는데, 가령 배트를 짧게 쥐어 스윙을 짧게 가져가는 것으로 배트 컨트
롤을 더 좋게 확보한다.

대개 타자는 타석에서 최대한 뒤쪽으로(옆이 아니라) 가서 서는데, 초
크 라인을 뒷발로 파서 흐리게 만들어 몇 센티미터의 공간을 더 얻는
다.(타자는 타석 안에서는 어느 곳으로도 언제든지 움직일 수 있다. 하지만 공을
맞힐 때 발이 타석 바깥으로 빠져나와 있으면 자동으로 아웃된다.) 뒤로 더 멀리
서 있을수록, 공이 오기까지의 시간도 더 많이 벌게 된다. 그러나 투 스
트라이크 상황에서는 투수가 오프스피드 공을 던지는 일이 더 많기 때
문에, 타자는 때로 투수 가까이로 몸을 움직여서 공이 도달하기 전에 휘
는 것을 막으려고 한다. 앞으로 더 나아가면 타자는 또한 페어 볼을 쳐낼
수 있는 각도를 더 확보하게 된다. 플레이트 앞쪽에서 공을 맞힐 것이기
때문이다.

득점 제조

점수를 너무나도 절박하게 올려야 하는 상황이 되어 아웃 카운트 몇 개쯤은 희생하는 때가 있다. 한 사람이라도 홈을 밟아야 하는 상황이 그렇다. 단타 말고 '2루타 이상 extra-base hit'? 말도 말라. 팀에게는 단타도 필요하지 않다. 어떻게든 주자가 베이스에 나가 '기본적인 공식으로 득점을 올리는 manufacture a run' 것이 전부가 되는 상황이다. 예를 들어, 선두 타자가 투수가 던진 공에 몸을 맞아 1루로 걸어 나가고, 2루를 훔치고, 타자가 오른쪽 땅볼을 쳐 아웃되는 사이에 3루까지 가고, '희생플라이 sacrifice fly'로 득점하는 것이다.

몸에 맞는 볼

1920년 8월 16일에 열린 경기에서, 양키스의 우완투수 칼 메이스가 던진 공에 클리블랜드 인디언스의 유격수 레이 채프먼이 머리를 맞았다. 채프먼은 다음 날 사망했고, 지금까지도 필드에서 당한 부상으로 사망한 유일한 메이저리거이다. 메이스는 스핏볼을 주로 던지는 투수이기는 했지만, 그 치명적인 투구는 패스트볼이었을 가능성이 있다. 아무도 그것은 확실히 알지 못한다. 어쨌거나 채프먼의 죽음은 그다음 시즌에 스핏볼이 금지된 주요한 이유가 되었다.

  1941년에 가서야 뉴욕 자이언츠가 최초로 타격 헬멧을 쓰기 시작했다. 30년 후, 헬멧 착용은 어느 타자나 반드시 해야 하는 필수조항이 되었다. 그리고 한쪽에 귀덮개를 다는 것은 1982년에 의무조항이 되었다.

오늘날에는 이미지가 모든 것이다. '공에 맞으면plunked', 타자는 아무 일도 일어나지 않은 것마냥 당연히 1루를 향해 활보해 간다. 주춤거리지도 않는다. 상을 찌푸리지도 않는다. 얼음 팩을 대령받지도 않는다. 맞은 곳을 문지르지도 않는다. 사내답지 않은 꼴을 내보이게 될 테니까 말이다.

그나저나 히트 바이 피치 볼은 정말로 얼마나 아플까? 공의 속도가 얼마나 빠른지, 어떻게 타자를 맞혔는지 생각해보자. 시속 150킬로미터의 패스트볼이었는가? 124킬로미터짜리 커브였는가? 아니면 103킬로미터의 너클볼이었는가? 타자를 딱 맞히고는 공의 방향이 거의 바뀌지 않았는가? 곧바로 타자를 가격하고는 땅으로 떨어졌는가? 공이 몸의 어떤 부분을 맞혔는가? 살집이 많은 어깨 근처, 아니면 허벅지? 거의 뼈뿐인 손목이나 팔꿈치? 손이 부러져 몇 주나 몇 달씩 출장하지 못하는 타자들도 간간이 나온다.

남자다움이 다 뭔가. 살에 닿은 공은 언제나 멍 정도는 남기고, 타자가 심한 통증을 호소하면 트레이너가 나와 그를 살핀다.

부러진 방망이와 날아가는 방망이

왜 모든 사람들이 배트가 '쪼개지는' 소리를 좋아할까? 쪼개지는 소리는 배트가 부러져 못 쓰게 되었다는 것을 의미한다. 주의를 기울여 그 소리를 들어보면, 공과 배트가 부딪칠 때의 충격이 내는 소리와, 타자가 날아오는 공에 '스위트 스폿sweet spot'을 적중시켰을 때 생산되는, 기분 좋게 휙 감기는 소리를 구분해낼 수 있다.

타자가 배트가 망가진 것 같다고 생각한다 치자. 배트는 금이 가더라도 멀쩡해 보일 수 있다. 타자는 방망이를 쥐고 손잡이를 땅에 두드려본다. 망가졌으면, 진동이 느껴지고 틱틱거리는 소음이 들릴 수도 있다.

모든 타자는 자신만의 '게이머$_{gamer}$'로 경기할 때 편안함을 느낀다. 그립을 놓치고 관중석으로 배트를 날려버리는 일이 생겼을 때, 배트를 잡은 운 좋은 팬에게 자신의 다른 배트와 그 배트를 바꾸자고 하는 선수도 있다.(구장 안전요원이 그 거래를 맡아 진행한다.)

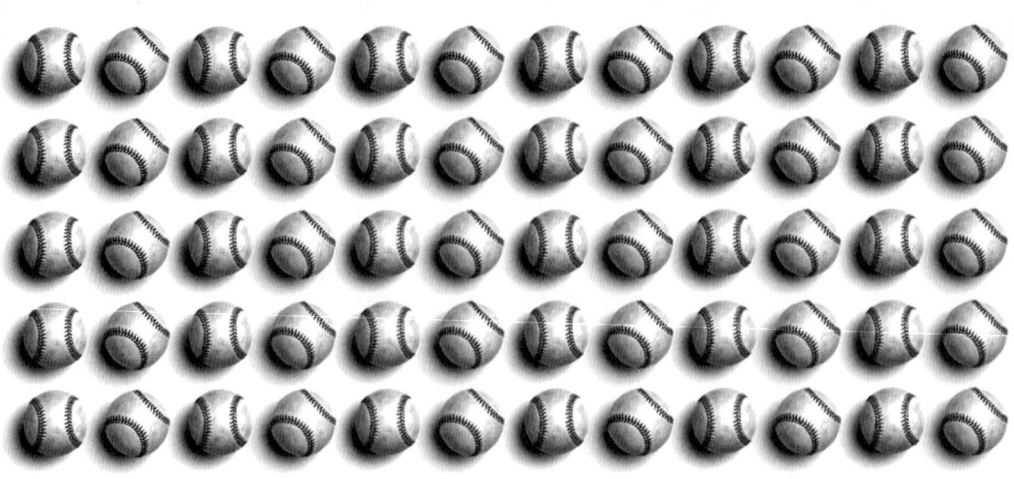

CHAPTER 3

내 얼굴이 늙어 보인다는 것은 나도 안다.
하지만 16년 동안 얼굴부터 들이미는 슬라이딩을 해보라.
당신도 못생겨질 것이다.

—**피트 로즈, 통산 최다 안타 기록 보유자**

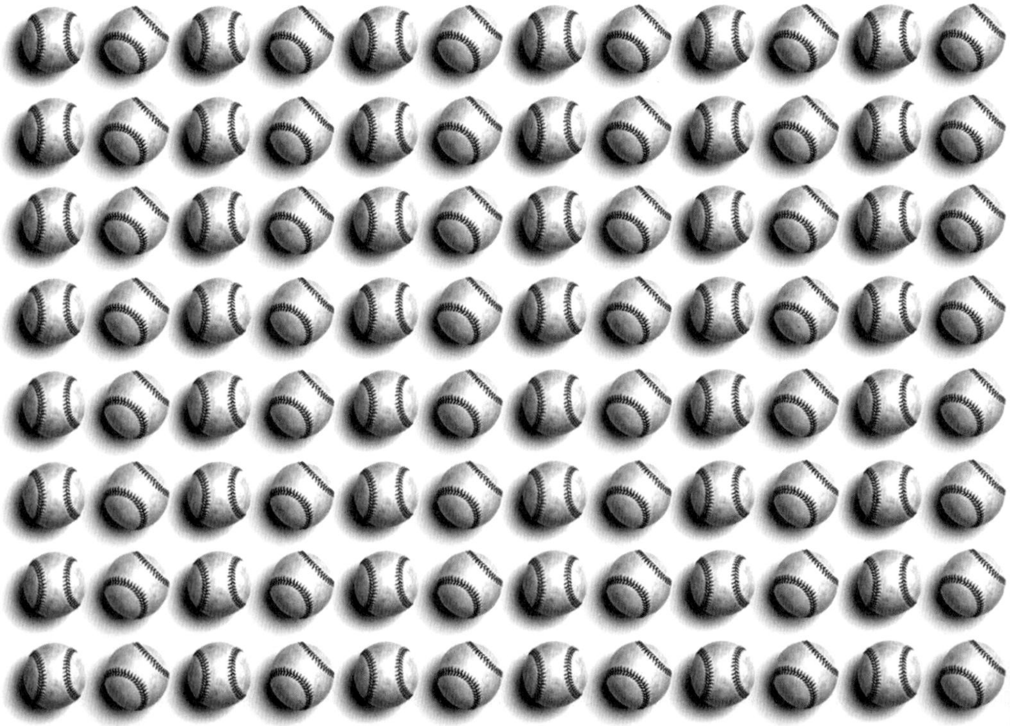

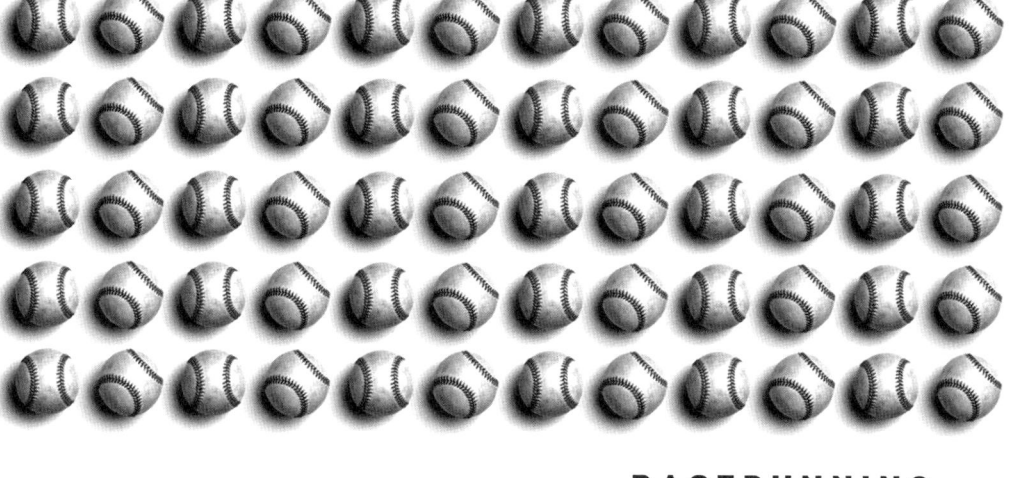

BASERUNNING
베이스러닝

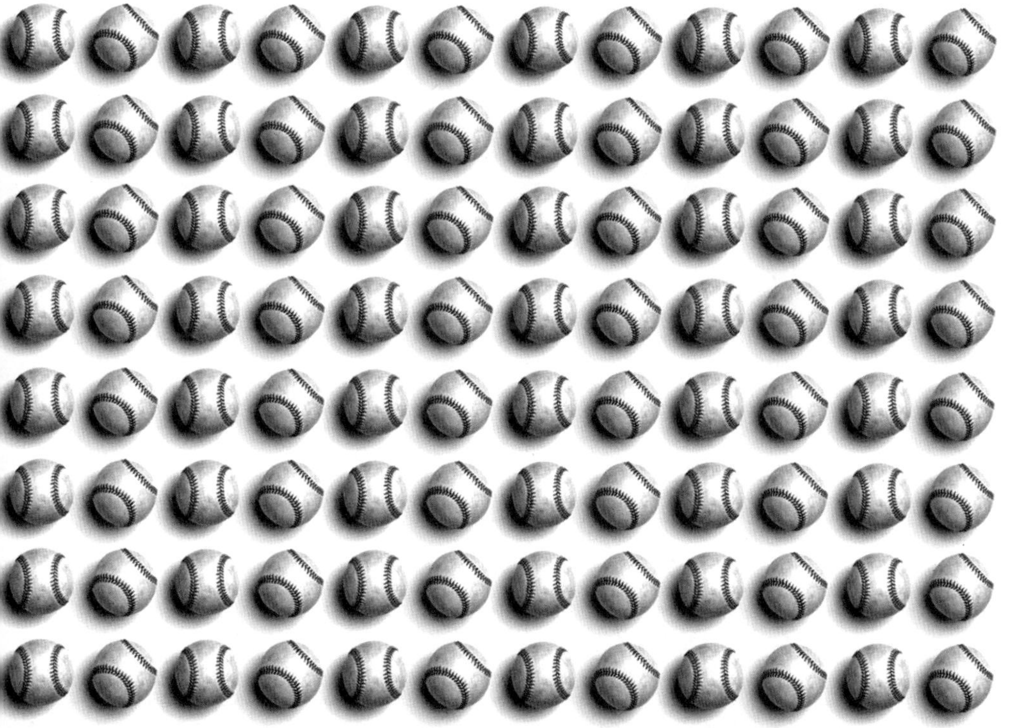

Watching Baseball Smarter

룰

포스아웃과 태그아웃의 차이를 이미 알고 있다면, 이 부분은 그냥 넘어가고 싶은 유혹이 들지도 모른다.

그러지 말라.

이렇게 단순할 것 같은 룰도 어떨 때는 까다로워질 수가 있다. 하지만 본격적으로 시작하기에 앞서, 포스아웃과 태그아웃의 차이를 모르는 분들에게 차이점을 잠깐 설명하고 넘어가자. 주자가 다음 베이스로 가야만 하는 상황을 '포스 플레이 *force play*'라고 한다. 야수가 공을 쥐고 그저 베이스를 건드리는 것만으로 주자는 필드에서 '물러나게 *retired*' 된다. 그러니까 두 주자가 한 베이스에 서 있을 수는 없으므로, 1루에 있던 주자는 타자가 땅볼을 쳤을 때라도 2루를 향해 달리지 않으면 안 된다. 1루와 2루에 주자가 있었다면, 그들은 2루와 3루를 향해 달려야 한다. 만루에는 타자가 그라운드에 떨어지는 페어 공을 친 경우라면 무조건 모든 주자가 움직여야 한다.

약간 까다로워지는 건 여기서부터다.

2루는 비어 있고, 1루와 3루에 주자가 있는 상황에서 타자가 땅볼을 쳤다고 하자. 1루주자는 2루를 향해 달려야 하지만, 3루주자는 홈을 향해 꼭 달릴 필요가 없다. 뒤에 빈 베이스(2루)가 있기 때문이다. 만약 그가 홈을 향해 달리기로 결정했다면, 이 경우는 포스 플레이가 아니다. 그러므로 볼이 그의 몸에 닿아야, 다시 말해 태그가 되어야 그는 아웃된다.(공이 든 글러브로 태그해도 된다. 비록 흔한 광경은 아니지만 포스 플레이에서도 태그로 타자가 아웃되는 경우도 있다. 야수가 베이스를 밟지 않은 상태에서 주자를 태그하면 아웃되는 것이다.)

포스 플레이 상황이 아닌 경우에는 아주 많은 상황이 연출될 수 있다. 가령 1루타인데 2루까지 달리는 타자는 태그를 해야 한다. 타자가 '단타base hit'를 쳤는데 2루에 있던 주자가 홈까지 파고드는 상황이나, 오른쪽으로 날카롭게 땅을 치고 가는 타구에 1루주자가 3루로 내달리는 경우에도 야수는 주자의 몸에 공을 가져다 대야 한다. 심지어 견제구에 걸려 주자가 1루로 돌아오려는 상황도 포스 플레이 상태가 아니다. 1루로 돌아와야 하는 것처럼 보이는 상황—확실히 그것이 가장 영리한 행보일 것이다—에서도, 주자가 원한다면 1루 대신 2루로 냅다 달릴 수도 있다.

여기서 끝이 아니다. 이제 한층 더 까다로워진다.

노 아웃이나 원 아웃에 1루에 주자 하나가 나가 있다. 1루수가 타자가 친 땅볼을 잡아 타자를 아웃시키려고 베이스를 밟는다. 타자는 아웃되었고, 그러면 1루는 다시 열리게 된다.

이제 1루와 2루 사이에 있는 주자는 2루로 반드시 가야만 하는 상황이 아니다. 하지만 대개의 경우 주자는 가던 길을 계속 갈 것이고, 1루수는 2루에 공을 던지며 "태그해!"라고 외칠 것이다. 그래야 2루 수비에 들어간 유격수가 포스 상황이 아님을 알 것이기 때문이다.

아래에 베이스러닝 규칙 몇 가지를 더 소개한다.

플라이 볼 | 투 아웃 미만의 상황에서 타자가 친 공이 '공중에 뜬 상태 *on a fly*'에서 잡히면, 주자는 원래 서 있던 베이스로 반드시 돌아와야 한다. 공이 잡히고 난 다음에는 진루를 시도할 수 있다. 이것을 '태그 업 *tag up*'이라고 부른다. 1루를 출발한 주자가 공이 잡힌 것을 깨닫지 못한 채 2루를 돌았다면, 1루로 되돌아가기 전에 2루 베이스를 반드시 다시 건드려야 한다. 물론 이미 아웃 카운트 2개가 잡혀 있다면, 주자가 기다리거나 베이스로 되돌아갈 이유는 전혀 없다. 외야수가 뜬공을 잡음과 동시에 이닝이 끝날 것이기 때문이다.

베이스라인 | TV 중계 같은 데서 주자는 베이스라인을 벗어나서는 안 된다는 얘기를 언젠가 들어본 적이 있을 것이다. 그럼 실상을 살펴보자. 이것은 주자가 태그를 피하기 위해 라인에서 3피트(약 0.9m) 이상을 벗어나거나, '러너 박스 *runner's box*' 바깥으로 달려 야수가 1루에 던진 공을 막을 때에만 해당되는 얘기다. 사실 주자는 타구를 잡으려는 야수를 피하기 위해 베이스라인을 벗어날 필요가 있다. 주자가 야수를 건드리면, 심판이 수비방해로 그(혹은 타자)에게 아웃을 선언할 것이다. 하지만 달리고 있는 베이스라인에서 아무런 플레이도 벌어지고 있지 않을 경우에 주자는 마음대로 나아가도 된다.

오버슬라이딩 | 2루와 3루에서 주자는 베이스를 밟고 나서도, 달려서 지나치거나 슬라이딩으로 지나쳐버려 태그를 당해 아웃될 수도 있다. 홈 베이스를 밟고 지나치는 것은 괜찮다. 그리고 홈에서 타격을 하고 1루

베이스로 갈 때도 마찬가지이다. 타자는 달리면서 생긴 관성 때문에 우측 외야 쪽으로 내처 달려도 2루로 방향을 틀지 않는 이상, 1루로는 태그의 위험 없이 유유히 돌아올 수 있다. 하지만 2루로 향하다가 1루로 되돌아오는데 오버슬라이딩을 하는 경우는 다르다. 애초에 왜 슬라이딩을 하냐고? 슬라이딩을 하면 태그를 피하기 쉽고, 달릴 때보다 베이스를 가르는 동안 관성을 빨리 죽일 수 있으며, 최후의 순간까지 최고의 속도를 낼 수 있기 때문이다.

한 베이스에 두 주자 | 투 아웃 미만의 상황에서 2루와 3루에 주자가 있다고 하자. 타자가 얕은 플라이 볼을 쳤고, 2루주자는 공이 잡히지 않으리라고 보고 3루로 달리기 시작한다. 3루주자는 공이 잡히리라고 보고 태그 업을 하려고 기다린다. 공이 잡히지 않고 땅에 떨어졌지만, 득점을 올리기에는 공의 위치가 너무 가까와서, 3루주자는 그대로 3루에 머무르기로 한다. '뒤따라오던 주자trail runner'는 이제 3루에 그와 함께 서 있다. 이만저만한 문제가 아니다. 알다시피 한 베이스를 두 주자가 점할 수는 없다. 하지만 그들 둘 다 자동으로 아웃되지는 않는다. 다음 베이스로 이동하지 않은 주자(이 경우에는 3루에서 출발하는 주자)는 베이스에 계속 머물러도 된다. 그리하여 수비 팀에서는 조치를 취해야 한다. 보통은 주자들 가장 가까이에 있는 야수가 두 주자 모두에게 미친 듯이 태그를 하고 심판의 판정을 기다린다.

주자를 지나치는 것 | 앞서 있던 팀 동료를 지나쳐 가는 주자는 아웃된다. 수비 팀은 그에게 태그를 할 필요조차 없다.

타구에 맞으면 | 페어 지역에서 타자가 친 공에 맞은 주자는 아웃된다. 그리고 타자는 안타를 기록하게 된다. 타자가 타석 바깥과 페어 지역에서 자신이 친 공에 맞으면 아웃되고, 안타도 기록하지 못한다. 타자의 몸에 공이 닿아도 안타가 된다면—그리고 많은 선수들이 그러하듯이 저 자신의 기록만을 위해 이기적으로 플레이를 한다면—1루 라인으로 번트를 대고는 공을 따라가 발로 차버리면 될 것이기 때문이다.

전략

수학 교사를 위한 정보를 하나 주겠다. 두 점 사이를 잇는 가장 짧은 경로는 직선이 아니다. 증거가 필요한가? 타자가 외야로 공을 날리고 나서 1루를 향해 달릴 때를 보라. 달리는 동선이 바나나의 구부러진 모양과 닮아 있음을 알게 될 것이다. 이렇게 하면 1루를 돌아 2루로 향하는 데 좀 더 직접적인 경로를 얻을 수 있다. 증거가 더 필요하다고? 투수가 공을 던지는 사이 2루에서 '리드를 잡는take a lead' 주자는 베이스라인 뒤로 몇 발자국 물러선다. 그래야 빨리 3루를 돌아 홈으로 향할 수 있기 때문이다. 퍽 기본적인 전략이지만, 대단히 중요하다.

베이스러닝 전략 몇 가지를 더 소개한다.

투 스트라이크 스리 볼, 투 아웃 | 투 아웃에 '풀 카운트full count' 상황에서 주자는 더 빨리 진루하기 위해 투수가 공을 던질 때마다 스타트를 끊는다. 포스 플레이 상황에 있는 한, 타자가 무엇을 하건 간에 주자는 아웃되지 않는다. 1루에 있는 주자는 타자가 사구를 얻으면 다음 베이스로

가야 하고, 타자가 공을 치면 어쨌거나 달려야 한다. 타자가 삼진을 당하면 물론 이닝이 종료된다.

3루로 가기 | 주자는 한 이닝의 첫 번째와 세 번째 아웃을 3루에서 당하지 않도록 각별히 주의해야 한다. 노 아웃에 2루에 있다면, 이미 득점할 좋은 기회를 잡은 것이기 때문에 안전하게 플레이를 해야 한다. 하지만 원 아웃이면 기회가 있을 때 3루까지 가도록 노력한다. 3루까지 가는 데 성공한다면, 팀 동료가 안타를 쳐 2루에서 홈까지 들어오게 해주기를 기다리는 대신, 평범한 땅볼이나 외야 플라이 볼에도 홈에 들어올 수 있는 가능성이 생기기 때문이다.

외야수 | 비디오 분석과 상대 팀 타자와 투수들의 스카우팅 리포트를 살펴보는 것은 기본이고, 모든 팀은 상대 팀의 외야수들도 연구한다. 설령 한 외야수가 유별나게 강한 어깨를 지녔다고 해도, 감독은 주자들에게 공격적으로 베이스 하나를 더 가라고 주문하면서, 야수로 하여금 완벽하게 던져야 한다는 부담감을 안겨줄 수도 있다.

안전 | 주자들은 때로 양손에 타격 장갑을 둥글게 말아 쥔다. 그렇게 하면 슬라이딩을 할 때 손가락이 발에 밟히거나 끼는 일을 방지할 수 있다.

슬라이딩 방법 | 발 먼저 슬라이딩을 하는 것과, 머리로 먼저 들어가는 것 중에 어느 편이 더 빠른지에 대해서는 의견이 분분하다. 짐작컨대 별 차이는 없다. 하지만 발 먼저 들어가는 것이 더 안전하다는 데 이견을 보이는 사람은 없다. '스파이크*spikes*'와 정강이 보호대, 헬멧 등의 장비

로 잘 무장한 포수가 버티고 선 홈 플레이트에서는 특히 그렇다.

팬시 슬라이딩 | 주자는 한쪽에서 공이 날아오면 베이스의 다른 쪽으로 슬라이딩을 한다. 가령 1루 견제구가 오면 주자는 베이스 바깥쪽 구석으로 뛰어드는데, 왜냐하면 그곳이 투수로부터 가장 먼 지점이기 때문이다. 그런데 3루로 가는데 좌익수 방향에서 공이 날아오면, 주자는 안쪽 구석으로 슬라이딩을 한다. 그곳이 좌익수로부터 가장 멀기 때문이다. 발 먼저 들어가는 팬시 슬라이딩에는 각각 이름이 있다.

- **후크 슬라이딩** *hook slide* | 베이스를 지나쳐 슬라이딩하여 야수를 피하면서 뒷발로 베이스를 낚아채는 방법이다.

- **팝업 슬라이딩** *pop-up slide* | 땅에 단단히 심긴 베이스에 곧바로 슬라이딩해서 한 동작에 바로 몸을 일으킬 수 있도록 하는 방법이다. 그러고 나서 주자는 야수가 혹시라도 공을 흘리면 다음 베이스로 계속 달릴 수 있게 된다.
- **테이크아웃 슬라이딩** *takeout slide* | 슬라이딩을 늦게 하면서 야수의 몸으로 곧바로 달려들어, 야수가 다른 곳으로 공을 던지지 못하게 하는 방법이다. 주자가 슬라이딩을 해서 베이스에 닿을 만한 거리에 있는 한, 이것은 합법적인 방법이다. 주자가 베이스에서 너무 멀리서부터 슬라이딩을 하면, 심판이 수비방해를 선언하여 그를 아웃시키고 다른 주자마저 아웃시킬 수도 있다.(테이크아웃 슬라이딩은 투수의 공에 맞은 다음에 합법적으로 앙갚음할 수 있는 최고의 방법이다.)

슬라이딩을 하지 말아야 할 때 | 주자가 슬라이딩을 하지 말아야 할 두 가지 상황이 있다. 첫째는 등 뒤로 곧바로 공이 날아올 때이다. 예를 들어 주자가 포수가 던진 견제구에 3루로 황급히 돌아갈 때이다. 선 자세를 유지하면, 주자는 공이 날아오는 길을 막을 수 있다. 포수로서는 명확한 타깃을 확보할 수 없고, 3루수도 공을 보려고 애를 써야 하기 때문이다. 또 다른 경우는 홈에서 쉽게 아웃을 당할 상황이다. 득점을 올리는 유일한 길은 포수에게 쇄도해서 공을 떨어뜨리도록 하는 것뿐이다.(1루에 있던 주자가 리드 폭을 아주 짧게 잡고 있다면, 견제구에 굳이 슬라이딩을 할 필요가 없다. 주자가 황급히 베이스로 돌아갈 때 오른손으로 뺨을 가리는 것을 볼 수 있다. 혹시 공이 거칠게 날아올 것에 대비해 보호를 하는 것이다.)

뛰기 전에 생각하기 | 투수가 홈에 공을 던지기 전에 상황을 고려하고 수

비 동향을 눈으로 확인하는 것으로, 주자는 찰나의 순간에 대담한 결정을 내릴 수 있다. 만약 1루에 있는데 타자가 깊은 플라이 볼을 쳤다고 하면, 아웃 카운트가 어떤지, 그리고 공이 잡힐 가능성이 있는지 알 필요가 있다. 바로 출발해야 하는가? 1루로 되돌아와 태그 업을 해야 하는가? 2루에 건너갔다가, 공이 그라운드에 떨어져 안타가 될 경우에 득점을 올리는 것이 좋겠는가? 어디까지 이동해야 하나? 2루까지 가는 중간 정도? 4분의 3정도? 몇 회인가? 팀이 1점이라도 필사적으로 필요한 처지인가? 누가 '다음 타자로 대기하고 on deck' 있는가? 4번타자인가? 투수인가?

안전하게 플레이하기 | 무조건 뛰어야만 하는 상황이 아닐 때 주자는 땅볼에 아웃되는 일이 없도록 주의해야 한다. 일반적으로, 2루에 있던 주자는 볼이 자기 바로 앞(유격수나 3루수를 향해)에 떨어지면 그 자리에 머무르며, 자기 뒤(필드 중앙이나 우측 방향)로 떨어져야 3루로 출발한다. '내야수들이 홈 플레이트 가까이 들어와 수비를 하는 infield in' 경우에, 3루 주자는 타자가 공을 맞히자마자 최대한 일찍 달리기 시작해서 홈 플레이트로 날아오는 공을 앞서보려고 할 수 있다. 물론 타자가 친 공을 투수가 잡았을 때는 주자가 어떤 식으로 날고 기든 간에 홈에서 쉽게 아웃된다. 그러니까 심지어 아웃을 당하러 가는 와중에도 몸이 다치지 않도록 안전하게 플레이를 해야 하는 것이다.

대주자 | 이미 있던 주자를 대신해 뛸 선수를 대주자라고 한다. 경기에서 한 번 빠진 선수는 누가 됐든 다시 경기에 투입될 수 없다. 그러므로 감독은 교체를 할 적기를 따지며 기다려야 한다. 꼭 베이스를 훔치기 위

해서만 새로운 선수로 바꿀 필요는 없다. 일반적으로 감독에게는 1루에 있는 상황에서 2루타에도 득점을 올릴 수 있거나, 2루에 빨리 도달해 병살타를 면하거나, 결정적인 상황에서 그저 수비에 압박을 더 줄 수 있는 빠른 선수가 필요하다.

속이기 | 주자가 도루라도 하려는 듯이 베이스를 출발하는 동작을 보이며 몇 걸음 떼다가 멈추고 베이스로 돌아가는 데는 두 가지 이유가 있다.

- 스타트가 좋지 않거나 스텝을 잃어서 마음을 바꾸는 경우이다. 그런 상황에서는 도루에 성공할 일말의 찬스도 없다는 것을 주자는 알기 때문이다.
- 야수들을 제자리에서 벗어나게 하려고 고의로 속이는 경우가 있다. 야수 중 한 명은 달려와 베이스를 커버해야 하고, 그리하여 타자가 타구를 날릴 구멍을 만들어놓는 것이다.

주자는 까불며 투수를 교란하는 동안, 타자의 집중력마저 흐트러뜨릴 수 있다. 그러므로 어떤 투구에 교란 동작을 할지 현명하게 선택해야 하며, 타자가 유리한 볼 카운트에 있으면 별 다른 동작을 취하지 않기도 한다.

살아남기 | '런다운*rundown*'에 걸린 주자는 가능한 한 오랫동안 잡히지 않으려고 애쓴다. 아웃되지 않기 위해서뿐만 아니라, 다른 주자들이 진루할 기회를 마련하기 위해서이다.

파울 리드 | 3루에 선 주자는 파울 지역 쪽으로 리드를 잡는데, 그래야 타구가 자신을 맞혀도 아웃되지 않을 것이기 때문이다. 투구가 끝나고 난 후마다, 주자는 페어 지역의 베이스로 되돌아와 포수가 공을 던질 길을 막아선다.

사인

야구장에서는 알아채기 힘들지 모르지만, TV에서는 투구 사이사이에 타자가 화면의 오른쪽을 바라보는 모습을 볼 수 있을 것이다. 그는 3루 코치에게 사인을 받고 있는 것이다. 번트? 치고 달리기? 강공? '그린 라이트*green light*?' 도루? '스퀴즈 플레이*squeeze play*?' 아무것도 하지 말라고?

모든 것이 가능하다.

코치가 하는 동작은 말이 안 되는 것처럼 보일 수도 있다. 만약 수비 위치를 바꾸거나 잠재적 도루에 대비해 투수에게 공을 하나 빼라고 지시하도록 상대 팀 감독을 속이는 데 코치가 성공한다면, 타자는 그만큼 이득을 얻는다.

사인이 진짜라고 가정하고, 코치가 코나 귀를 만졌다가 다시 코를 만지고, 또 턱을 만지는 것은 무엇을 의미할까? 왼팔을 쓸어내리고, 오른팔은 두 번 쓸어내리고, 이마·가슴·허벅지·벨트·모자챙을 쓸고, 그러고 나서는 손뼉을 세 번 치는 것은 어떤가? 그게 다 무슨 뜻인지 알아낼 수 있다면, 나머지 29개 팀에서 기꺼이 당신을 첩자로 고용할 터이다. 하지만 일반적으로는 '인디케이터*indicator*', 즉 하나나 그 이상의 제스처

혹은 몸의 일부분이나 옷에 달린 부속품 등, 사인을 유효하거나 무효한 것으로 만드는 표지가 있다. 리틀 리그에서는 사인이 단순하다. 코치가 인디케이터로 모자를 사용하고, 번트를 하라는 의미로 벨트를 만지면, 타자는 코치가 모자를 만진 직후에 벨트를 만지는 것을 볼 때만 번트를 댄다. 그러나 빅 리그에서는 모든 것이 훨씬 복잡해진다. 빅 리그에서 코치는 옷을 만지다가 피부를 만지는 것으로 인디케이터를 삼을 수 있고, 그다음에 실제 사인은 네 번째 제스처일 수도 있다. 예컨대 코치가 제 신발을 내려다보며 왼쪽 갈비뼈를 짝수로 훑는 동작으로 사인을 취소하지 않는 한 그렇다. 아니면 투수가 초구를 던지기 전에 특정한 사인을 보내고 계속 고수하고 있으면, 타자(혹은 주자)는 그대로 플레이를 수행하고, 그러고 나서 10여 개의 가짜 사인의 뒤따르는 와중에 그 사인이 제거되기만을 기다린다.

3루 코치는 또한 다양한 제스처를 이용해 주자들도 돕는다.

- 손바닥을 펼친 채 두 팔을 모두 들어올리면, "베이스에서 슬라이딩을 하지 마라."라는 뜻이다.
- 한 팔을 든 채로 다른 팔로 베이스를 가리키면, "슬라이딩을 하지 마라. 그러나 오버런을 하지 말고 베이스에 곧바로 멈춰라."라는 뜻이다.
- 두 팔과 양손을 그라운드 쪽으로 내뻗으면, "슬라이딩을 해라!"라는 뜻이다.
- 한 팔을 풍차처럼 미친 듯이 돌리면, "계속 달려라!"라는 의미이다. (코치는 사인을 내기 위해 움직이는 선수에 더 가까이 가고 싶은 유혹이 들겠지만, 방해가 되지 않도록 각별히 주의해야 한다. 주자가 3루를 돌다가 그와 부딪치기라도 하면, 아니면 아주 약간만 접촉해도 주자는 자동으로 아웃된다.)

도움이 필요한 주자가 2명 있으면, 코치가 각각 다른 지시 2개를 동시에 내는 일도 있다. 주자에게 왜 도움이 필요할까? 왜냐하면 그가 공을 언제나 볼 수 있는 것이 아니기 때문이다. 타자가 오른쪽 외야 구석에 2루 이상을 갈 수 있는 타구를 꽂아 넣었다고 하자. 그가 2루로 다가가는 동안, 공은 그의 등 뒤에 있게 된다. 코치를 보며 타자주자는 2루에서 멈춰야 할지, 3루 진출을 시도할지, 아니면 슬라이딩을 해야 할지 알게 된다.

주자가 팀 동료들에게 도움을 얻는 때도 있다. 포수가 투구를 놓친 상황에서 공이 얼마나 튀어 나갔는지 알 수 없을 때, 그는 재빨리 타자를 본다. 타자는 한 손을 들어 "멈춰!"라는 신호를 보내거나 "가! 가! 가!"라고 말하려는 듯 정신없이 팔을 돌려댄다. 주자가 홈 플레이트로 쇄도할 때, 대기타석에 있던 선수는 시야를 확보하고 슬라이딩을 해야 할지 말지 알려준다.

스피드의 값어치

발이 빠르다고 해서 꼭 좋은 베이스 러너라고는 할 수 없다. 탁월한 야구 본능을 지닌 느림보 선수가 영웅이 될 수도 있는 반면에, 발은 빨라도 결정이 서툰 선수는 몇 점을 희생시킬 수도 있다. 하지만 그 멍청하고 빠른 선수는 여전히 빠르다. 그리고 그가 타석에 들어서면, 모든 것이 바뀐다.

- 투수는 그를 걸러 보내지 않기 위해 스트라이크를 더 많이 던진다.

- 3루수는 번트에 대처하기 위해 홈 플레이트 쪽으로 더 가까이 다가가 수비하고, 중간내야수들은 타자가 평범한 땅볼을 치고도 '1루에 가까스로나마 세이프되는*beat out*' 것을 막기 위해 더 안쪽으로 들어온다. 이렇게 되면 '수비 범위*range*'가 줄어들고, 땅볼이 야수들 곁을 그냥 지나쳐 가기가 더 쉬워진다.
- 야수들은 서두르느라 에러를 범할 가능성이 더 높다.

게다가 발 빠른 주자는 출루하면 계속해서 수비진을 교란한다.

- 주자에게 신경을 쓰느라 정신이 산만해진 투수는 포수가 주문하는 공을 넣지 못할 가능성이 다른 때보다 높다.
- 1루수는 '주자를 붙잡아두려고 베이스에 딱 붙어 있으며*hold the runner on*', 유격수와 2루수는 주자가 도루를 시도할 때 잡기 위해 2루 베이스에 더 가까이 서서 플레이한다. 이 때문에 내야 수비에는 구멍이 생긴다.
- 투구가 빠르면 포수가 견제구를 던져 도루 시도를 막을 기회가 더 커지기 때문에, 타자는 '패스트볼을 예상하기가 쉬워진다*sit on a fastball*'.
- 주자가 스코어링 포지션에 있으면, 외야수들은 그를 홈 플레이트에서 잡을 기회를 높이기 위해 한층 얕게 들어와 플레이를 펼친다. 그러면 타자가 '외야수들 사이에 떨어지는 공*gapper*'을 노려 한 루를 더 가는 데 도움이 된다.

도루

주자가 진루할 수 있는 여러 길에 대해 생각해보자. 안타, 볼넷, 히트 바이 피치, 에러, '와일드 피치 *wild pitch*', 패스트 볼, 희생번트, 희생플라이, 내야 땅볼아웃, '야수선택 *fielder's choice*', '포수의 공격방해 *catcher's interference*', '수비 무관심 *defensive indifference*'이 있다. 이 모든 것에 어떤 공통점이 있는지 아는가? 주자를 위해 누군가는 무슨 일을 해주어야만 한다는 것이다. 타자가 공을 쳐주거나, 야수가 연관되거나 해야 한다는 뜻이다. 하지만 주자가 스스로 진루할 수 있는 방법이 하나 있다.

도루다. 어떻게 하냐고? 주자는 리드를 잡고 투수가 공을 던질 때까지 기다린다. 그리고 다음 베이스로 전력질주해서는 포수가 던진 공에 앞서 슬라이딩을 한다. 짜릿한 일이다. 위험한 일이다. 완수하는 데 3초밖에 걸리지 않으며, '매우 아슬아슬한 플레이 *bang-bang play*'로 마감된다. 하지만 경기에 임하는 양 팀 다 도루에 대해서는 이모저모 아주 많이 고심한다.

주자가 도루에 성공하면 대부분의 사람들은 포수를 탓한다. 하지만 이 달리기 게임을 정말로 컨트롤하는 것은 투수이다. 투수가 주자가 재빠르게 움직이도록 놔두면, 포수는 공을 던져 그를 아웃시킬 방도를 잃게 된다. 보통 투수는 리듬을 잡고 몸의 중심을 옮기며 최대한 세게 던지기 위해 '와인드업 *windup*'을 해서 공을 던진다.

하지만 와인드업에는 3~4초가 걸린다. 주자가 다음 베이스로 미끄러져 들어가기에 충분한 시간이다. 그래서 투수는 1루에 주자가 있을 경우 딜리버리를 짧게 줄여 공을 던지고, 시간이 많이 드는 다리 킥 동작 대신 '슬라이드 스텝 *slide step*'을 이용한다. 이렇게 던지면 구속은 줄지만, 주자가 뛰쳐나갈 가능성도 제한한다.(어떤 구원투수들은 베이스가 비어 있는 상황에서도 이렇게 공을 던진다. 왜냐하면 그들은 주자가 있을 때 등판하는 것에 익숙하고, 자신의 메커니즘을 일관되게 유지하는 편을 좋아하기 때문이다.)

주자는 베이스에서 조금씩 떨어지면서, 발 사이를 계속 벌리고 몸무게의 균형을 맞춘다. 주자는 투수가 언제라도 견제구를 던질 수 있음을 알기 때문에, 살짝 웅크려 선 상태를 유지하고 다리가 엇갈린 자세를 피하며, 단 한 발자국이나 다이빙으로 쏜살같이 돌아갈 만큼은 베이스와의 거리를 가깝게 유지한다. 또한 투수를 살펴보고 투수가 세트 포지션에 들어갈 때 걸리는 시간의 패턴을 읽어내 스타트를 시도한다.('딜레이드 스틸delayed steal' 상황이 되면, 주자는 투수를 한 수 속여 넘길 필요가 없다. 대신에 주자는 투수가 공을 던진 직후에 달려 중간내야수들을 제 위치에서 이탈시키려고 한다.)

투수는 투수판에서 뒤로 한 발자국 뗀다거나 투구 전 동작에 걸리는 시간을 다양하게 잡아감으로써 주자의 타이밍을 교란할 수 있다. 그러나 시간을 너무 오래 잡아먹으면, 투수 자신의 타이밍이 엉망이 된다. 타자가 집중력을 잃고 심판에게 타임아웃을 요청할 때가 그렇다.

투수는 또한 단순한 견제 동작으로 '주자를 베이스 가까이 묶어둘hold the runner' 수 있다. 그러므로 투수는 투수판에서 무심코인 듯 발을 떼어 1루수에게 별 볼일 없이 공을 슬쩍 던지기도 한다. 이때 투수는 누구도 속여 넘기려는 것이 아니다. 다만 투수는 주자가 2루 쪽으로 몸이 쏠리는 것을 막고 자신이 주자를 의식하고 있다는 것을 주자에게 상기시키려는 것이다. 투수는 또 정말로 중요한 순간에 던질 견제구는 아껴두고 싶어한다.(최고의 투수들도 주자들을 다루는 데는 익숙하지 않은 까닭에 최악의 견제구를 던지는 일이 종종 있다.)

1루 코치에게는 여러 가지 중요한 의무가 있다.

- 타자가 1루에 출루하면, 코치는 그의 엉덩이를 토닥이며 칭찬해준다. 그리고 주루 상황에서 필요 없어진 정강이 보호대와 팔꿈치 보호대 등을 받아 챙긴다.
- 코치는 스톱워치로 투수가 딜리버리를 시작하여 포수에게 공이 도달하기까지의 시간을 잰다.(약 1.5초) 그리고 나서 포수의 '글러브투글러브glove-to-glove'도 덧붙여 잰다. 포수가 투구를 받아 2루에 공을 던지는 데까지 걸리는 시간(약 2초)을 잰다는 뜻이다. 마지막으로 코치는 이 둘을 합친 시간을 1루주자에게 알려준다. 주자는 베이스라인을 따라 전력질주했을 때 얼마나 시간이 걸리는지 이미 알기 때문에, 코치의 정보를 듣고 도루에 성공할 수 있을지 알게 된다.
- 코치는 투수의 견제 동작을 연구하고 견제구가 날아올 때 "돌아와!"라고 소리치면서 주자를 도울 수 있다.

좌완투수를 상대할 때 주자에게는 따로 더 도움이 필요하다. 왜냐하면 좌완투수가 투구를 하기 전의 다리 킥 동작은 견제구를 던지기 전의 동작과 같아 보일 수 있기 때문이다.

투수의 동작에 주자가 얼어버리면(이것은 자연스러운 반응이다), 2루를 훔칠 기회를 잃는 데서 그치지 않고 1루에서 포획될 위험마저 있다. 그러므로 주자는 투수가 어느 때 홈으로 공을 던지며, 그에 따라 첫 동작을 어떻게 취해야 할지 가늠해야 한다. 그렇게 해서 주자는 멋진 점프로 스타트를 끊을 수 있지만, 여전히 취약한 상태에 놓여 있다.(도루 시도의 리플레이 장면에서 투수가 공을 놓기 전에 주자가 몇 발자국을 떼는지 세보라. 바람직한 기준은 세 발자국이다.)

　주자가 있을 때 투수는 시선을 어디에 두어야 할까? 교본에서도 이런 것까지 다루지는 않는다. 투수가 다리를 차올리고 눈은 포수 쪽을 향하다가 느닷없이 주자 쪽으로 공을 던지면, 주자가 얼마나 놀랄 것인가? 다른 한편, 투수가 주자 쪽을 똑바로 쳐다보며 킥을 한다면, 주자로서는 달리기 시작할 만큼 안심할 수 있겠는가? 많은 메이저리거들이 그러지 못한다. 그리하여 공이 홈으로 날아가고 있는데도 1루로 돌아가는 것이다.

　3루로의 도루 시도는 어떠한가? 2루를 훔치는 것보다 더 쉬운가, 어려운가? 누구를 두고 말하는지에 달려 있는 문제다. 포수 위치에서 공을 던지는 거리는 2루보다 11미터 남짓 짧아진다. 하지만 2루에서는 '워킹 리드 walking lead'를 잡고 더 크게 뛰쳐나갈 수 있기 때문에 자신감은 더 들 수도 있다. 왜 그런가 하면, 중간내야수들이 주자를 묶어두기 위해 베이스 가까운 위치를 고수할 수가 없기 때문이다. 유격수가 슬쩍 들어와 글러브를 팡팡 두들겨대며 주자에게 겁을 주고 리드 폭을 줄이도록 몰아붙일 수는 있지만 말이다.

　2루에 대한 가장 효율적인 견제 방법 ― '데이라이트 플레이 daylight play' ―은 또한 실행하기에 가장 어려운 방법이기도 하다. 유격수가 베이스로 쇄도하며 주자가 꼼짝 못하도록 만든다. 투수는 유격수와 주자 사이에 '데이라이트'를 찾고, 유격수가 주자를 지나쳐 있는지 볼 것이다. 그리고 나서 유격수가 베이스에 닿기도 전에 몸을 홱 돌려 공을 던진다.(투수는 유격수가 베이스에 도달하기를 기다릴 수가 없는데, 주자가 반 발자국쯤 혹은 그보다 짧은 거리로 그의 바로 뒤에 있기 때문이다.) 때로 공은 센터 필드로 빠지고 만다. 결국 잡기에도 쉬운 공은 아닌 것이다. 그리고 이 모든 것을 생각하는 와중에, 투수는 데이라이트가 보이지 않으면 투수판에서 물러나야 함을 반드시 기억해야 한다. 그러지 않으면 그런 작전이 먹히지 않을 것이며, 투수로서는 야수가 제 포지션으로 돌아갈 시간을 주어야 하기 때문이다.

포수가 도루 중인 선수를 잡으려고 공을 던지는데 고의로 방해하는 타자에게는 자동으로 아웃이 선언된다. 하지만 타자가 옆에 있다는 것만으로도 합법적인 장애물이 생성될 수 있다. 모든 포수는 수비할 때 오른손으로 공을 던지므로* 타석에 왼손타자가 들어서면 수비하기가 약간 더 어려워진다. 왜냐하면 포수 입장에서 오른편에 서 있는 타자는 포수가 던지는 공의 길을 가리기 때문이다. 오른손타자가 들어섰을 때 3루에 공을 던지는 상황도 마찬가지 얘기가 통한다. 결과적으로, 감독들은 왼손타자들 앞에 발 빠른 주자들이 나서게 타순을 짜려 애쓰고(3루보다 2루로 도루하는 일이 더 잦기 때문에), 주자는 도루를 위해 달리기 전에 지금 누가 타격을 하고 있는지를 염두에 두는 것이다.

통산 892개의 도루로 이 부문 역대 4위에 올라 있는 타이 콥은 1905년에 메이저리그에 들어가 54번의 홈 스틸을 기록했다. 역대 최다 기록이다. 통산 1406개로 역대 도루 1위 자리에 오른 리키 핸더슨은 1979년에 메이저리그에서 뛰기 시작했고, 홈을 훔친 것은 단 네 번에 지나지 않는다. 홈을 훔치는 것은 이제 사라져버린 예술이 되었지만, 선수들은

---

* 메이저리그 역사에는, 1876년에 하트퍼드 다크블루스 팀에 있으면서 24게임에서 투수의 공을 받았던 빌 하브리지를 비롯하여 30명의 왼손잡이 포수가 있었다. 1900년에 은퇴한 잭 클렌멘츠가 1073경기를 뛰어, 왼손잡이 포수 최다 출장 기록을 보유하고 있다. 1989년 3게임에서 홈 플레이트 뒤에 앉았던 피츠버그 파이리츠의 베니 디스테파노는 현재까지 최후의 왼손잡이 포수로 남아 있다.

두 가지 방식으로 여전히 시도하고 있다. 첫째는 더블 스틸과 딜레이드 스틸을 함께 하는 것이다. 1, 3루에 주자가 있는 상황에서 후발인 1루주자가 도루를 하러 먼저 출발하고, 포수가 2루로 공을 던지면 3루에 있던 '선행주자lead runner'가 중간내야수가 되던지는 공에 앞서서 홈으로 파고드는 것이다. 손쉽게 할 수 있는 것처럼 들리지만, 포수 입장에서도 막을 방법은 있다. 주자 1, 3루 상황에서 포수는 때로 플레이트 앞에 나와서 아래의 옵션 중 무엇을 쓸지 야수들에게 알려준다.

- 2루에 공을 던지는 동작을 취해서 선행주자가 3루에서 홈 쪽으로 달려 나오도록 미끼를 던진다.
- 2루로 공을 던지면 중간내야수가 공을 낚아채 홈으로 재빨리 공을 던진다.
- 2루나 3루로 공을 곧바로 던진다.
- 공을 쥐고 3루주자가 달려오기를 기다린다.

홈을 훔치는 또 다른 방법은 '스트레이트 스틸straight steal'이다. 이런 일이 일어날 수 있는 때는 투수가 풀 와인드업을 할 때뿐이다. 주자가 어디에도 가지 않을 거라고 생각할 만큼 투수가 멍청하게 나올 때뿐이라는 뜻이다.

히트앤드런

히트앤드런은 평범한 플레이지만 과감한 플레이기도 하다. 1루에 있는 주자가 일찍 스타트를 끊어 단타가 날 경우 3루까지 가고, 2루타에 득점을 올리거나, 더블 플레이를 피하기 위한 기회를 만드는 동시에, 타자가 안타를 칠 가능성을 높이기 위해 디자인된 베이스러닝 플레이다. 어떻게 먹히는 작전인가 하면 이렇다. 주자가 도루라도 할 듯이 달려 나오고, 유격수나 2루수가 포수가 2루에 던질 공을 잡기 위해 포지션을 벗어나면, 내야로 생긴 틈을 겨냥해 땅볼을 때려내는 작전이다. 그게 전부다.(어쩌면 '런앤드히트'라고 불러야 할지도 모르겠다.)

일이 잘 돌아가면 히트앤드런은 간단해 보이는 작전이다. 하지만 일이란 쉽게 잘못 꼬일 수도 있다. 혹시 타자가 3루 코치의 사인을 놓치고 멍하니 서 있으면, 주자는 죽는다. 왜냐고? 주자는 정말로 베이스를 훔치려는 것이 아니므로, 견제구에 걸리지 않기 위해 도루를 시도할 때보다 리드 폭을 약간 짧게 잡고, 달리기 전에 아주 약간의 시간을 더 기다리기 때문이다. 그러니까 최소한 타자는 스윙을 해서라도 주자를 보호해야 한다. 설사 투구가 땅에 떨어지도록 낮게 오거나 제 머리 위를 훌쩍 넘길 정도로 높게 날아와도 그렇게 해야 한다. 포수가 너무 재빨리 공을 던지지 못하게 하기 위해서이다.

달리기 시작한 주자는 '공이 어디 있나 슬쩍 보기 위해 *pick up the ball*' 홈 쪽으로 눈길을 준다. 타자가 어떤 타구를 쳤는지 모르면, 가령 플라이볼이 났는데 원래 베이스로 총총 되돌아가야 할 판에 다음 베이스로 달려간 꼴이 되고 말기 때문이다. 그러나 타자가 친 공이 누군가의 글러브에 곧바로 빨려 들어갔다면, 주자가 공을 보았는지 말았는지는 상관이 없다. 2루로 한창 가는 중이었다면, 자동으로 더블 플레이가 되기 때문이다.

타자들은 공을 곧잘 당겨치기 때문에, 오른손타자가 타석에 서면 보통 2루수가 2루를 커버한다. 이건 비밀이랄 것도 없다. 평범한 수비 전략인 것이다. 그러므로 히트앤드런이 걸리면, 오른손타자는 공을 1루와 2루 사이로 보내려고 애쓴다. 이것은 평범한 공격 전략이다. 그리하여 또 투수와 포수는 히트앤드런이 걸렸다고 생각하면 타자를 옭아매려고 노력한다.(안쪽에 들어오는 공을 반대편으로 밀어치기는 어렵다는 점을 기억하자.) 배터리는 히트앤드런이 걸린 줄을 어떻게 아는가? 히트앤드런을 걸기에 최적인 때는, 게임이 막상막하에 제법 빠른 선수가 1루에 나가 있으며, 타석에는 공을 잘 맞히는 타자가 있을 때이다. 이때 최상의 볼 카운트는 원 스트라이크 투 볼인데, 투수가 스트라이크 존 안이나 적어도 존 가까이에는 공을 던질 것이라고 기대할 수 있기 때문이다. 투수는 볼 카운트에서 더 이상 뒤처지는 것을 원치 않을 테니, 카운트를 원 스트라이크 스리 볼로 내몰리게 하면서 도망가는 피치아웃은 하려 들지 않을 것이다. 그럼 왜 원 스트라이크 스리 볼이 될 때까지 기다려, 그때 가서 히트앤드런을 시도하지 않느냐고? 그때는 투수가 '가운데 한복판에 몰리는 패스트볼 *BP fastball*'을 던질 공산이 클 때이다. 타자가 주자를 보호한답시고 맥없는 땅볼이나 치고 낭비할 공이 아니지 않은가.

중간내야수 2명은 베이스 커버 역할을 뒤바꿈으로써 타자를 속일 수도 있다. 1루에 주자가 있을 때, 그들은 누가 송구를 받을지 얼굴 표정으로 매 투구 때마다 의견을 교환한다. '음음음' 하는 모양으로 다문 입은 "내가 맡겠다"는 뜻이고, 벌린 입은 "네가 맡아"라는 뜻이다. 당연히 그들은 글러브로 입을 가려 상대 팀이 그 과정을 못 보게 한다.

스퀴즈

스퀴즈 플레이(혹은 '세이프티 스퀴즈safety squeeze')는 주자를 3루에 둔 상태에서 대는 희생번트이다. 투수가 공을 던지기 전에 주자가 출발하는 플레이를 '수이사이드 스퀴즈suicide squeeze'라고 부른다. 타자가 번트에 성공하면 득점을 올리고 공이 포수 미트에 그대로 빨려 들어가면 바로 아웃이 되는, 모 아니면 도식의 플레이이기 때문이다.

- 타자가 사인을 놓치거나 공을 맞히지 못한다면, 주자는 베이스 사이에서 잡히고 말 것이다.(잘못된 의사 전달을 막기 위해 3루 코치는 타자에게는 시각적인 사인을 보내고 주자에게는 구두로 지시를 내린다. 그러면 타자는 계획을 알아들었다는 표시로 은밀한 답변 사인을 보낸다.)
- 주자가 너무 빨리 스타트를 끊는다면, 투수는 고의로 타자를 맞혀 '데드 볼dead ball'을 내줌으로써 주자를 3루로 되돌려 보낼 수 있다.
- 타자가 내야 뜬공을 치면 쉽게 병살타가 된다.

역시 위험하다. 하지만 스퀴즈 플레이에는 두 가지 이점이 있다. 먼저, 주자는 타자가 조금 엉성하더라도 번트에 성공만 하면 실질적으로 득점을 보장받는다. 둘째로, 스퀴즈 플레이를 저지하는 수비 방법은 그것을 예상하고 피치아웃을 하는 방법밖에 없다.

노 아웃에 스퀴즈를 시도하는 팀은 거의 없다. 왜냐하면 노 아웃에 주자가 이미 3루에 있는 바에야, 대박 이닝이 될 가능성을 안고 있기 때문이다. 물론 투 아웃에서는 스퀴즈가 소용이 없다. 번트를 댄 선수가 1루에서 아웃을 당할 테니, 말짱 헛일일 것이기 때문이다.

허슬

언제 어느 때고 보는 플레이다. 타자는 '투수 앞 땅볼 come-backer'이나 평범한 내야 뜬공을 치면 배트를 내동댕이치고 마지못해 터벅터벅 뛰어간다. 아니면 깊숙하게 멀리 떠서 날아가는 공을 쳐내고 홈으로 돌아오는 길을 여유롭게 구보처럼 달리는 타자도 있다. 왜냐하면 그는 공이 그라운드로 되돌아오지 않을 것임을 확신하기 때문이다. 글쎄, 때로 외야수에게 잡혀 되돌아오는 일이 없진 않다. 또 깊은 공이어도 잡을 수 있는 플라이 볼을 상대 팀에서 '놓쳐버리는 boot' 일도 벌어진다. 때론 홈런인 줄 알고 여유를 부리던 강타자가 반 발자국 차이로 1루에서 아웃되거나, 허슬 플레이를 펼쳤으면 3루까지 갈 수 있었을 것을 2루에서 멈춰야만 하는 일도 일어난다.

믿을 수 없는 일이라고 여기겠지만, 어떤 선수들은 '27미터쯤 90 feet'을 하루에 네 번 전력질주하려는 동기나 욕망을 갖추고 있지 않다. 그러나 이들은 수백만, 수천만 달러에 계약한 선수들이다. 그들에게는 24명의 팀 동료들이 있다. 그들은 관중석에 그들을 떠받드는 팬들을 수만 명 거느리고 있다. 팬들은 할아버지가 저녁 산책하는 것이나 보려고 입장료를 지불하는 것이 아니다.

그러나 이 구보하는 사람들을 비방하기 전에, 투 아웃 미만의 상황에서 주자는 공이 공중에 떠 있는 동안은 스타트를 끊지 않고 기다려야 한다는 점을 감안해보자. 앞에 주자가 버티고 서 있으니 타자로서는 베이스라인을 돌진해도 얻는 것이 아무것도 없는 상황이 있다. 또 어떤 선수들은 경미한 부상에 내내 시달리며 경기를 한다. 공을 치고 잡고 던지는 데는 큰 영향을 주지 않지만, 전속력으로 달리는 것에는 영향을 주는 부상이다. 시애틀 매리너스의 지명타자 에드가 마르티네스는 화려했던 선수생활의 막바지에 다다를 즈음 팬들 눈에는 꾀를 부리는 것처럼 보였을지 모른다. 그 팬들은 그가 햄스트링이 너무나 약해서 세게 달리지 말라는 의사의 지시를 받았음은 몰랐던 것이다.

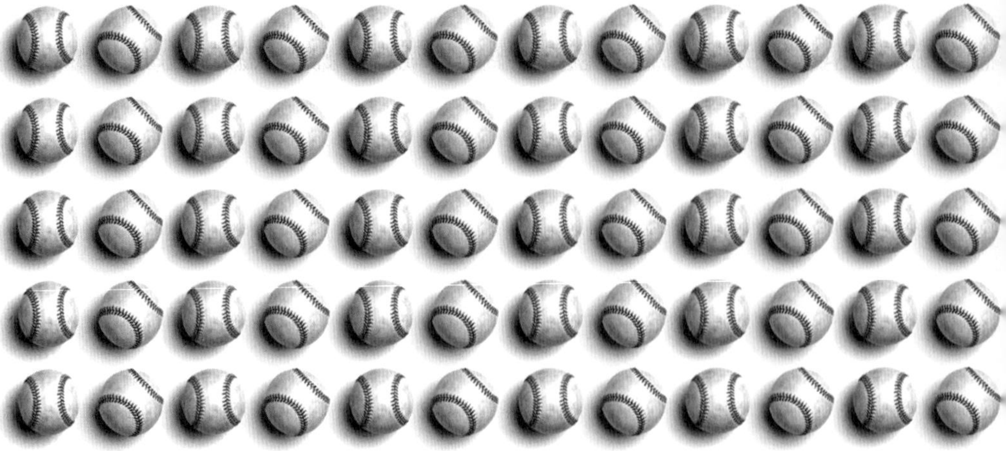

CHAPTER 4

만약 어떤 여인이 플라이 볼을 잡는 것과
갓난아기의 생명을 구하는 것 사이에서 선택을 해야 한다면,
여인은 베이스에 선수들이 있는지는 살펴볼 생각도 하지 않고
갓난아기의 목숨을 구하는 편을 택할 것이다.
— 데이브 배리, 유머 작가

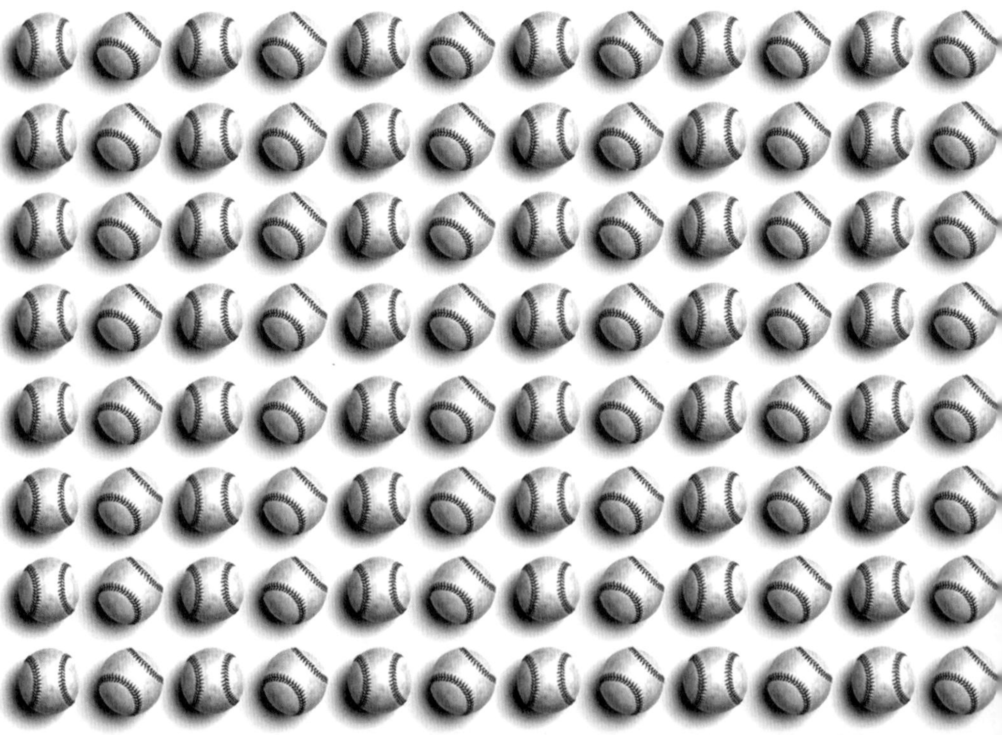

FIELDING

수비

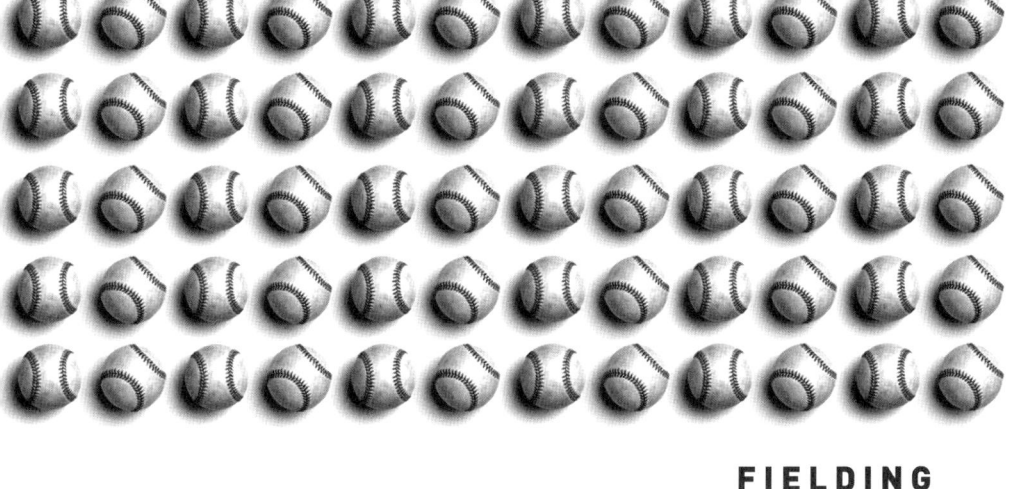

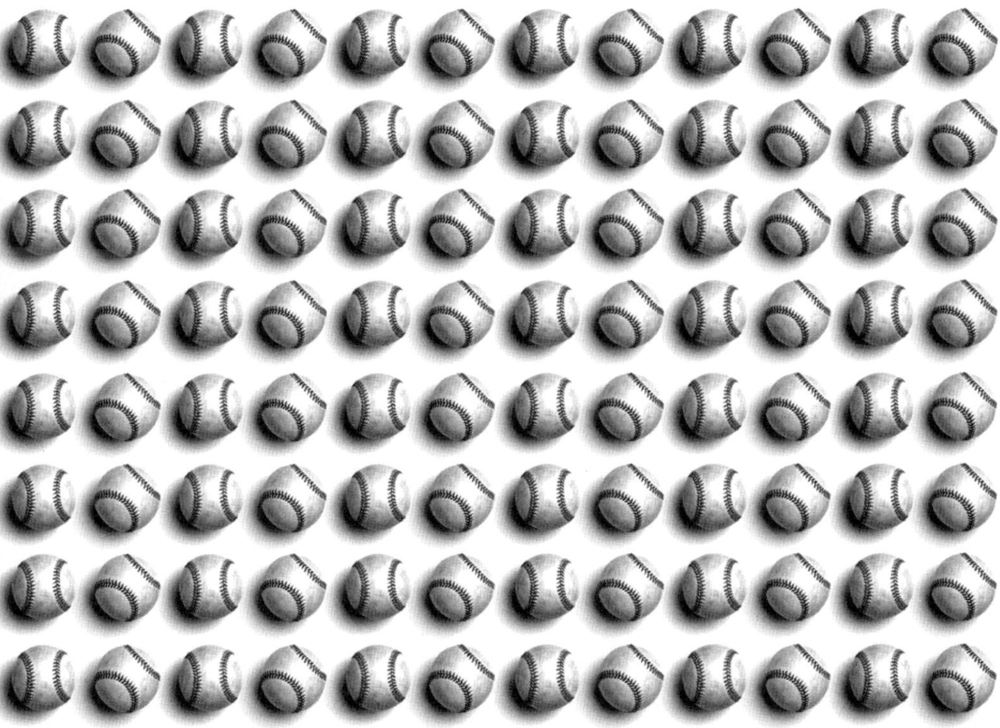

Watching Baseball Smarter

수비대형

공이 어디로 날아갈지 예측할 수 있는 사람은 아무도 없다. 하지만 메이저리그 야수로서의 경험 덕분에 선수들에게는 종종 직감이라는 게 있다. 야수는 9번타자가 나오면 그가 120미터를 훌쩍 넘어 날아가는 공은 때려내지 못하리라고 생각한다. 또 클린업 타자가 번트를 치는 일은 없을 것임을 안다. 또 상대 팀이 희생플라이나 오른쪽으로 가는 땅볼로 점수를 생산해낼 필요가 있는 상황이 어떤 때인지도 인지하고 있다. 야수는 누가 어느 방향으로 공을 치는지 판단하고, 그에 따라 수비 위치를 잡는다.

한데 신인선수가 타석에 들어서고, 야수 중에 그에 관해 조금이라도 아는 선수가 없다면 어떨까? 평상시와는 다른 수비대형을 요구하는 팽팽한 상황이라면 어떨까? 그때가 바로 코치가 더그아웃 맨 윗계단을 올라 나와, 차트와 스카우팅 리포트에서 얻은 정보와 자신의 경험을 조합해서 교통순경 같은 몸짓을 해가며 야수들에게 어떻게 해야 할지 알려주는 때이다. 어떤 외야수에게는 뒤로 혹은 한쪽으로 자리를 옮기라고 하거나, 내야수에게 안쪽으로 더 들어오라고 하거나, 그도 아니면 1루수와 3루수에게만 안으로 들어오라고 지시를 내릴 상황도 있다. 코치는 또 1루수에게 주자를 붙잡아두기보다는 그의 뒤에 서서 플레이를 하라고 지시를 내릴 수도 있다. 아니면 아래의 극단적인 플레이 가운데 하나를 활용할 수도 있다.

테드 윌리엄스 시프트 | 인디언스의 유격수 겸 감독이었던 루 부드로가 1940년대에 희대의 강타자였던 윌리엄스를 상대로 펼친 수비 방법으로, 공을 극단적으로 잡아당겨 치는 왼손 장타자에 대해 야수들을 내야 오른편으로 옮겨 대처하는 방법이다. 3루수는 유격수가 평소에 서 있는 자리에 가고, 유격수는 2루 오른편으로 옮기며, 2루수는 우측 외야로 살짝 물러나 수비하고, 1루수는 '파울 라인에 바짝 붙어hug the line' 있는 것이다. 때로는 외야수들도 같은 식으로 옮겨간다.

　최근에는 각 팀들이 배리 본즈, 카를로스 델가도, 라파엘 팔메이로, 데이비드 오르티스, 제이슨 지암비, 짐 토미, 켄 그리피 주니어 같은 슬러거들에 맞서는 방법으로서 이 시프트에 익숙해 있다. 이제는 흔히 '오버시프트overshift'라고 부른다. 테드 윌리엄스와 마찬가지로, 지금의 현역

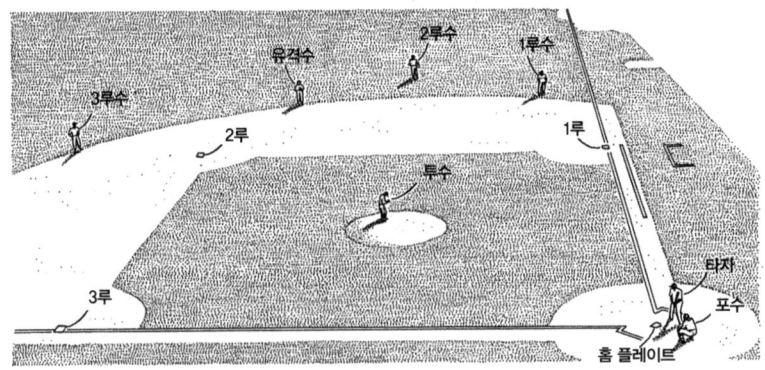

선수들도 수비 위치가 그런 식으로 바뀐다고 해서 타격 태도를 바꾸는 일은 거의 없다. 그들은 이 수비 위치 변경을 모욕이나 공을 지금보다도 더 세게 쳐내라는 도전으로 받아들인다. 매우 드물지만, 이들 중에 자존심을 옆으로 슬쩍 밀어두고 무방비 상태의 3루 라인 쪽으로 번트를 대는 선수도 볼 수 있다.

휠 플레이 │ 2루주자가 희생번트에 3루로 진루하는 것을 막기 위해 내야 전체에 거는 작전이다. 투수가 공을 던질 때 1루수와 3루수는 홈 플레이트를 향해 달려들고, 유격수와 2루수는 각각 3루와 1루로 재빨리 달려간다. 수비를 하기로 한 두 베이스(1루와 3루)만 커버하는 동안에 번트 타구를 빨리 잡는 것이 목표이다. 휠 플레이를 하면 내야 전체가 개방된 상태가 되므로, 수비는 타자가 번트를 칠 것임이 확실할 때 이 플레이를 해야 한다.

노더블 디펜스 │ 경기 후반 적은 점수 차로 앞서 있는 상태에서, 타자가 2루타 이상을 치기 어렵게 만드는 수비 방법이다. 1루수와 3루수는 파울 라인에 바짝 붙고, 외야수들은 깊숙이 물러나 플레이를 하면서 공이 제 머리 위로 넘어가지(홈런은 제외하고) 않도록 수비한다. 안타깝게도 이 수비대형은 평범한 땅볼이 외야로 굴러가고, 얕은 플라이 볼도 땅에 떨어져버려 1루타를 더 양산하는 결과를 초래하기도 한다.

얕은 외야 │ 9회말에 투 아웃이 아닌 상황에서 결승주자가 3루에 있을 경우, 외야수들이 내야 쪽으로 바짝 들어가 플레이를 하는 바람에 성인 구장에 리틀 리거들이 모인 것처럼 보이기도 한다. 이렇게 플레이를 하면 평범한 플라이 볼이 그들 머리를 쉽게 넘어가 승부를 결정지어 버리는 일도 생긴다. 하지만 어쨌거나 이 상황에서는 평범한 외야 플라이 볼 역시 잡힌다고 해도 승부를 결정짓는 희생플라이가 될 수 있다. 땅볼이 빠져나가는 것을 막기 위해 외야수가 안쪽으로 더 바짝 들어와 서는 편이 나은 셈이다.

오른손잡이와 왼손잡이

주자가 도루를 시도할 때 왼손타자가 타석에 들어가는 것을 감독이 왜 더 좋아하는지 기억하는가? 왼손타자는 포수가 공을 던지는 동선 오른쪽에 서서 송구를 부분적으로 막기 때문이다. 이것은 또 왜 왼손잡이 포수가 영 안 보이는가 하는 이유이기도 하다. 왼손잡이 포수가 오른손잡이 타자에게 막히면 3루 송구가 난감해진다. 게다가 타자들 중에는 왼손타자보다 오른손타자가 훨씬 더 많은 것이다. 그리고 왼손잡이가 2루수나 3루수, 유격수 수비를 보는 것도 보기 힘들 터인데, 땅볼을 잡았을 때 1루 쪽이 아니라 반대쪽을 바라보게 되기 때문이다.

투수나 외야수와 마찬가지로 1루수는 오른손잡이든 왼손잡이든 다 볼 수가 있다. 사실 왼손잡이 1루수에게는 유리한 점이 세 가지 있다.

- 왼손잡이 1루수는 견제구를 받아 주자를 태그할 때, 몸을 가로질러 손을 돌려야 하는 오른손잡이보다 글러브를 가져다 댈 거리가 더 짧다.
- 타자들이 친 공은 오른편, 그러니까 왼손잡이 1루수가 글러브를 낀 쪽으로 더 많이 간다. 그러므로 오른손잡이 1루수보다 백핸드 플레이를

해야 하는 경우가 더 적다.
- 왼손잡이 1루수는 타구를 잡아내고 나면 이미 2루와 3루로 몸을 마주하게 된다. 그러므로 우선 근사한 스텝을 몇 번 밟는 동작을 거쳐야 하는 오른손잡이 1루수보다 더 빨리 공을 수비하려는 베이스에 던질 수 있다.

몇 아웃?

아웃이 몇 개인 상태인지 모르는 야수는 팀을 다치게 할 수 있다. 원 아웃밖에 안 됐다고 잘못 생각한 야수는 애초에 쉬운 플레이로 아웃 카운트 하나만 잡으면 이닝이 끝나는 마당에 쓸데없이 선행주자를 잡으려고 애쓸 수도 있다.* 스코어보드를 보고 상황을 파악하려는 충동이 들 수 있지만, 야수와 팀 동료들은 매 플레이가 이루어진 후마다 손가락을 하나나 둘 들어 보이며(때때로 그저 주먹을 쥐어 보인다. 아웃 카운트를 하나도 잡지 못했다는 사실을 일깨우는 것이 너무 민망한 상황만 아니라면.) 서로 정보를 일러준다. 왜냐하면 스코어보드 기사도 실수를 저지를 수 있기 때문이다.

....

* 그런데 이 경우는 몬트리올 엑스포스의 우익수였던 래리 워커가 1994년 다저 스타디움에서 저지른 실수에 비하면 새 발의 피다. 그는 파울 라인 근처에서 플라이 볼을 잡고는 이닝이 종료되었다고 생각하고 공을 관중석 첫 줄에 앉아 있던 꼬마에게 건네주었다. 그러나 그가 잡은 공으로는 겨우 투 아웃밖에 되지 않았고, 그의 에러로 1루주자는 베이스 2개를 진루했다. 그리고 뉴욕 메츠의 좌익수 2명이 셰이 스타디움에서 같은 실수를 저질렀다. 2000년의 베니 아그바야니, 2004년의 클리프 플로이드였다. 그 후에도 여러 선수들이 똑같은 실수를 했다

베이스 백업

악송구는 메이저리그에서조차, 게다가 쉽고 평범한 플레이에서조차 나올 수밖에 없다. 그래서 어떤 플레이 상황에 직접 연관되지 않은 야수도 제 위치를 떠나 팀 동료들의 뒤를 받쳐준다. 그러니까 혹시 공이 빠졌을 때 달려들어 낚아채고, 주자가 진루하는 것을 막는 것이다.

이런 장면은 TV보다는 직접 경기장에 가야 쉽게 보인다. 그러니 다음에 야구장에 가면, 공에만 눈을 고정시키고 있지 말라. 대신 베이스들이 비어 있을 때 평범한 땅볼을 따라 1루 쪽으로 돌진하는 포수의 모습을 보라. 주자가 3루를 훔치려고 할 때 파울 라인 쪽으로 움직여 가는 좌익수를 보라. 홈 플레이트에서 플레이가 이루어지기 전에 '포수 뒷그물 backstop' 쪽을 향해 달려가는 투수를 보라. 1루 쪽에 견제 시도가 이루어진 후에 3루수가 어떤 행동을 취하는지 보는 것은 더 가치가 있다. 그때 3루수는 1루수가 투수에게 손쉽게 토스해주는 공이 투수에게서 혹시나 빠지지 않을까 해서 몇 발짝을 뛰어 자리를 옮긴다.

햇빛에 가려진 공

팬들은 하얀 셔츠를 입고 있다. 하늘에는 흰 구름이 두둥실 떠 있다. 타자가 하얀 공을 치고, 야수들은 종종 공을 알아보느라 애를 먹는다. 특히 공이 태양을 향해 곧바로 날아가거나 스타디움 조명 쪽으로 날아갈 때 더욱 그렇다.

투수와 내야수들은 공이 어느 쪽으로 날아가는지 지적해주면서 위치

파악을 도와준다. 공을 여전히 못 찾으면, 야수는 어깨를 으쓱하고 팔을 빼 올린다. 그것이 "도와줘!"를 뜻하는 보디 랭귀지이다. 그리고 그에게서 가장 가까운 야수가 돌진해 와 플레이를 성공시키려고 노력한다.

버뮤다 트라이앵글

타자가 공을 '버뮤다 트라이앵글 Bermuda Triangle' 지역에 날렸다고 하자. 외야수들이 안쪽으로 달려든다. 내야수들은 바깥쪽으로 달려 나간다. 모두 위를 쳐다보고 있다. 중견수가 고함을 친다. "내 거야!" 하지만 그의 소리는 5만 5437명의 팬이 꽥꽥 질러대는 소리와 머리 위로 날아가는 제트기 소리에 묻혀버리고 만다. 상관없다. 도미니카인 2루수와 일본인 유격수는 어쨌거나 영어를 잘하지 못한다. 이때 최고의 시나리오는 아무도 다치지 않는 것이다.

다행스럽게도 평범한 뜬공이나 하늘 높이 올라가는 팝업에는 어떤 야수에게 공을 잡을 권리가 있는지 결정해주는 가이드라인이 있다.

- 모든 외야수들은 모든 내야수들보다 우선권을 가진다.(뒤로 달려갈 때보다 앞으로 달려가면서 공을 잡는 게 쉽다.)
- 중견수가 나머지 외야수들보다 우선권을 가진다.
- 유격수는 다른 내야수들보다 우선권을 가진다.
- 1루수와 3루수는 포수보다 우선권을 가진다.
- 투수에게는 수비 우선권이 없다. 투수는 길을 비키고 야수들이 수비 플레이를 할 수 있게 해주어야 한다.

인필드 플라이 규칙

상상해보자. 노 아웃에 만루 상황이고, 타자가 홈 근처에 치솟는 공을 쳤다. 3명의 주자 모두 자기 베이스로 돌아가 포수가 공을 잡기를 기다린다. 그런데 그가 공이 페어 지역 그라운드에 떨어지게 내버려두면서, 모든 베이스의 주자가 예기치 않게 포스 플레이를 해야 하는 상황을 만든다. 주자들은 출발한다. 그러나 너무 늦었다. 포수는 '트리플 플레이 triple play'의 첫 아웃으로 홈 플레이트를 이미 밟고 있다.

뭔가 부당한 일이다.

이런 플레이 때문에 '인필드 플라이 규칙 infield fly rule'이 고안되었다. 1루와 2루에 주자가 차 있거나 베이스 전체가 차 있고 투 아웃이 안 된 상황에서 평범한 내야 뜬공을 수비 팀이 이용하지 못하게 막는 규칙이다.

심판이 "인필드 플라이!"를 선언하면, 타자는 자동으로 아웃된다.(수비 팀은 공을 잡을 필요조차 없다.) 주자들은 스스로 위험을 감수하며 진루를 시도할 수 있다. 무슨 뜻인가 하면, 공이 땅에 떨어져도 베이스에 그대로 머물 수 있고, 잡힌다고 해도 태그 업을 할 수 있다는 뜻이다.*

---

* 한 팀에 이런 일은 일주일에 한두 번이나 일어날까 말까 하지만, 인필드 플라이 규칙은 중요하다. 대부분의 팬들은 이 규칙이 어떻게 기능하는지 모르고 설명하라면 대충 넘어갈 것이다. 어떤 팬들은 야구의 소양을 나타내는 표지로 생각하고 여러분에게 퀴즈를 내며 허세를 부릴 것이다. 그렇게 넘어가게 내버려두지 말라. 그들이 알고 있는 게 얼마나 변변치 못한지 보여주라. 어떤 해에 이 규칙이 제정되었는지 그들에게 물어보라.(1895년) 떠버린 번트 타구에도 이 규칙이 효력이 있는지 물어보라.(없다.) 심판이 "인필드 플라이!"를 선언했는데 공이 파울 지역에 착륙하면 어떻게 되는지 물어보라.(타자는 계속 타격을 하게 된다.) 그렇지만 여러분은 이 인필드 플라이라는 녀석만 딱 하나의 예외로 두고, 야구 지식은 좋은 마음으로 써야지, 나쁜 마음으로 쓰면 안 된다.

무관심 도루

당신이 감독이다. 지금은 9회고, 3점 차이로 당신의 팀이 앞서고 있다. 상대 팀이 원 아웃에 공격에 나서 있다. 1루주자는 포스 상황과 병살타 상황을 피하기 위해 스코어링 포지션에 가고 싶어한다. 1점을 내줘도 승부에는 지장이 없을 것이기에, 당신은 '타임을 부르고 *call time*' 마운드로 올라가서 투수에게 타자에게만 집중하라고 이른다. 그리고 나서 1루수에게는 주자 뒤에서 플레이를 하라고 지시한다. 타자는 다음 투구에 2루로 출발할 것이 예상된다. 포수는 투수가 던진 공을 받고, 주자는 슬라이딩을 하지 않고 순조롭게 2루에 도달한다. 그는 기분이 좋다. 당신으로서는 상관없다. 공식기록원은 수비 무관심으로 주자가 진루했다고 기록한다. 도루 기록으로 인정하지 않는 것이다.

어필

수비 팀이 주자가 희생플라이 때 베이스를 너무 일찍 떠났다거나, 베이스를 전혀 건드리지 않고 지나쳤다고 생각한다면, 야수는 플레이가 끝나기를 기다렸다가 주자를 태그하거나 베이스를 찍고 심판이 아웃을 불러주기를 기다린다. 이런 걸 '어필*appeal*'이라고 부른다. 어필이 통하는 경우는 거의 드물다.

하지만 가련한 메츠에서 실수투성이지만 사랑받는 1루수로 뛰었던 '경이로운' 마브 스론베리가 1962년 폴로 그라운즈에서 3루타를 친 줄 알았더니 2루 베이스를 건드리지 않고 그냥 지나친 이유로 아웃되었을 때는 통했다. 감독 케이시 스텡겔*이 필드로 달려 나오자 1루 코치인 쿠키 라바게토가 그를 멈추고 말했다. "가봤자 헛수고예요. 1루도 그냥 지나쳤는 걸요, 뭘."

외야 수비

외야에 세워진 벽은 원래부터 오늘날처럼 푹신한 패드가 채워져 있지는 않았다. 오늘날의 외야수들에게는 '워닝 트랙warning track'이라는, 펜스 앞의 흙을 채운 길까지 있다. 그러니까 야수가 공에 눈을 고정한 채 깊은 플라이를 향해 달려가면 스파이크 밑에 자박거리는 흙을 느끼게 되고, 속도를 줄여야 머리를 깨먹지 않을 거라는 경고로 받아들이는 것이다.

펜스는 제쳐두더라도, 메이저리그 외야수가 플라이 볼을 잡기란 쉬운 일이라고 생각할지도 모르겠다. 그리고 대개는 그렇다. 외야수는 내야수들보다 더 큰 글러브를 끼고 홈 플레이트에서 더 안전한 거리에 서 있으며, 다리가 꼬이는 사태와 직면하지 않아도 된다.

맞을까?

틀리다.

플라이 볼이 간혹 가다 미친 듯이, 예기치 못한 방식으로 이동하는 경

---

* 그로부터 4년 후 명예의 전당에 등재된 스텡겔은 5년 연속 월드시리즈 우승을 이룩한 유일한 감독이다. 이 업적은 1949년부터 1953년까지 양키스와 함께 이루어졌다. 1962년에 메츠와 함께 했을 때는 40승 120패의 성적을 올렸다. 1900년 이래 최악의 승패 기록이다. 스텡겔은 말했다. "메츠는 나로서는 존재하는지조차 몰랐던 방식으로 지는 법을 내게 보여주었다."

우가 있다. 투구가 배트와 딱 맞게 만나면, 공은 회전이 걸리지 않은 채 마치 시속 188킬로미터짜리 너클볼처럼 쭉 나아갈 수도 있다. 외야수는 땅볼도 수비해야 한다. 보기에는 완벽한 잔디 위로 불규칙 바운드가 난다. 타구가 나무, 패딩, 벽돌, 담쟁이덩굴, 스코어보드, 방수포, 볼 보이의 의자, 불펜 마운드, 벤치, 난간, 펜스, 사다리**같이 다양한 물건과 표면을 예기치 않게 치고 빗나갈 때 수비를 펼쳐야 한다. 또 외야수는 바람과 태양도 상대해야 하고, 볼에 집중하다가 팀 동료와 부딪히는 사태도 피해야 한다. 구장의 조명이나 머리 위의 하얀색 돔 때문에 공이 순간적으로 사라지기도 하는데, 그것이 또 때때로는 전속력으로 달릴 때 일어나는 일이다.

하지만 어느 쪽으로 달려야 하나? 공을 계속 눈에 둔다는 것은 잊자. 공이 어디로 향하는지 짐작하는 것만 해도 충분히 어려운 일이다. 맑은 날에 때로 외야수는 하늘을 올려다보다가 깊이에 대한 지각을 잃기도 한다. 구름도 없는 하늘에는 공의 궤적을 가늠하는 데 필요한 배경이 전혀 없는 것이다. 게다가 홈 플레이트에서 너무나 멀리 떨어져 있기 때문에, 배트가 공을 치는 장면의 클로즈업 샷을 얻을 수가 없다. 그러니 외야수는 타자가 공을 얼마나 세게 쳤느냐에 따라 알아낼 수밖에 없다. 물론 '홈런 타자heavy hitter'가 강력한 '스윙hack'을 했는데, 공은 그저 배트 끝에 걸렸을 뿐이라면 온갖 종류의 혼란이 발생한다. 그 공을 알아보려고 몇 분의 1초라도 멈칫거린다면, 해당 외야수는 점프가 나빴다고 비

** 메이저리그 야구에서 '경기에 포함되는in play' 사다리는 사실 단 하나 있다. 보스턴 펜웨이 파크의 '그린 몬스터Green Monster'에 달려 있는 것이다.(펜웨이 파크와 그린 몬스터에 대해서는 다음 장에서 더 다루겠다.)

난받게 될 것이다.

　공이 어디로 향하고 있는지 알고 난 후조차, 야수는 몇 가지 결정을 재빠르게 내려야 한다. 공이 머리 위로 곧바로 날아오고 있다면, 뒤로 달리면서 몸을 왼쪽으로 틀어야 할까, 오른쪽으로 틀어야 할까?(외야수가 한쪽으로 몸을 옮기다가 다른 쪽으로 돌린다면, 그것은 그가 공의 방향을 잘못 판단했다는 뜻이다.) 공이 바로 앞에 떨어지려고 한다면, 안전하게 공이 한 번 바운드된 다음 수비를 해야 할까? 아니면 '공이 땅을 치기 직전에 몸을 날려 공을 잡아보려고 *shoestring catch*' 해야 할까? 몸을 날려야 할까? 그렇다면 발부터 먼저 날려야 하나, 머리부터 달려들어야 하나? 다이빙을 하다가 공을 잡지 못하면 어쩌나? 우리 팀은 주자가 한 베이스나 두 베이스를 더 가도 감당할 수 있는가? 이 모든 것은 상황에 달려 있다. 이닝? 스코어? 아웃 카운트? 대기타석에 어떤 타자가 기다리고 있는가? 주자들은?

　아, 주자들이 있다. 주자가 하나 이상 나가 있을 때, 외야수는 뜬공을 타깃으로 잡고 그것만 보고 달려 나가며 터프 가이처럼 행동해서는 안 된다. 잡을 수 없는 공이면 떨어뜨린 다음, '컷오프 맨*cutoff man*'—중간에서 볼을 중계해주는 내야수—이 잡아챌 수 있을 만큼 낮게 던질 필요가 있다. 그의 글러브 쪽으로 공이 가는 것이 바람직한데, 그리하여 한 동작에 공을 잡아 재빠르게 공을 릴리스할 수 있게 하는 것이다. 외야수가 컷오프 맨을 놓치면, 주자들은 공이 중간에 잘리기에는 너무 높게 던져졌음을 알 것이고, 주자들 중 하나—보통 후발주자—는 공이 내야 위를 날아가는 동안에는 아웃될 일이 없다는 것을 알았으니 계속 달릴 것이다.

　그나저나 외야수는 공을 어디에 던져야 하는가? 선행주자를 겨냥해 던져야 하는가? 뒤따라오는 주자를 붙잡아두어야 하는가? 이것도 모두 상황에 달려 있는 문제다. 그리고 야수는 투수가 '투구를 위해 투수판을 건드리기 toe the rubber' 전에 계획이 서 있어야 한다. 어디로 던질 것인지 결정할 뿐만 아니라, 타깃을 향해 움직이는 제 몸의 관성을 곁들여 공을 잡아내야 한다. 예를 들어 주자가 평범한 플라이에 태그 업을 하려고 준비 중이라면, 외야수는 공이 떨어질 것 같은 곳 몇 발자국 뒤로 물러난다. 그렇게 마지막 순간까지 기다렸다가 앞으로 돌진하여 '크로 합 crow hop'을 이용하여 그 여세로 던지는 공의 스피드를 더 높여볼 수 있는 것이다. 양손을 모두 사용해 던지는 팔 바로 위에서 공을 잡을 수 있다면, 송구 동작에 좀 더 가까워짐으로써 시간을 절약할 수 있다.

외야수는 언제 공을 잡지 말아야 할지도 알아두어야 한다. 가령 9회 말 원 아웃에 경기는 동점으로 진행되고, 3루에 주자가 있다. 만약 타자가 친 공이 파울 라인 쪽으로 날아가다가 파울 지역으로 가는 게 확실하면 그냥 공을 떨어뜨려야 함을 반드시 명심해야 한다. 공을 잡았다가 주자가 태그 업을 해서 결승점을 얻게 하는 일이 없어야 하기 때문이다.

내야 수비

내야수들은 불규칙 바운드를 증오한다. 구장 관리인들도 마찬가지이다. 불규칙 바운드가 나면 어떤 선수든지 망가질 수밖에 없다. 하지만 일어나지 않을 수가 없는 일이다. 흙에 얼마나 많이 갈퀴질을 하고 얼마나 조심스럽게 잔디를 깎고 물을 주는지는 상관이 없다. 주자가 남긴 발자국, '잔디와 흙이 만나는 경계 lip', 완두콩 크기의 돌조각, 그저 불운을 불러오는 땅 한 조각 등, 거의 어떤 것이든지 공이 예기치 않게 튀어 오르는 원인이 될 수 있다. 하물며 인조잔디 '애스트로터프AstroTurf'에서도 실밥에 맞은 공이 우스꽝스럽게 튀어 오를 수 있다. 아마도 내야수의 앞니를 부러뜨리거나, 더 나쁘게는 가랑이 사이로 돌진할 정도는 아닐지도 모른다. 여러분이나 공식기록원이 알아챌 정도는 아닐 수도 있다. 하지만 4~5센티미터쯤 더 튀어 올라 글러브 끝을 맞히고 떨어질 정도는 될 수 있다. 그러니 TV에 대고 저 선수는 마이너리그에나 있어야 한다고 외치거나 투덜거리면 안 된다. 적어도 그가 다음 이닝 타석에 섰을 때 만회를 해내는지 정도는 기다려야 한다.

공이 불규칙 바운드에 걸렸건 안 걸렸건 간에, 야수가 자기 앞 어느 정도 거리에서 공이 땅을 치고 그에 따라 어떻게 움직일지 예측한다면, 쉽게 잡을 수도 있다. 애초에 왜 자리를 옮겨 다니느냐고? 왜냐하면 자리에 우두커니 서서 잡을 수 있는 공은 없기 때문이다. 야수는 공을 가지고 자신이 플레이를 해야지, 공이 자신을 가지고 플레이하게 내버려두어서는 안 된다.

여기 주요 바운드 유형 세 가지가 있다. 난이도에 따라 1(평범)에서 10(잡기 불가능)까지 점수를 매겨보자.

- **룸 서비스 합** room service hop | 자, 룸서비스보다 편한 게 어디 있는가? 야수 바로 앞에서 그의 허리나 가슴께로 튀어 오르는 땅볼 종류를 일컫는다. 야수는 공이 불규칙 바운드가 된다고 해도 대처할 시간이 아주 많다. 난이도:1.1
- **쇼트 합** short hop | 야수가 한 동작에 글러브로 땅을 쓸어 공을 퍼 올리는 것은 보기에는 근사할지 모른다. 하지만 공이 그의 발치(혹은 근처)에

떨어지면, 야수는 공이 웬 황당한 방향으로 튀어 오르기 전에 질식시켜 잡아내야 한다. 난이도: 2.3
- **인비트윈 합** *in-between hop* | 대응을 하기에는 너무 가깝지만 퍼 올리기에는 너무 멀리 떨어지는 끔찍한 공을 일컫는다. 야수가 할 수 있는 일이라고는 공이 튀어 오를 것 같은 지점에 글러브를 들이대고 땅볼 신에게 기도를 올리는 게 전부다. 난이도: 7.4*

물론 타자의 속력은 한층 중요하다. 만약 크게 튀어 오르는 공을 예측하고 있는데, 1루에 있는 선수를 횡사시킬 만한 시간이 없으면 어떨까? 그는 여전히 아웃 카운트 하나를 잡아야 하고, 동시에 머릿속에서 결정적인 요소들을 놓고 씨름해야 한다. 빈 베이스가 있고 땅에 세게 맞은 공을 낚아챈 후 찰나의 시간이 있을 때, 그는 1루로 공을 던지기 전 주자의 진루를 막기 위해 주자를 재빠르게 훔쳐볼 수 있다. 더불어 그는 포심 스타일(포심 패스트볼을 던지기 위해 공을 쥐는 방법을 기억하는가?)로 공을 쥐기 위해 공을 보는 것—혹은 글러브에서 공을 느끼는 것—으로 똑바르고도 단호한 송구를 할 수 있다.

땅볼을 잡고 '다이아몬드 *diamond*'를 가로질러 송구하는 것은 내야수가 하는 일의 시작일 뿐이다. 다음 항목들에서 내야수들의 다른 임무와 도전을 포지션별로 파헤쳐보겠다.

---

* 관리인이 없는 공공 구장에서 경기를 하는 어린아이들에게는 난이도 9.9이다

투수

명예의 전당 투수인 레프티 고메스가 한 말이다. "공을 손에 쥐고 있을 때 나는 한 번도 긴장한 적이 없다. 하지만 공을 손에서 떠나 보내면 죽도록 두려웠다."

그는 농담을 하자는 게 아니었을 것이다.

던지는 것으로 돈을 받는다고 해서 투수의 수비 능력을 간과하지는 말자. 공을 허공에 뿌리자마자, 투수는 타자로부터 겁이 덜컥 나게 가까운 거리에서 곧장 야수 한 명이 된다. 공을 던질 무렵이면, 17미터가 채 되지 않는 거리에 있는 것이다. 투수는 수비 준비가 된 상태에서 딜리버리를 마쳐야 한다. 좋은 수비를 위해서뿐만 아니라, 직선타구에서 몸을 보호해야 하기 때문이다. 직선타구는 가장 빠른 패스트볼보다도 훨씬 더 빠르게 날아온다. 준비가 되었건 아니건, 많은 투수들이 타구에 맞는다. 1957년에 역사상 가장 두려운 사건 중 하나가 벌어졌다. 인디언스의 좌완투수 허브 스코어가 양키스의 내야수 길 맥두걸드가 친 고약한 라인 드라이브에 오른쪽 눈을 패였을 때의 일이다. 스코어는 스물세 살이었고, 그의 전도유망한 선수생활은 사실상 망가져버렸다.

라인드라이브를 맞기 2년 남짓의 기록	라인 드라이브를 맞은 후 5년간의 기록
38승 20패	17승 26패
승률 0.655	승률 0.395
삼진 547개	삼진 290개
방어율 2.63	방어율 4.43

심지어 공이 세게 강타하지 않은 경우에조차, 그리고 글러브로 공을 잡아낼 수 있다고 생각하는 상황에서조차, 투수는 때로 반사적으로 움직이려는 본능에 저항하고 공이 빠져나가게 놔두는 것이 좋을 때가 있다. 가운데로 크게 튀어 오르며 가는 공은 유격수라면 늘 하는 플레이로 해결할 수 있지만, 투수가 별 소득 없이 공을 건드려 그 누구의 손에도 닿지 못하게 빗나가면 내야안타가 되어버린다.

투구를 하기 전조차—주자들을 묶어두고 포수로부터 사인을 받기 전조차—투수는 준비가 되어 있는지 확실히 해두기 위해 동료들을 살펴보아야 한다. 우익수가 신발끈을 고쳐 묶고 있지는 않은가? 3루수가 발밑에 뭉친 흙을 털어내고 있지는 않은가? 좌익수가 구장 안으로 들어온 비치볼을 되돌려주고 있지는 않은가? 중견수는 눈에 들어간 먼지를 없애려고 애쓰는 중일지도 모른다. 유격수가 견제구를 받으려고 2루 뒤에서 여전히 왔다 갔다 하는 것은 아닌지? 그렇다면 타자는 큰 이점을 얻게 된다.

병살타 상황에서는 투수가 자기 앞으로 땅볼이 왔을 때 누가 2루를 커버해줄 것인지, 유격수와 2루수와 의사소통을 나눈다. 주자가 1루에 도달한 직후에 주의 깊게 보라. 투수가 2루 쪽으로 몸을 돌려 중간내야수 중 하나를 가리키는 것이 보일 것이다. 대개는 유격수가 2루에서 공을 받지만, 투수는 엉뚱한 쪽에 공을 던지지 않도록 확실히 한다. 3루에 주자가 있는 상황이라면, 투수는 와일드 피치나 패스트 볼이 날 경우를 대비해 홈 커버에 들어가야 함을 반드시 명심해야 한다. 그리고 베이스에 주자가 있건 없건 간에, 투수는 오른쪽으로 치우친 땅볼이 1루수를 제 수비 위치에서 끌어낼 때를 대비해서 언제나 1루 커버에 들어갈 준비를 해야 한다.(어려운 플레이인데, 타자주자의 발에 짓밟히는 것을 피하는 와

중에, 전속력으로 달리는 와중에, 1루 베이스를 보는 와중에 송구를 잡아야 하기 때문이다.)

결국 투수는 정신을 흐트러뜨리는 이 모든 상황을 머리 뒤쪽에 옮겨 놓고는, 알맞은 무브먼트로 알맞은 로케이션에 알맞은 투구를 하기 위해 집중해야 하는 것이다.

포수

한 시즌 162경기에 모두 나와 공을 받은 포수는 이제껏 없었다. 그리고 아마 앞으로도 영영 나오지 않을 것이다. 랜디 헌들리가 1968년 컵스에서 가장 근접한 기록인 160경기에 출장해 공을 받았다. 그러나 그 정도로 높은 수치는 오늘날에는 듣도 보도 못하게 되었다. 오늘날의 감독들은 일주일에 하루나 이틀 정도는 주전 포수를 쉬게 하는 편을 택한다. 그가 시즌 후반에 가서도 쌩쌩하게 버티기를 바라기 때문이다.

메이저리그 모든 타자들의 성향을 알고, 구질을 고르며, 흘러가는 게임을 컨트롤하고, 필드 전체를 볼 수 있는 덕분에 팀 동료들에게 공을 어디로 던질지 지시하며, 1루수를 백업해주기 위해 1루 베이스라인을 전력질주하고, 투수진을 위해 파트타임 심리상담사 노릇을 해주며, 주심과의 긴장을 누그러뜨리고, 번트에 몸을 날리며, 와일드 피치를 쫓아 달리고, 뜬공을 쫓는 그런 선수임을 감안하면 이해가 갈 일이다.

팝업은 처리하기 쉽지 않다. 타자가 플레이트 뒤쪽에서 친 팝업에는 백스핀이 어마어마하게 걸려서 페어 지역으로 되돌아온다. 포수는 먼저 마스크를 벗어들고서 시야를 확보한다. 그러고는 필드 쪽으로 등을 돌리고 서서 공이 떨어져 내리는 것에 대비한다. 마지막으로 '공이 떨어지는 곳 아래 자리를 잡고 서서camp under it', 공을 잡을 때 걸려 넘어지지 않도록 마스크를 저 멀리 던져버린다. 덧붙여 포수는 대기타석에 쌓인 배트들에 걸려 넘어지거나, 뒷벽에 부딪히거나, 혹은 더그아웃 계단에서 구르는 사태를 피해야 한다. 특히 그가 떨어지더라도 바로 달려와 붙잡아줄 사람이 딱히 있다고는 할 수 없는 적 팀의 더그아웃에 구르는 일은 없어야 한다.

모든 포지션의 선수들 가운데, 포수는 육체적인 부담이 가장 심하다. 얼마나 심하냐고? 집에서 한번 해보라. 웅크리고 앉기.(맞다. 자리에서 일어나라. 이 책을 가져가도 좋다. 좋다. 이제 쭈그리고 앉았는가? 반칙은 없기다. 엉덩이가 그야말로 발꿈치에 닿을 때까지 쭈그리고 앉으라. 좋다.)

이제 그대로 있으라. 아직 움직이면 안 된다. 좋다. 일어나라. 다시 웅크리고 앉으라. 기다리라. 계속 기다리라. 그리고 천천히 다섯까지 세라. 일어나라. 쭈그리고 앉으라. 그대로 있으라. 딱 몇 초만 더 그렇게 있으라. 몸을 일으키라. 꽤 힘들다. 안 그런가? 포수가 그 일을 하면서 어떨지 상상해보라.

포수는 그 짓을 한 경기에 150번쯤, 일주일에 닷새 혹은 엿새, 1년에 6개월을 한다. 아, 하마터면 스프링 트레이닝을 까먹을 뻔했다. 스프링캠프까지 하면 한 달하고도 반쯤이 또 있다. 아, 맞다. 플레이오프는 어떤가? 몇 주가 더 붙는다. 그리고 중앙아메리카에서 열리는 윈터 리그도 있지 않은가? 이 동안 내내 포수는 '파울 팁foul tip'에 얻어맞고, 배트에 가격당하며, 공격적인 주자에게 수난을 당한다.

규칙에 따르면 포수는 홈 플레이트를 가로막고 서 있을 수 있다. 하지만 공은 단단히 쥐고 있는 편이 좋을 것이다. 왜냐하면 주자 쪽에서도 그를 쇄도해 밀치는 것이 허용되기 때문이다. 메이저리그 역사상 가장 유명한 충돌 사건은 1970년 올스타전 12회말에 일어났다. 신시내티 레즈의 외야수 피트 로즈가 인디언스의 포수 레이 포스에게 쇄도해 처박혔다. 공은 포수의 글러브에서 빠져나와버렸고, 로즈는 결승점을 얻었다. 포스는 어깨가 골절되었고, 로즈는 많은 사람들이 의미도 없는 전시경기라고 생각하는 게임에서 쓸데없이 공격적인 플레이를 했다고 힐난을 받았다.

충돌은 두려운 것이다. 타자 바로 뒤에 쭈그리고 앉아 있는 것도 마찬가지다. 그러나 포수는 반드시 홈 플레이트 가까이에 머물러서 브레이킹 볼이 바운드되기 전에, 또는 바운드되자마자 잡아내야 한다. 동시에 포수는 타자의 방망이에 맞지 않을 정도로는 떨어져 앉아야 한다. 방망이가 닿으면, 포수는 공격방해로 실책을 먹게 되고, 타자는 1루로 걸어 나간다.(이때 타석은 타수로 계산되지 않아, 타자의 타율은 떨어지지 않는다.)

포수가 다칠 수 있는 온갖 길에 대해 따져보면, 포수의 장비를 '무지의 도구tools of ignorance'라고 부르는 것도 무리는 아니다. 그렇다. 이 장비들이 그를 살아 있게 해주는 것은 맞다. 하지만 다루자면 이만저만 부담이 되지 않는 게 또 포수 장비다.

경기를 하는 내내 포수는 타석에 들어설 때면 그것을 다 벗어 내려야 하고 수비를 하러 나갈 때면 도로 착용해야 한다. 주로 가슴 보호대와 정강이 보호대—각각에는 또 여러 개의 스트랩과 후크와 버클이 달려 있다—를 착용하는 데 대부분의 시간을 잡아먹는다. 그렇기에 포수들은 대체로 타석에 나서지 않으리라고 꽤나 확신이 드는 이닝에는 이 두 장비를 그대로 착용한 채 더그아웃에 앉아 있다.

하지만 한 이닝의 배팅을 시작하는 선수로부터 네 번째나 다섯 번째 타순에 있어서 타석에 나서게 될지 알 수 없는 경우에는 가슴 보호대는 벗고 정강이 보호대는 그대로 둔다. 나가게 되거나, 나가지 않게 되거나 반쯤 준비를 해놓는 것이다.(투 아웃 상황에서 대기타석에 들어섰을 때 보호대를 차고 있는 포수의 모습을 볼 때도 있다.) 포수에게 가장 성가신 상황은 스리 아웃째를 당하거나 스리 아웃이 됐을 때 베이스에 남아 있는 상황이다. 그때는 더그아웃으로 황급히 가서 다른 포수나 코치가 투수를 워밍업시키고 있는 동안 그 모든 장비를 갖추어야 한다.

이 모든 장비가 있지만 공 던지는 손을 보호할 것은 아무것도 없으므로, 그는 가능하면 언제나 그 손을 뒤로 둔다. 애석하게도 베이스에 주자들이 있을 때는 그럴 수가 없다. 던지기 전에 손을 꺼내느라 시간을 뺏길 것이기 때문이다.

만약 공을 베이스에 던질 일이 없는데, 피치가 '홈 플레이트 가장자리 끝에 걸쳤다고on the black' 치자. 포수는 글러브를 살짝 스트라이크 존으로 옮기는 '수를 쓴다frame'. 그러고는 꼼짝 않고 있으면서 심판이 그걸 잘 보고 스트라이크를 불러주기를 바라는 것이다. 투수에게 공을 되던져줄 때는 정확해야 한다.

포수가 던진 공에 예기치 않게 점프를 하거나 팔을 뻗거나 몸을 기울이거나 구부리게 되면, 투수는 주의가 흐트러지거나 심지어는 근육이 땅길 수도 있다. 하지만 투수가 공을 정확하게 되돌려주는 호의를 베풀 가능성은 더 적다. 투수가 '홈 플레이트 앞에 크게 바운드되는 공55-footer'을 던지면, 포수는 글러브로 공을 잡으려고 애쓰지 않는다. 그러기보다는 무릎을 땅에 떨어뜨리며 글러브와 팔을 이용해 다리 사이의 공간을 좁히고 가슴 보호대로 충격을 흡수하여 공을 막아낸다. 어렵다. 아프다. 하지만 해낼 수만 있다면, 특히 3루에 주자가 있는 상태에서 공을 막아낼 수만 있다면, 투수는 이 포수를 영원히 사랑할 것이다.

1루수

그렇다. 맞는 말이다. 수비 능력은 전병인데 막강한 타력을 지닌 어벙이들이 1루에서 플레이하게 되는 일이 없지는 않다. 그는 뜬공과 땅볼을 몇 개 잡는다. 주자를 가까이 묶어둔다. 다른 내야수들의 송구를 받는다. 그리고 1루수는 그저 망신당할 일만 자초하지 않으려고 한다면, 대개 실수 없이 자기 일을 해낸다. 그러나 그곳에 위대한 야수를 끼워 넣어보라. 이 저평가된 수비 포지션이 안고 있는 수많은 도전에 아름다움과 기품을 가져다줄 것이다.

우선 1루수는 제대로 된 자리에 가 서야 한다. 베이스 너무 가까이서 플레이를 하고 있으면, 타자가 공을 보낼 수 있는 구멍을 넓혀주는 셈이 된다. 너무 멀리 떨어져서 플레이를 하면, 제때 베이스에 들어가 동료들이 던져주는 공을 잡는 적절한 발놀림을 할 수 없게 된다. 한 발은 베이스에 대고 공이 다가올 때 몸을 뻗으면, 거의 3미터 정도의 거리를 확보하고, 어쩌면 10분의 1초 정도를 절약할 수도 있다.

우완투수는 세트 포지션에 있을 때 1루를 볼 수 없으므로, 1루수는 자신이 언제 주자 뒤에서 플레이하고 있는지 알려서 투수가 견제구를 던졌는데 받을 사람이 없는 사태가 일어나지 않게 해야 한다. 주자를 붙잡아두고 있을 적에 1루수는 투수의 견제 동작을 읽어서 베이스에서 너무 빨리 떨어지는 일이 없어야 하고, 포수가 '언제 던질지 모를 견제구 *snap throw*'에 항상 주의를 기울여야 한다.

악송구를 저지르지 않는 선수는 없다. 하물며 '골드글러브상 Gold Glove Award' 수상의 영예에 빛나는 선수들도 마찬가지다. 1루수는 그 악송구를 받아내야 한다. 공이 짧게 오면 퍼 올린다. 공이 너무 높이 날아오면 점프해서 포구하고 베이스에 내리는 동작까지 물 흐르듯 이루어내야 한다. 송구가 벗어나면 쫓아가 돌진하여 잡아서, 주자가 베이스에 도달하기 전에 태그를 시도해야 한다. 송구가 너무 나빠서 주자를 아웃시킬 가

능성이 거의 없으면, 베이스에서 빠져나와 공이 더 빠지지 않도록 막아야 한다.

1루수는 또한 땅볼도 수비해야 하며(1루수는 어떤 야수보다도 불규칙 바운드를 많이 처리해야 하는데, 그의 수비 위치 근처에 통행량이 가장 많기 때문이다), 송구도 해야 한다. 땅볼 때문에 수비 위치에서 끌려나온 1루수는 1루로 쇄도하는 투수의 가슴 높이에 맞게 공을 던져준다. 한 번도 시도해 본 적이 없는 사람들이 있을 경우를 위해 말하건대, 움직이는 타깃에 명중(이 경우에는 투수에게 송구)시키기란 쉽지 않은 일이다.

주자가 2루로 달려가는 경우라면, 1루수는 공을 던지기 전에 앞으로, 즉 베이스라인 안쪽으로 이동한다. 그러면 목표 지점이 더 잘 보이기 때문에 달리는 주자를 공으로 맞히지 않게 된다. 그 자신이 타깃으로서 분명하게 보여야 할 때도 있다. 세 번째 스트라이크가 포수 글러브가 아니라 플레이트 뒤에 떨어지면, 1루수는 한 발은 베이스에 두고 파울 지역 쪽에 서서, 포수가 베이스라인을 따라 공을 던지지 않아도 되게 한다.

투 아웃 미만에서 주자를 1루에 둔 채 상대 팀 투수가 타석에 들어서면 야구장의 모든 사람들, 심지어 핫도그 행상도 그가 번트를 댈 것임을 안다. 때로 1루수는 투구 바로 전에 앞으로 나아가 홈 플레이트에 위험할 만큼 가까이 다가서서, 번트 타구를 잡아채서 1루로 향하는 상대 팀 투수가 아니라 2루로 가는 선행주자를 잡으려고 시도한다.

번트를 댄 공이 떠올라 타자가 그 한심한 뜬공이 잡힐 것이라고 생각해서 뛰는 둥 마는 둥 하면, 1루수는 공을 그냥 땅에 떨어지게 놔두어 1루, 2루 모두 포스 플레이 상황을 창조해냄으로써 '더블 플레이를 만들어낼 *turn two*' 수 있다.(인필드 플라이 규칙은 번트에 적용되지 않음을 기억하라.)

1루수에게는 여러 가지 다른 책임이 있다. 2루타 이상의 안타가 났을 때, 주자가 1루 베이스를 확실히 터치하는지 지켜보아야 한다. 타구가 외야 우측이나 가운데로 갔는데 주자가 홈을 향해 가고 있다면, 1루수는 마운드 쪽으로 달려가 외야수와 포수 사이에 서서 중계 플레이를 해주어야 한다. 파울 지역에 뜬공을 노획하기 위해서는 방수포, 사진기자석, 텔레비전 카메라, 더그아웃 계단, 난간, 또는 공에 눈독을 들이는 관중 등 다양한 장애물에도 잽싸게 몸을 날려야 한다.

　마지막으로, 빌 버크너를 짚고 넘어가지 않고는 1루에 대해 안다고 할 수 없다. 버크너의 선수생활은 훌륭했다. 테드 윌리엄스보다 안타를 많이 쳤으며, 로베르토 클레멘테보다 도루를 많이 했고, 윌리 메이스보다 희생플라이가 많았다. 그러나 모든 사람들의 기억 속에 남아 있는 그의 모습은 딱 한 가지다.

　1986년 월드 시리즈에서 레드삭스의 1루수로 뛰었을 때의 사건이다. 그때 그는 역사상 가장 큰 값을 치른 에러를 저질렀다. 시리즈 6차전 10회였고, 그는 무키 윌슨이 친 약한 땅볼을 글러브 아래로 흘려 다리 사이로 빠뜨리며 결승점을 허용했다.* 이틀 후 뉴욕 메츠는 마지막 일곱 번째 경기에서 승리했고, '밤비노의 저주 Curse of the Bambino'가 다시 레드삭스를 옭아맸다.

---

* 6년 후 배우 찰리 신이 버크너가 빠뜨린 공을 경매에서 9만 3500달러에 사들였다. 하지만 이것도 누군가가 공 하나에 지불한 가장 비싼 가격은 아니다. 근처에도 못 간다. 1999년에 만화계의 거물 토드 맥팔레인이 그 전 시즌 마크 맥과이어가 친 70번째 홈런 공을 300만 5000달러에 산 것이다. 당시로서는 단일 시즌 최다 홈런의 마지막 공이었다.

2루수

어떤 사람들은 2루수가 형편없는 어깨에 수비 위치만 조금 다를 뿐인, 실제로는 그저 유격수라고 말한다. 별 볼일 없는 포지션이라는 것이다. 고등학교 야구를 말하는 것이라면 맞다고도 할 수 있다. 그러나 메이저에서는 중간내야진이 튼튼해야 하는 게 필수적이다. 그 자리가 수비 상황이 가장 많이 발생하는 지점인 것이다.

투수, 포수, 중견수, 유격수 그리고 2루수는 게임을 지배하는 야수들이다. 팔이 형편없다는 것에 대해 말하자면, 2루수가 '발을 제대로 딛지 못하고 송구off-balance throw'하는 경우가 얼마나 많은지 알아챈 적이 있는가? 공을 '조금이라도 일찍 건져 올리기 위해 나아갈charge the ball' 때마다, 혹은 필드 가운데 쪽으로 달려갈 때마다 그의 몸은 관성 때문에 1루와는 반대쪽으로 젖혀지게 된다. 특정 방향으로 달리면서 그와는 다른 방향으로 공을 던지는 것이 얼마나 어렵고, 팔의 힘은 얼마나 필요하겠는지 생각해보라.

더블 플레이를 잡을 때는 심지어 더 어렵다. 먼저 그는 제때 송구를 받기 위해 2루 베이스로 달려간다. 그리고 나서 공을 잡고 베이스를 밟으며, 글러브 안에 든 공은 또 맨손으로 얼마나 빠르게 옮기는지, 그가 그렇게 하는 과정은 거의 눈에 띄지도 않을 정도다.(바로 그 때문에 중간내야수들은 야수들 가운데 가장 작은 글러브를 낀다. 외야수들처럼 큰 글러브를 쓴다면, 중간내야수들은 공을 잡은 후 제대로 쥐기 위해 더 많은 시간을 써야 할 것이다.) 그러고는 슬라이딩을 하며 방해하는 주자를 피하는 와중에 1루로 공을 던지는 것이다.

공을 잡고 베이스를 밟는 동안 2루수의 발놀림을 살펴보라. 대개는 앞쪽으로 먼저 발을 내딛지만, 주자가 얼굴 정면을 향해 달려든다면, 재주를 부릴 필요가 있다. 첫 번째 선택안은 베이스라인 안쪽으로 앞쪽에 발을 딛거나, 아니면 베이스라인 바깥쪽으로 뒤쪽에 딛는 것이다. 이렇게 해서 종종 엉뚱한 지점에 슬라이딩을 하도록 주자를 속여 넘길 수 있다. 또 다른 선택에는 시간이 아주 약간 더 들 수 있는데, 주자가 볼 때 베이스의 가장 먼 쪽 가장자리에 서서 베이스를 가림막으로 삼아 자신을 보호하는 것이다. 주자는 베이스를 관통하는 슬라이딩은 할 수가 없는데, 베이스가 워낙 땅속에 튼튼히 심겨 위로 몇 센티미터만 솟아 있기 때문이다.

'병살타구 double-play ball'를 수비할 때 2루수는 여러 가지 방법으로 유격수에게 완벽한 가슴 높이의 공을 주려고 노력한다. 정상적인 수비 위치에 있다면, 한쪽 발을 축으로 몸을 돌려 사이드암으로 2루에 들어가는 유격수에게 공을 던진다.

1루 쪽에 더 가까이 있다면, 시계반대방향으로 몸을 180도 돌려서 오버핸드로 공을 쏜다. 2루 근처에 있다면, 백핸드나 언더핸드로 살짝 공을 토스해준다. 2루 뒤쪽에 가서 서 있다면(그리고 무언가 격적인 것을 시도할 필요가 있다면), 자기 등 뒤로 공을 홱 던지거나 맨손을 쓰지 않고 글러브 안에 든 공을 곧바로 던지거나 한다. 하지만 딱 맞는 자리에서 공을 잡는다면, 2루수는 위의 어떤 방법으로도 공을 던질 필요가 없다. 그저 지나가는 주자를 태그하고 1루로 곧바로 던지면 되니까 말이다.

아니면, 또 어떤 경우가 있을까?

1996년 어느 경기에서 밀워키 브루어스의 2루수 페르난도 비냐가 평범한 땅볼을 주워 인디언스의 외야수 앨버트 벨을 태그하기 위해 준비하고 있었다. 악동으로 유명했던 벨은 앞서서도 똑같은 플레이로 아웃된 바 있었다. 벨(188센티미터에 100킬로그램)은 평소보다 더 험악한 분위기를 연출하며 의도적으로 비냐(175센티미터에 77킬로그램)와 충돌해서 팔뚝으로 그의 코를 짓뭉갰다. 더그아웃 벤치가 텅 비었다. 주먹이 날아다녔다. 논란이 불붙었다.

브루어스는 비냐가 악의적으로 폭행을 당했다고 주장했다. 인디언스는 벨이 단순히 더블 플레이를 저지하려고 했던 것뿐이라고 맞섰다. 아메리칸 리그는 최종 결정을 내렸다. 벨은 3게임 출장정지를 당하고 2만 5000달러의 벌금을 부과받았다.

2루수가 하는 일이 몇 가지 더 있다. 2루수는 번트 때문에 1루수가 제 위치에서 끌려 나가면 1루를 커버한다. 좌익수와 중견수가 송구할 때는 2루로 들어가 커버한다. 우익수가 2루로 공을 던질 때는 컷오프 맨으로 플레이한다. 2루수는 1루주자가 베이스를 떠나면 "간다!"라고 소리를 질러, 포수에게 주자가 도루하려고 함을 알려준다.(포수가 어떤 상황에서든 주자를 볼 수 있는 것은 아니다. 특히 왼손타자가 필드 오른편 시야를 가리고 있을 때가 그렇다. 감독이 발 빠른 타자 뒤에 왼손타자를 배정하고 싶어하는 이유 가운데 하나다.)

2루수는 타석에 오른손타자가 있고, 도루 시도가 이루어지면 2루를 커버한다. 그리고 2루수든 어떤 내야수든 간에 날아오는 공을 잡아 태그를 준비할 때는 베이스에 다리를 벌리고 선다. 이렇게 하면 베이스의 가장자리들을 가로막아서 주자가 곧바로 슬라이딩을 할 수밖에 없게 만든다. 더불어 주자의 스파이크에 찍힐 위험도 높아진다. 하지만 그래도 싸다고? 어깨가 형편없는 별 볼일 없는 포지션이니까?

3루수

3루는 '핫 코너 hot corner'라고 부른다. 왜냐하면 상황이 타자로부터 겨우 27미터 떨어진 곳에서 벌어지기 때문이다. 타자가 3루 쪽으로 공을 너무나 빠르게 때려서 거의 대응조차 할 수 없을 때면, 3루수는 잡기 곤란한 곳에 공이 떨어지지 않게 하기 위해 몸으로 공을 막는다. 3루수는 자기 앞에서 공을 잡을 수 있으면 다시 낚아채서 1루로 던져 타자를 아웃시킬 수 있음을 알고 있다. 물론 빠른 반사신경과 강한 어깨가 필요하다. 아주 큰 용기와 샅아구니 보호대가 필요한 것은 말할 것도 없다.

3루수는 수비 위치를 제대로 잡아야 한다. 빠른 선수가 타석에 들어서면, 3루수는 타자가 번트를 댈 때를 대비해서 홈 플레이트 쪽으로 더 가까이 다가선다. 하지만 너무 가까이 가면 안 된다. 이때 타자가 꼼짝 못하고 당할 수밖에 없는 타구까지는 아니라고 하더라도, 어쨌든 3루수를 지나치는 타구를 만들어내려 할 수도 있기 때문이다. 안전하게 하려면 '베이스 가까이에서 even with the bag' 플레이한다. 대부분의 번트를 수비할 수 있을 만큼 가까우면서도 대부분의 라인 드라이브를 처리할 수 있을 만큼 먼 곳이기 때문이다.

3루수에게 수비하기 가장 어려운 상황은 공이 베이스라인을 따라 천천히 굴러 올 때이다. 먼저 3루수는 달려 나가 맨손으로 공을 잡는다. 그러고는 공을 제대로 쥘 시간도 거의 갖지 못한 채 발을 제대로 딛지 못한 상태에서 사이드암으로 바로 공을 던진다. 관성 때문에 그의 몸이 홈 플레이트 쪽으로 쏠리고 있는 와중에 그런 송구를 하는 것이다.

이 플레이는 너무나 어렵기 때문에, 3루수는 공이 선에 꼭 붙어 가고 있으면 그저 옆으로 물러서서 공이 파울 지역으로 빠지기를 기대한다.

1981년 시애틀의 옛 구장이자 인조잔디가 깔려 있던 킹돔에서 매리너스의 3루수 레니 랜들이 이 전략을 한 걸음 더 발전시켰다. 캔자스시티 로열스의 중견수 에이머스 오티스가 친 공, 즉 '번트 타구처럼 날아가는 공swinging bunt'에 대처할 방법이 없음을 깨달은 그는 손과 무릎을 땅에 대고 공을 파울 지역 쪽으로 후후 불었다. 로열스가 항의했고, 오티스는 단타를 인정받았다.

　야수들은 서로의 앞을 가로막으며 볼을 자르는 일은 대개 하지 않는다. 하지만 3루수가 공을 독차지해야만 하는 플레이 상황이 딱 하나 있다. 타자가 유격수 쪽으로 허약한 땅볼을 보낸 상황이라고 하자. 3루수는 왼쪽으로 쏜살같이 달려가 볼을 낚아채려 한다. 왜냐하면 관성 때문에 그의 몸이 1루 쪽으로 더 쏠리게 되고, 그래서 송구 거리가 더 짧아질 것이기 때문이다.

　3루수에게는 여러 가지 의무가 더 있다. 좌익수가 홈에 던지는 공을 중계한다. 2루주자가 도루를 시도할 때 3루를 커버한다. 뜬 파울 공을 처리할 때 파울 지역의 여러 장애물에도 대처해야 한다. 그리고 트리플 플레이가 이루어질 때, 시작은 대개 3루수부터이다. 트리플 플레이가 자주 일어나는 플레이는 아니다.

　하지만 정말로 느린 오른손잡이 타자가 노 아웃에 센 땅볼을 3루 라인을 따라 보내고, 1루와 2루에 주자가 있을 때, 3루수가 공을 잡아 첫 번째 아웃을 위해 자기 베이스를 밟고, 두 번째 아웃을 위해 2루에 공을 발사한다. 그러고는 동료들이 나머지 아웃을 잡는 것을 구경하는 것이다.

유격수

유격수는 내야의 리더이고, 종종 팀 내에서 운동능력이 가장 뛰어난 선수가 맡는다. 그래야 한다. 누구에게보다도 공이 많이 날아오며, 그중 대부분은 땅볼이다. 땅볼이란 다 어렵게 마련이지만, 유격수에게는 한층 더 어렵다. 왜냐하면 그에게는 에러를 저지르지 않기 위한 여지가 가장 적기 때문이다. 다른 내야수들은 공을 막거나 잡다가 더듬거리다가도 회복해서 1루에 던져 주자를 제때 아웃시킬 수 있다.

하지만 유격수는 공을 깨끗이 처리해서 던져야 하는데, 공이 날아오는 거리와 그 자신이 던져야 할 거리를 합치면 그 어떤 내야수보다 길기 때문이다. 생각해보자. 3루수는 짧은 거리를 날아온 땅볼을 잡아 먼 거리를 던진다. 2루수는 긴 땅볼을 잡아 짧은 거리를 던진다. 그러나 유격수는 긴 땅볼을 잡고 긴 송구를 해야 한다.

그의 운동신경은 '3루수와 자신 사이로 오는 깊은 땅볼 5.5 *hole*'을 수비할 때 진면목이 드러난다. 유격수는 공까지 도달할 만큼 빨라야 하고, 공을 잡고 난 후 운동방향을 즉각 반대쪽으로 되돌릴 만큼 민첩해야 하며, 긴 송구에 '속도 *mustard*'까지 덧붙일 만큼 어깨가 강해야 한다. 오랜 세월 동안 여러 선수가 이 플레이를 하기 위해 자신만의 테크닉을 개발했다.

1970년대에 신시내티 레즈의 유격수 데이브 컨셉시온은 일부러 공을 땅에 튀게 해 1루로 송구하는 방식을 최초로 선보였다. 그렇게 던지는 것은 실용적이고도 효과적이었는데, 리버프런트 스타디움의 딱딱하고도 매끈한 인공 표면에서 플레이할 사치(아니면 누가 하는지에 따라서는 저주)를 그가 누렸기 때문이다.

1980년대에는 세인트루이스 카디널스의 유격수 오지 스미스가 머리부터 공을 향해 달려들고는, 그리고 곧바로 발을 딛고 용수철처럼 일어서는 거의 불가능한 플레이를 선보였다. 1990년대 메츠의 유격수 레이 오르도네스는 발 먼저 슬라이딩을 하면서 공을 잡고, 그러고서 한 동작에 튀어 올라 송구를 했다. 최근으로 말하자면, 발을 디딘 채 포구해 점프를 하면서 몸을 뒤틀어 공중에서 공을 던지는 양키스의 유격수 데릭 지터가 있다.

이 플레이들이 눈부신가? 추호의 의문도 없이 그렇다. 성공적이냐고? 때로는. 바보스럽냐고? 간혹. 멋진 수비로 하이라이트 장면에 등장하는 것도 좋겠지만, 유격수는 때로 내야안타도 게임의 일부로 받아들일 필요가 있다. 유격수는 최악의 수비 상황에서도 언제 가능성이 없는지, 그리고 공을 잡아서 '던지지 않고 그냥 갖고 있는 것 *stick it in his back pocket*' 이 차라리 최고의 플레이가 되는 때가 언제인지 깨달을 수 있도록 정신을 바짝 차리고 있어야 한다.

유격수는 더블 플레이를 할 때 사타구니나 무릎 높이에서 공을 휙 던져준다. 일어서는 과정으로 시간을 허비할 이유가 없는 것이다. 더블 플레이에서 2루 베이스를 커버하는 상황이면, 2루 베이스를 미끄러지듯 지나쳐 베이스라인에서 오른발을 길게 뻗어 베이스에 닿을까 말까 하게 선다. 심지어는 때로 아예 베이스에 발을 대지 않기도 한다. 이것을 '네이버후드 플레이 *neighborhood play*'라고 부른다. 유격수가 2루 근처에 있는 한 심판은 그의 손을 들어줄 것이다.

하지만 주자가 베이스라인을 살짝 벗어나 슬라이딩을 할 수 있기 때문에, 유격수는 그를 재빨리 피해야 할 필요도 있다. 주자가 베이스에 거의 닿았다면, 유격수는 공을 던지고 주자 위로 점프하는 길밖에는 다른 도리가 없다. 주자가 몇 발자국 떨어져 있다면, 유격수는 몸을 낮추고 사이드암으로 공을 던져 주자가 날아오는 공에 맞지 않으려고 슬라이딩을 할 수밖에 없게 몰아붙여야 한다.

원 아웃에 주자 1루라고 하자. 상대 팀 감독이 히트앤드런을 지시했고, 1루주자가 2루로 출발했다. 주자가 고개를 숙인 채 타자가 공을 치는지 아예 돌아보지도 않고 달린다고 하자. 타자가 내야나 외야 뜬공을 치면, 유격수는 땅볼 수비를 하는 척하면서 주자를 속여 넘길 수 있다. 2루수도 합세해서 2루로 쪼르르 가서는 "던져"라고 말하며 거들 수도 있다. 포스 플레이 상황이 됐다고 속아 넘어간 주자는, '베이스에 돌아가지 않아 더블 플레이가 되는 *doubled off*' 상황을 피하기 위해 1루로 되돌아 달려가는 대신, 2루까지 계속 달릴 것이다.(그리고 어쩌면 있지도 않은 더블 플레이 상황을 피하기 위해 슬라이딩까지 할지도 모른다.)

유격수는 우측 외야에서 공이 날아오면 2루를 커버한다. 또 좌익수와 중견수가 2루로 보내온 공을 받아 중계한다. 그리고 단 하나의 예외만 빼고 3루로 가는 모든 공을 중계한다. 중견수나 우익수가 아주 긴 송구를 했을 때, 2루수가 컷오프 맨이 되고 유격수가 그의 뒤를 받쳐주는 것이다. 그는 5~6미터 뒤에 서서 외야수가 던진 공이 높게 날아오다가 툭 떨어질 때를 대비한다. 그러면 2루수는 공을 잡으려 애쓰지 않고 그냥 둘 수 있다. 유격수가 송구하기에 더 좋은 위치에서 공을 잡으리라는 것을 알기 때문이다.

골드글러브상

1957년에 야구공과 글러브를 비롯한 여러 스포츠 장비를 판매하던 롤링스Rawlings라는 회사가 수비 기록을 바탕으로 모든 포지션에서 최고의 실력을 발휘한 선수 각 한 명에게 황금 글러브로 장식한 트로피와 함께 상을 주기 시작했다. 이듬해 롤링스는 양 리그에서 한 명씩, 한 포지션에서 두 명의 선수에게 상을 주었고, 그것은 전통으로 굳었다.

오늘날에는 감독과 코치들이 투표를 해서(자기 팀의 선수들은 뽑지 못하게 되어 있다) 수상자를 고르니까, 기록은 더 이상 문제가 되지 않는다. 결과적으로 통산 에러가 가장 많은 야수들이 뽑히는 사태도 벌어진다.

하지만 그럴 만한 자격이 있는 경우도 종종 있다. 운동신경이 더 좋은 선수들이 에러도 더 많이 저지르는 경향이 있는 것이다. 왜냐하면 느린 선수들은 꿈도 못 꿀 정도로 스피드가 좋아서 공에 빨리 도달하고, 공을 만지는 비율이 높은 이상 그만큼 실수도 하게 되기 때문이다.

각각의 포지션에서 가장 많이 수상한 선수 5걸은 다음과 같다.

투수	포수	1루수	2루수
짐 카트 16	이반 로드리게스 12	키스 에르난데스 11	로베르토 알로마 10
그레그 매덕스 16	조니 벤치 10	돈 매팅리 9	라인 샌드버그 9
밥 깁슨 9	밥 분 7	조지 스콧 8	빌 마제로스키 8
바비 샌츠 8	짐 선드버그 6	빅 파워 7	프랭크 화이트 8
마크 랭스턴 7	빌 프리핸 5	빌 화이트 7	2명 동률 5*

3루수	유격수	외야수
브룩스 로빈슨 16	오지 스미스 13	로베르토 클레멘테 12
마이크 슈미트 10	오마르 비스켈 11	윌리 메이스 12
버디 벨 8	루이스 아파리시오 9	켄 그리피 주니어 10
스콧 롤렌 7	마크 벨런저 8	앨 캘라인 10
3명 동률 6**	데이브 컨셉시온 5	앤드루 존스 9

* 조 모건, 바비 리처드슨.
** 버디 벨, 에릭 차베스, 로빈 벤추라.

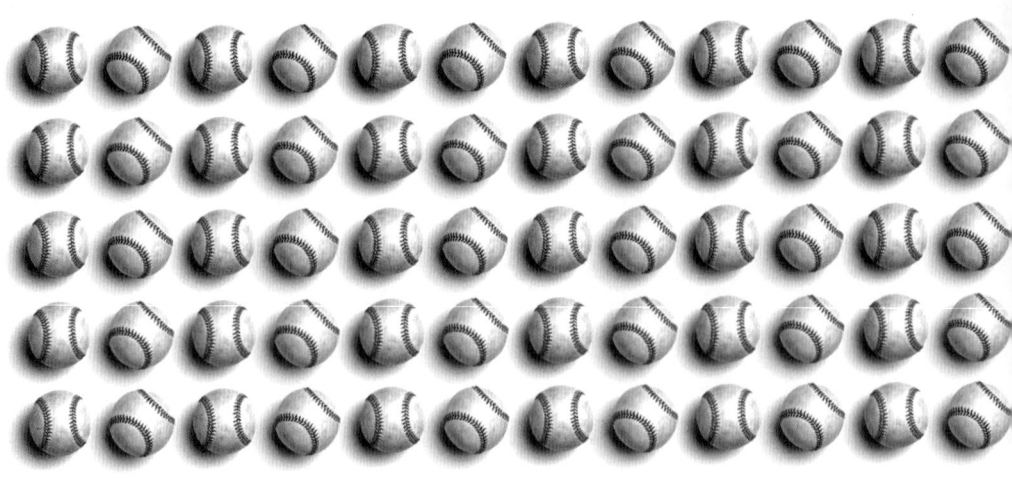

CHAPTER 5

베이스 간의 거리 27미터는
인간이 추구해온 완벽함에 가장 가깝다.
— 레드 스미스, 명예의 전당 입성 기자

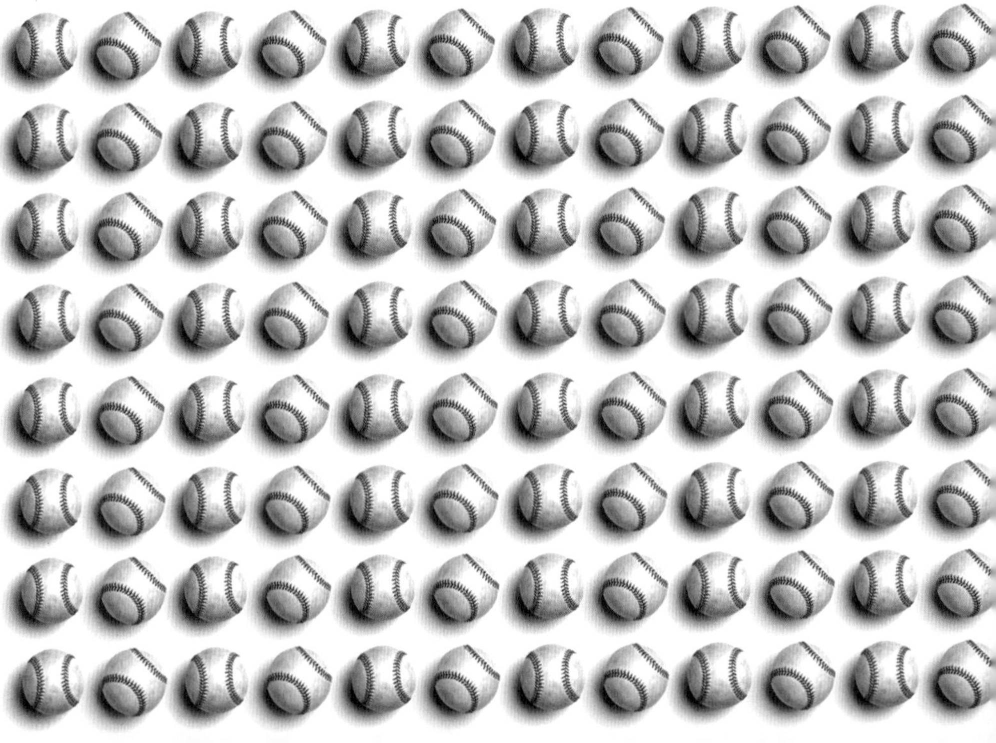

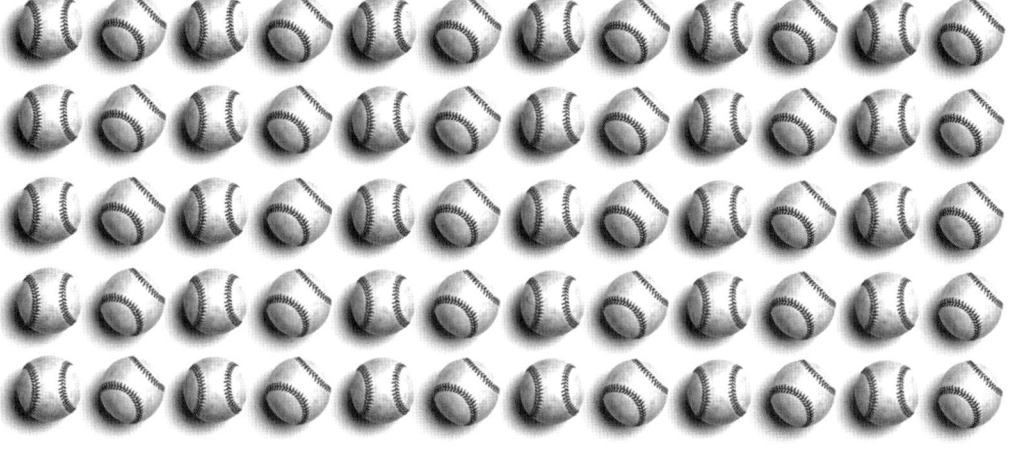

STADIUMS

구장

Watching Baseball Smarter

독특한 구장들

옛날 구장들은 희한했다. '각 구장마다의 룰ground rules'도 마찬가지였다. 시카고의 코미스키 파크에서는 납작하게 눌러 하얀색으로 칠한 낡은 물 호스를 파울 라인으로 삼았다. 클리블랜드 스타디움에서는 구장 관리인들이 도구를 파울 지역에 보관해두었다.(1954년까지 메이저리그 선수들은 스리 아웃 후에 글러브를 구장에 내버려두고 내려올 수 있었다.) 샌프란시스코의 실스 스타디움에는 워닝 트랙이 없었다. 미주리 주 캔자스시티의 뮤니시펄 스타디움에서는 홈 플레이트에 압축된 공기를 내뿜는 장치가 땅에 묻혀 있었는데, 심판이 몸을 굽혀 흙을 비질하는 수고를 덜게 하기 위해서였다. 보스턴의 헌팅턴 애버뉴 베이스볼 그라운즈는 오른쪽 펜스까지의 거리가 85미터에 불과했지만, 가운데 펜스까지는 180미터가 넘었다.

오늘날에는 모든 구장에 워닝 트랙이 있고, 초크로 파울 라인을 그리며, 구장 관리인들이 관중석 아래 장비를 챙겨두는 방이 따로 있다. 그리고 외야 펜스까지의 거리가 극단적인 경우는 전혀 볼 수 없다. 1957년 이후에 짓는 모든 구장들은 좌우측 외야 쪽으로는 325피트(99.06미터), 센터 쪽으로는 400피트(121.92미터)가 넘어야 한다는 규정이 생겼기 때문이다. 하지만 외야 펜스의 모양과 높이나 파울 지역이 어떠해야 하는지에 대한 규정은 없다. 모든 구장은 제각각이고, 그것이 다른 스포츠들과 야구를 구별하는 많은 요소 중 하나이다. 테니스 코트는 반드시 세로 78피트(23.77미터)여야 한다. 미식축구 구장은 너비가 반드시 160피트(48.77미터)여야 한다. 북미의 아이스하키 링크들은 크기가 전부 똑같다. 농구 코트? 완전히 똑같다. 물론 야구도 어떤 규격은 똑같아야 하는 것이 있다. 어떤 야구장이든지, 베이스 간 거리는 90피트(27.43미터), 홈 플레이트에서 투수판까지 거리는 60피트 6인치(18.44미터), 타석의 크기는 4×6피트(1.22×1.83미터), 마운드의 지름은 18피트(5.49미터), 그리고 홈에서 2루까지 거리는 127피트 3과3/8인치(38.8미터)여야 하는 것이다.

고정된 기준이 있음에도 불구하고, 차별적인 요소와 개성을 여전히 지니고 있는 구장이 많다. 여기 톱 10을 추려놓았다.

보스턴의 펜웨이 파크 | 현재 메이저리그에서 가장 오래된 이 야구장은 1912년 4월 20일에 문을 열었다.(바로 그 주에 북대서양에서 타이태닉호가 침몰했다.) 펜웨이의 가장 유명한 볼거리는 11미터 남짓한 좌측의 벽이다. 1947년에 초록색으로 페인트칠하면서 그린 몬스터로 알려졌고(나중에는 '펜웨이 그린'으로 저작권 등록이 되었다.), 레드삭스 광고가 붙어 있다. 홈까지 거리가 95미터가량밖에 되지 않고 예전 구단주인 톰과 진 요키의 이니셜을 모스 부호로 새겨놓은 그린 몬스터는 타자에게 축복이자 저주이다. 평범한 플라이 볼을 장타로 탈바꿈시키는 일이 많지만, 모든 타구를 그쪽으로만 보내려고 애쓴다면 타자의 스윙이 망가져버릴 수도 있다.(전 레드삭스 투수 빌 '스페이스맨' 리는 그린 몬스터를 처음 보고는 이렇

게 말했다. "게임 중에도 저렇게 내버려두는 거요?") 외야 우측의 파울 폴대는 페스키 폴이라고 부른다. 레드삭스의 내야수였던 조니 페스키란 선수가 있었는데, 그가 1940년대 후반 중요한 순간에 그 폴대 바로 안쪽에 떨어지는 홈런을 몇 개 쳐냈기 때문이다. 이 폴대는 홈에서 약 92미터밖에 떨어지지 않은 지점에 서 있지만, 우측 벽은 움푹 들어가 약 116미터까지 떨어진 지점도 있다.

시카고의 리글리 필드 │ 컵스의 홈이자 두 번째로 오래된 이 구장은 담쟁이덩굴로 뒤덮인 외야 벽이 매우 인상 깊다. 그리고 심술궂은 팬들로 유명한데, 이들은 상대방 타자의 '홈런공 gopher ball'을 구장 안으로 다시 던져버리는 전통을 세웠다. 1979년 5월 17일, 10회까지 가서야 23:22로 끝난 난타전이 벌어졌다. 이날은 바람이 팬들 방향으로 불어 홈런이 11개나 나왔고, 그들은 공을 되던질 기회를 아주 실컷 누렸다. 리글리 필드는 1988년에야 메이저리그에서 마지막으로 야간경기용 조명을 설치한 구장이다. 크기가 하도 작아서 홈런 공이 구장 밖 웨이블랜드와 셰필드 애버뉴에 곧잘 내려앉으며, 그곳에서 '볼호크 Ballhawk'라고 불리는 팬들이 이 전리품을 챙기려고 전투를 벌인다.

뉴욕의 양키 스타디움 │ 양키스가 베이브 루스를 손에 넣고 나서, 그가 어찌나 많은 팬들을 불러들였던지 이 팀의 구단주들은 야구 역사상 최초로 3층짜리 구장을 지을 수 있었다. 구장은 1923년에 문을 열었고, 곧이어 '루스가 지은 집'으로 부르게 되었다. 1970년대에 구장을 개보수할 당시, 메이저리그 측은 우측 외야의 저 유명한 '쇼트 포치 short porch'를 그대로 두도록 허용했다. 원래 1957년 이전에 지은 구장이기 때문이다. 1961년에 로저 매리스의 시즌 61호 홈런 공(오랫동안 버티고 있던 베이브 루스의 60개를 뛰어넘은 신기록)도 그곳에 떨어졌다. 하지만 다른 야구장에는 대부분 남아 있지 않은 부분이다.(86년 역사의 양키 스타디움은 2008년 시즌을 마지막으로 철거되었다.)

오클랜드의 매커피 콜리시엄 | 1981년 '파도타기 응원'이 최초로 야구장에 등장한 본거지이다. 이 구장은 파울 지역이 너무나 넓어서, 여기서 벌어지는 경기의 타율을 5리에서 7리까지 떨어뜨린다.(야수들이 파울 뜬공을 처리할 공간을 더 많이 갖기 때문이다.) 이 구장을 홈으로 삼은 선수들 중에는 '타율 1위 batting title'가 한 명도 나오지 않았다. 1989년에 3루수 카니 랜스퍼드가 이제는 명예의 전당에 입성한 미네소타 트윈스의 중견수 커비 퍼킷에 3리 차이로 뒤진 3할3푼6리를 기록하며 가장 근접하기는 했지만 말이다. 콜리시엄(혹은 '모설리엄 Mausoleum'. '웅장한 무덤'이라는 뜻으로, 거대하고 불친절해 보이는 콘크리트 구조물 때문에 붙은 별명)은 NFL 오클랜드 레이더스의 홈구장이기도 하다. 2006년 시즌이 개막하기 전 관중들에게 좀 더 친근하고 아늑한 느낌을 주기 위해 가장 높은 층을 영구적으로 폐쇄해서, 이 구장의 관중 수용 능력은 3만 4179명으로 떨어졌다. 메이저리그 구장 가운데 가장 낮은 수용 능력이다.

덴버의 쿠어스 필드 | 이 구장은 모든 좌석이 짙은 청색인 가운데 외야 높은 층의 단 한 줄만 보라색인데, 그곳의 고도는 정확히 해발 1마일(1.6 킬로미터)이다. 고도 때문에 공기가 희박하고, 저항력이 작다. 그리하여 투수는 생각하는 만큼 무브먼트를 끌어낼 수가 없고, 플라이 볼은 다른 구장들보다 평균 9퍼센트 더 멀리 날아간다. 이 점을 보완하기 위해, 펜

스는 깊게 자리 잡고 있으며, 콜로라도 로키스 팀은 공들을 가습 장치 안에 보관해서 말라버리는 것을 방지한다. 하지만 이 구장은 그래도 여전히 타자들의 천국이다. 1999년에 로키스와 상대 팀들은 합쳐서 303개의 홈런을 쳐냈다. 단일 구장에서 한 시즌에 나온 최다 홈런이다.

휴스턴의 미닛메이드 파크 │ 메이저리그 구장 중 약 133미터로 가장 깊은 외야 펜스를 보유하고 있는 구장으로서, 휴스턴 애스트로스의 홈이다. 하지만 외야의 넓이*alley*가 좁고, 외야 좌측에는 쇼트 포치가 있어서 홈런을 치기 쉬운 구장이다.(엔론 필드로 불리기도 했던 이 구장에는 '텐런Tenrun 필드'라는 별명도 있었다. 점수가 많이 나는 게임이 잦았기 때문이다.) 센터 필드 펜스 바로 앞에는 언덕배기 같은 곳이 있고 깃대가 서 있다. 일부 오래된 구장들에도 비슷한 장애물이 있지만, 최근 지은 구장들 중에는 없다.

볼티모어의 오리올 파크 앳 캠든 야즈 │ 타자 친화적인 또 하나의 구장이다. 하지만 베이브 루스의 생가가 두 블록 떨어져 있는 것과는 아무 상관이 없다. 홈런이 많이 나오는 까닭은 '구장의 크기가 작기*bandbox*' 때문이다. 외야 우측에는 미국 동부 해안 지역에서 너비가 310미터로 가장 긴 볼티모어 오하이오 웨어하우스가 배경으로 펼쳐져 있다.

디트로이트의 코메리카 파크 │ 이 구장은 필요 이상으로 크게 지었다. 2000년 타이거즈가 그곳으로 옮기고 나서, '구단의 실세들*front office*'은 펜스를 더 안쪽으로 들어앉힌 다음에야 강타자들이 계약서에 사인하도록 설득할 수 있었다. 투수에게 너무나 친화적인 구장이다.

미니애폴리스의 메트로돔 | 돔에서 가장 높은 곳은 지상 60미터 지점이다. 타자들이 친 많은 공들이 그곳을 치고 그라운드로 떨어져 내렸다. 하지만 2개의 타구는 결코 내려오지 않았다. 1984년에 에이스의 지명타자 데이브 킹먼이 '메이저리그 팝업 major league pop-up'을 쏘아 올려 돔 최상단에 있는 배수 밸브에 끼워 넣었다. 1996년에는 인디언스의 내야수 알바로 에스피노사가 쳐 올린 공이 스피커에 박혀버렸다.* 두 선수 다 2루타를 인정받았다. 이 트윈스의 구장은 별명을 여럿 얻었다. 그중 '호머돔 Homerdome'은 홈런이 많이 나와서 얻은 별명이고, '선더돔 Thun derdome'은 관중이 내는 소음이 너무나 커서 붙은 것이다. 1987년 포스트시즌 때 데시벨을 재봤더니, 그 소음은 제트기가 이륙하는 수준이었다 한다.

샌프란시스코의 AT&T 파크 | 샌프란시스코 만과 대로 사이의 작은 땅 쪼가리에 구장을 쑤셔 넣어야 했기 때문에, 건축가들은 오른쪽에 24피트(약 7.3미터) 높이의 벽을 세워 홈에서 파울 폴까지 짧은 거리(약 94미터)를 보완했다(이 펜스의 높이는 자이언츠의 외야수였던 윌리 메이스를 기리는 것이기도 하다. 그의 등번호가 24였다). 많은 홈런이 구장을 완전히 빠져나가 바다(1960~1970년대 선수생활 대부분을 자이언츠에서 보냈고 명예의 전당에 들어간 1루수 윌리 매코비의 이름을 따서 매코비 코브라고 부른다)에 착륙하는데, 그 공을 '스플래시 히트 splash hit'라고 부른다. 이 공을 둘러싼 경쟁은

---

* 그 밖에도 4명의 선수들이 중력을 무시하는 공을 쳤다. 루퍼트 존스(1979년)와 리키 넬슨(1983년)은 킹돔 구장 스피커의 도움을 얻었다. 호세 칸세코(1999년)와 케빈 밀러(2002년)는 탬파의 트로피카나 필드에서 덕을 보았다.

무시무시하다. 간혹 잠수복을 입은 이들도 눈에 띄는 가운데 사람들이 카약을 타고 만을 배회하는 동안, 어떤 사람들은 해변 산책로에서 그물을 내던지기도 한다.

구장 관리인

상대편이 경기를 쥐락펴락하는 상황이라면, 어떻게 저지하겠는가? 투수는 빠르게 딜리버리를 가져가고, 포수는 강한 어깨 힘을 발휘해야 한다. 또 대담무쌍한 구장 관리인 몇 명이 필요하다.

구장 관리인?

그렇다. 그들은 어쩌다가 '실수로' 내야 흙에 물을 너무 많이 뿌려버릴 수도 있고, 발 빠른 주자의 발재간을 막기 위해 모래를 조금 흘려버릴 수도 있다. 1960년대 샌프란시스코 캔들스틱 파크의 구장 관리인들은 다저스가 날쌘 유격수 모리 윌스를 데리고 찾아올 때마다 이런 수를 썼다. 그리고 1루와 2루 사이의 길은 별명을 얻었다. 모리의 호수. 반면에 1970년대 빠른 기동력을 자랑하던 에인절스는 홈구장에서 2루 베이스를 1루 쪽으로 몇 센티미터 은밀하게 옮겨 도루 기록에서 약간 덕을 보았다.

이런 수는 얄팍하기는 하다. 하지만 반드시 규정에 어긋나는 것만은 아니다. 왜냐하면 경기를 하는 양 팀 다 같은 조건에서 뛰기 때문이다. 또 다른 수법은? 만약 홈팀의 투수진에 싱커볼을 던지는 투수가 두엇 있다면, 그라운드 관리자들은 잔디를 길러 상대팀의 땅볼을 느리게 할 수 있다. 아니면 홈팀이 번트 대기를 아주 좋아한다면, 구장 관리인들은 공이 페어 지역에서 느리게 구르도록 돕는다. 그러니까 내야 파울 라인을 따라 파울 지역으로 내리막이 생기지 않도록 확실히 주의를 기울이고, 파울 라인에 초크를 겹겹이 잔뜩 바르는 것이다. 경사는 종종 이 구장 저 구장에 따라 다양하게 나타나므로, 원정팀—특히 3루수와 번트 대기를 좋아하는 타자는 누구든—은 연습하면서 3루 라인 쪽으로 공을 굴려 어느 쪽으로 흐르는지 항상 살펴본다.

일부 홈필드 어드밴티지는 너무 멀리까지 가는 경우도 있었다. 1965년에 메츠가 휴스턴의 애스트로돔 구장 직원들이 에어컨 시스템을 조작해서 공기 흐름을 바꾸어, 결과적으로 메츠가 친 플라이 볼의 진행을 방해하고, 애스트로스가 친 공은 더 멀리 나아가게 했다고 주장하는 일이 일어났다. 수년이 지나, 미네소타로 원정을 갔던 선수들도 비슷한 불만을 제기했다. 트윈스는 부인했다. 하지만 후일 전직 메트로돔 직원은 전략적으로 중요했던 게임 후반에 강력한 전기 팬을 껐다 켰다 하면서 공기 흐름을 조작했음을 시인했다.

정직하건 그렇지 않건 간에 모든 구장 관리인은 그라운드의 표면과 외관을 다듬는 데 너무나 열중한 나머지, 1회가 시작되고 나서는 요기할 틈조차 내기 힘들다. 여기 그들이 하는 몇 가지 일이 있다.

- 잔디 깎는 기계를 이 방향 저 방향으로 돌려 가며 잔디에 길과 문양을 낸다.(잔디 깎는 기계는 잔디를 깎을 뿐만 아니라 평평하게 누르는 일도 한다.)
- 투수판과 홈 플레이트에 색을 칠한다.
- '탬프'라는 도구로 홈 플레이트 주변과 투수판 앞을 두드리고 다진다.
- 타격 연습을 위해 안전망을 설치하고 치운다.

- 내야 흙 부분에 물을 뿌려 촉촉하고 부드럽게 유지한다. 하지만 너무 부드러워서는 안 되는 것이, 선수들이 발자국을 남겨 불규칙 바운드가 유발될 수 있기 때문이다.
- 몇 이닝마다 내야 흙을 써레로 훑어서 땅을 고른다. 연장전에서도 마찬가지다.
- 더러워진 베이스를 깨끗한 것으로 바꾸고, 오래된 것은 씻고 페인트를 칠해 다시 사용할 수 있게 만든다.
- 이닝 사이에 필드로 나가 관중석에서 날아든 쓰레기를 치운다.
- 날씨를 예의 주시하다가 비가 내리기 시작하면 황급히 달려 나가 그라운드에 방수포를 덮는다.
- 우천 때문에 지연된 경기를 다시 시작할 때, '터피스 *Turface*'와 '다이아몬드 더스트 *Diamond Dust*' — 모래처럼 생긴 물질로 물을 흡수하는 데 쓴다 — 라는 것을 진창이 진 곳에 뿌리고 갈퀴로 다잡는다.

그리고 다음 날이면, 이 모든 것을 또다시 반복한다.

애스트로터프(인조잔디)

애스트로돔(1999년 시즌 후 문을 닫았다.)은 원래 유리판을 단 지붕에, 필드에는 진짜 잔디가 깔려 있었다. 그러나 유리는 섬광을 만들어냈고, 야수들은 공을 볼 수가 없었다. 일부 유리판에 하얀색 페인트칠을 했지만, 이번에는 태양 빛을 막아 잔디를 죽여버렸다. 애스트로스에게는 해결책이 필요했고, '켐그래스 *ChemGrass*'라는 이름의 인조잔디를 들고 나왔다.

1966년 4월 8일 다저스를 상대로 경기할 때 처음 사용했다. 얼마 지나지 않아 켐그래스는 (애스트로스의 이름을 따) 애스트로터프라고 부르게 되었다.

3년 후 NASA가 사람들을 달에 보냈다. 그리고 10년이 채 지나지 않아 〈스타 워즈〉가 극장가를 강타했다. 사람들은 매끈하고 미래주의적인 것에 집착했고, 애스트로터프는 그에 발맞춰 야구가 내놓은 공헌이었다. 당시 새로 지은 야구장들(피츠버그의 스리리버스 스타디움이나 필라델피아의 베테랑스 스타디움. 두 구장 다 지금은 이미 폐쇄되었다.)은 여러모로 보기에 흉했다. 가짜 잔디도 그중 하나였다. 그러나 구단주들은 이 '카펫 carpet'을 사랑했는데, 비용이 더 저렴하게 드는데다가 유지하기도 더 쉬웠기 때문이다. 그리고 NFL 경기도 벌어지는 다목적 구장에서는 더욱 그랬다.

선수들은 애스트로터프를 몹시 싫어했다. 여름 태양 아래서는 바짝 구워져 필드를 견딜 수 없을 만큼 달구어놓을 뿐만 아니라, 탄력성이 없기 때문이었다. 인조잔디를 향해 다이빙하면 몸이 헤지고 다쳤다. 이렇게 말하는 것은 약과다. 결국 인조잔디는 콘크리트 위에 뻣뻣하게 세운 초록색 물질을 얇게 뒤덮은 것에 불과했다. 인조잔디는 또 게임을 바꾸어놓았다. 보통의 땅볼이 '눈뜨고 보면서도 야수들 곁을 스쳐 지나가는 단타 seeing-eye single'가 되었다. 그리고 평범한 라인 드라이브가 외야수 옆을 지나쳐 활강해서 장타로 이어졌다. 좋다. 불규칙 바운드는 줄어들었다. 하지만 불규칙 바운드란 이 야구 경기의 묘미를 이루는 일부분이 아니던가.

구단주들은 애스트로터프가 조잡한 물건임을 마침내 깨달았다. 여러 팀이 1990년대에 인조잔디를 처분했고, 그때 이후 지은 새로운 돔 구장들은 개폐식 지붕과 진짜 잔디를 경기장 표면으로 채택했다. 토론토 블루제이스가 2004년에 애스트로터프에서 경기한 마지막 팀이었다. 이듬해 시즌에 팀은 진짜 잔디처럼 보이게 만들었다는 인조잔디 '필드터프'로 경기장 표면을 교체했다. 하지만 이 잔디는 진짜처럼 보이지 않는다. 그 밖에 탬파베이 레이스(필드터프)와 트윈스(애스트로플레이)가 모든 사람이 싫어하는 필드를 지금까지도 고수한다.

태양

늦은 오후, 필드 위에 선 누군가는 서쪽과 마주하고 지는 해를 똑바로 쳐다봐야 하는 불운에 처한다. 그 비운의 주인공이 대개는 우익수라는 것을 눈치 챈 적이 있는가?(타자보다 더 괴로움을 겪기가 쉽다.) 대부분의 야구장들은 야구 교본의 제안에 따라 홈 플레이트에서 마운드 쪽이 동쪽-북동쪽 방향을 향해 있기 때문이다.

  몇 팀의 구장이 남동쪽을 향해 있고, 또 몇 개 구장은 북쪽을 보고 있거나 그렇지 않으면 동쪽을 향해 있다. 미닛메이드 파크가 서쪽을 마주보는—약간 북서쪽—유일한 구장이지만, 텍사스의 태양은 경기에 거의 영향을 끼치지 않는다. 애초에 너무나 강하기 때문에 팀 관계자들이 햇빛이 드는 시간에는 개폐식 지붕을 닫기 때문이다.

구장의 이름

예전 야구장들에는 근사하고 재치 있는 이름이 많았다. 디트로이트의 타이거 스타디움은 타이거스의 이름을 따 지었다. 필라델피아의 베이커 볼은 필리스의 구단주였던 윌리엄 F. 베이커의 이름을 딴 것이다. 몬트리올의 재리 파크는 좌측 외야석 뒤를 지나는 거리 이름에서 따왔다.

이제 이 장 앞쪽에서 읽었던 흉한 이름들에 덧붙여 시애틀의 세이프코 필드, 시카고의 US 셀룰러 필드, 필라델피아의 시티즌스뱅크 파크 같은 이름도 거론해야겠다. 거대기업이 이름을 써주는 대가로 수백, 수천만 달러를 지불하기 때문에 일어나는 일이다. 신시내티 레즈의 새로운 구장의 이름인 그레이트아메리칸 볼 파크같이 언뜻 보기에 건전하고 애국적인 것 같은 이름도, 사실은 그레이트아메리칸이라는 보험회사가 돈을 지불해서 붙은 이름이다.

다행스럽게도 모든 구단주들이 팔려가지는 않는다. 하지만 대기업에 구장 이름을 판 사람들을 탓할 수 있겠는가? 메츠가 2009년에 새로운 둥지로 이사를 가면, 시티그룹은 2028년까지 그 구장을 시티 필드로 부르는 대가로 매년 2000만 달러가량을 지불하기로 했다니 말이다.

야구장의 규격과 배치

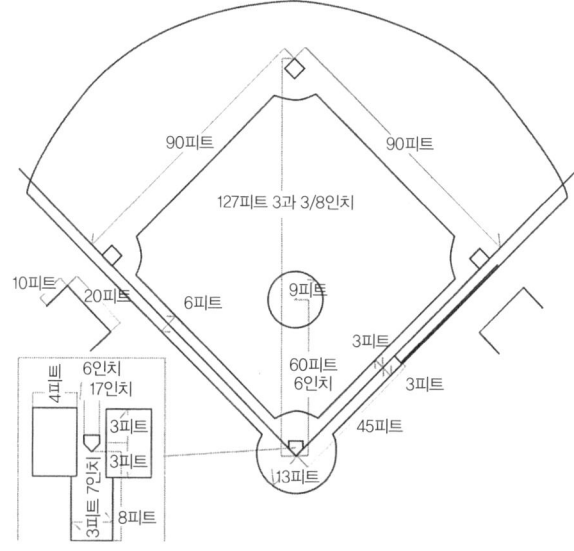

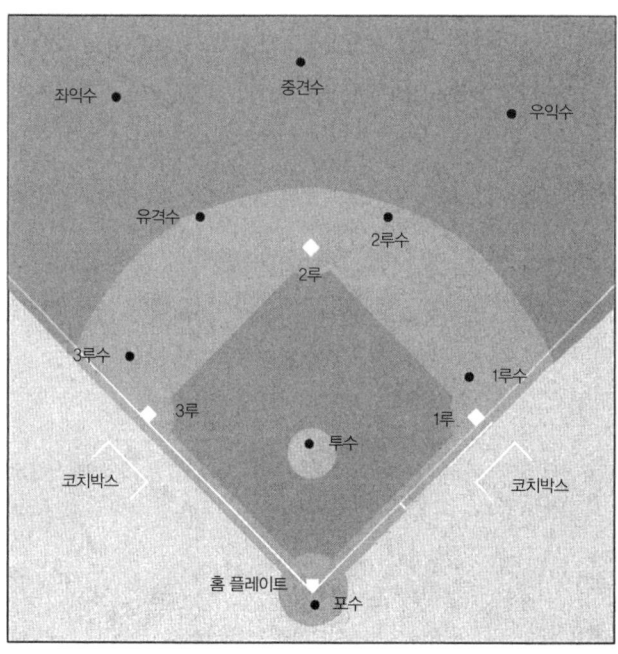

구장 | 153

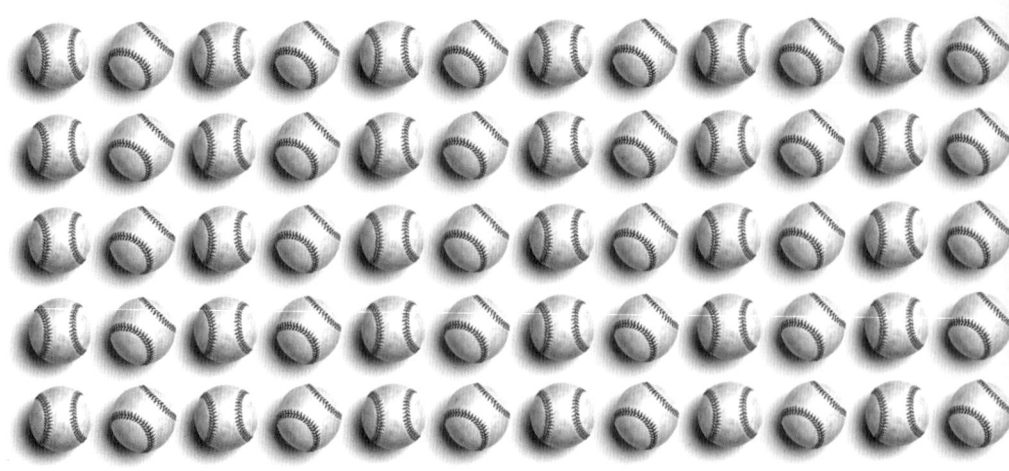

CHAPTER 6

우리는 이 일을 맡는 첫날부터 완벽해야 하며,
그후에도 끊임없이 향상되는 모습을 보여주어야 한다.
— 에드 바고, 전 메이저리그 심판

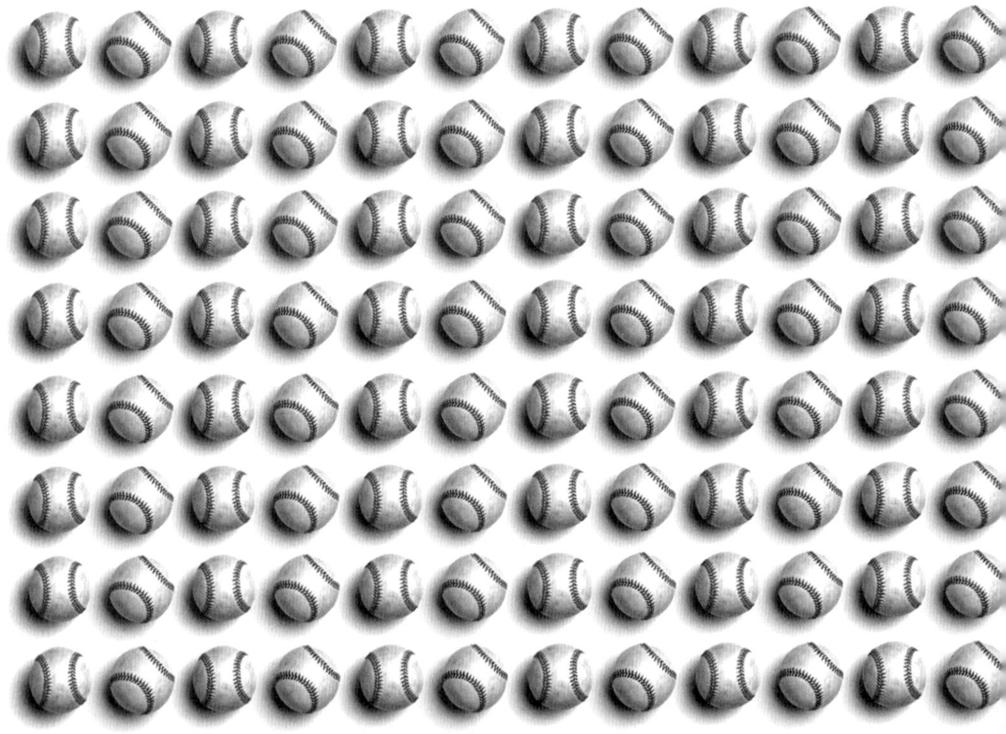

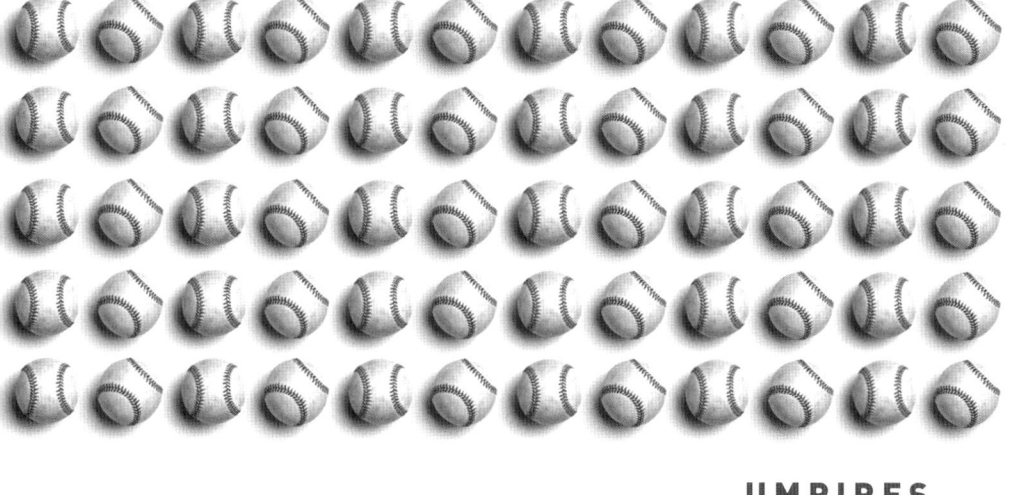

UMPIRES

심판

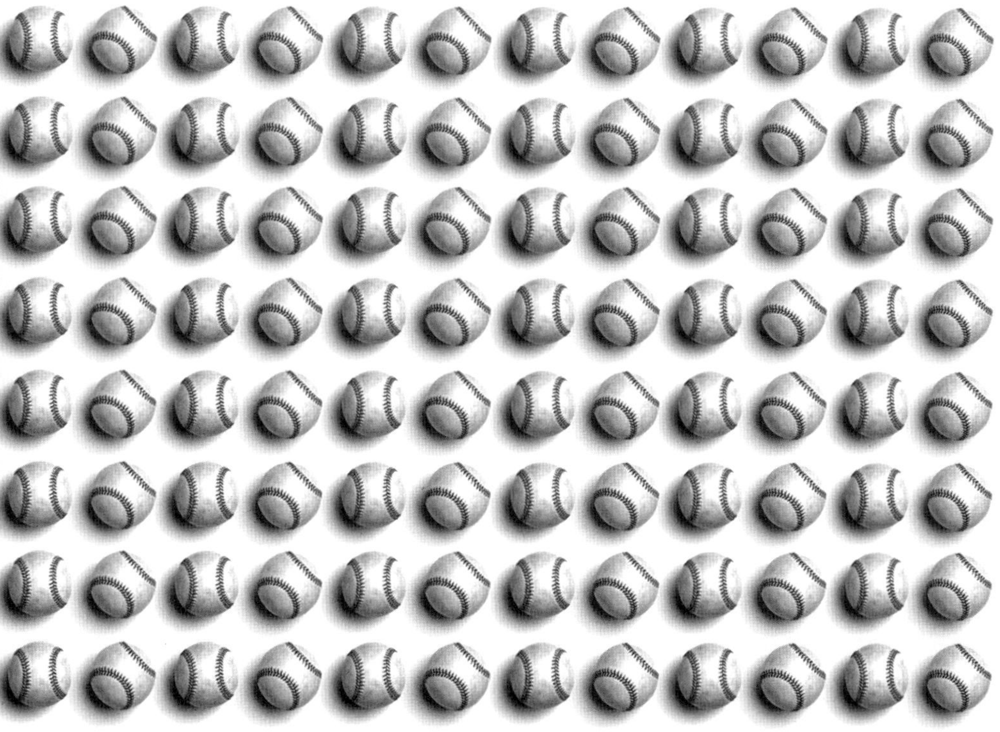

Watching Baseball Smarter

어려운 직업

당신이 메이저리그 선수가 되기에는 역부족이라는 것을 진작 알았다고 하자. 또 알고 보니, 코치를 하거나 방송 부스에 앉아 해설하는 영광을 누리려고 해도 왕년에 꽤나 잘 나가는 선수였어야 한다는 걸 알게 되었다. 하지만 메이저리그에는 들어가야 한다. 그것은 평생의 꿈이었다. 저 필드에 나가 저들과 함께 할 수 있는 길을 어떻게든 찾아내야만 한다. 마음속 깊은 곳에서, 당신은 그 사람들의 일원이다. 야구장이 집이다. 그곳이 당신이 있을 곳이다. 당신은 야구를 위해 태어났다.

  트레이너가 될 수도 있다. 하지만 의과대학과 피와 내장기관은 당신에게 맞지 않을 수도 있다. 배트보이를 해볼 수도 있다. 하지만 여름 한 철 노닥거리고 마는 것보다는 더 많은 것을 얻고 싶다. 게다가 당신은 구단주의 전처의 이복동생의 친구의 열세 살짜리 조카가 아니다. 구장 관리인이 될 수도 있다. 하지만 잔디라면 대학에서 물리도록 봤다.

  선택권은 그다지 많이 남아 있지 않다. 가만 보니까 심판이 되어야 할 듯하다. 좋다. 그건 어찌 해볼 수 있을지도 모른다. 당신은 스트라이크 존이 무엇인지 안다. '더블 스위치 double switch'에도 대처할 줄 안다. 압박 아래서도 일을 잘한다. 인필드 플라이? 식은 죽 먹기다.

교본과 마스크를 사서 리틀 리그 경기의 홈 플레이트에서 일해보겠다고 자원한다. 세 번째 스트라이크를 선언하는 일이 얼마나 재밌는지 만끽한다. 발끈 성을 내는 아이들이 사랑스럽고, 당신에게 야유를 보내는 아이 부모들 마음을 훤히 들여다보는 것도 신나는 일이다. 그들은 그저 아이가 우익수를 보고 9번을 친다는 게 쓰라린 것뿐이다. 그리고 코치가 항의를 하려고 쫓아 나오면, 언제 그랬나 싶을 만큼 살아 있음을 느낀다. 아무려면 어떤가. 이 일을 한동안 하다가, 한번 제대로 해보자고 마음을 먹는 것이다.

인터넷으로 조사를 좀 해보고 전화를 몇 통 걸어본다. 플로리다로 가는 비행기에 몸을 싣고 날아가, 심판학교에서의 5주를 위해 2000~3000달러를 쏟아붓는다. 친구들은 당신이 정신을 놓았다고 생각한다.

아무려나 당신으로서는 상관없다. 희한한 규칙을 배운다. 심판으로서 제대로 서는 자세와 위치를 배운다. 목소리는 어떤 식으로 내는지 배운다. 당신 면전에 대고 소리를 지르고, 당신이 얼마나 쓸모없는지 지껄이는 미래의 명예의 전당 입성자들을 제압하는 방법을 배운다.

300시간 필드에 나가 기록을 한다. 시험에 통과하고, 동기생 가운데 우등으로 졸업한다. 강사들이 미프로야구심판조합Professional Baseball Umpire Corporation 위원들과 함께 당신과 몇 명을 뽑아 공식 심판평가과정에 참여시킨다. 당신은 최고 중 1명으로서 마이너리그 총재들에게 추천될 수도 있다.

당신은 가족에게 작별을 고하고 프로야구 경력을 쌓기 위해 나아가며, 이윽고 1800달러의 월급을 받아든다. 마이너리그 선수들과 마찬가지로, 당신은 패스트푸드로 연명하고, 끊임없는 버스 여행을 감내하며, 가장 싼 호텔에 머문다. 지금까지 겨우 첫 몇 주가 지났을 뿐이다.

대부분의 마이너리그 심판들은 메이저리그 승격 대상이 되기까지 적어도 8년의 세월을 보낸다. 12년이 다 되어가는데도 당신에게는 감감무소식이다. 지친다. 풀이 죽는다. 가족은 겨우 부양을 해낼까 말까 한다. 당신은 집에 있는 아이들보다 볼 보이들을 더 잘 안다.

   이제 마이너리그에서 13번째 시즌을 마쳤다. 그나마 지난 몇 년간은 트리플 A에 몸담았다. 하지만 달라진 것은 없다. 승진은 없었다. 이제 거의 포기할 때가 되었다. 하지만 친구들의 설득으로 당신은 그만두지 못한다. 14번째 시즌을 맞이하러 필드로 돌아가고, 얼마나 더 갈 수 있을지 확신할 수 없다. 그리고 '올스타 브레이크 All-Star break' 즈음의 어느 날이다.

   소식이 왔다! 축하한다. 마침내 당신은 '쇼'에 입성하게 되었다. 이제 모든 사람이 당신을 미워한다. 팬들이 입장료를 지불하는 것은 당신을 보기 위해서가 아니다.

   그들은 당신이 존재한다는 것조차 알고 싶어하지 않는다. 그리고 그 사실을 기꺼이 상기시켜줄 것이다. 당신이 아슬아슬한 판정을 내릴 때마다, 그게 그들의 바람을 저버릴 때마다, 설령 당신이 옳다고 해도, 그리고 대개는 당신이 옳지만 말이다.

   어쨌거나 당신은 타자가 친 공이 1루수 글러브에 가 닿는 것을 듣는 동시에 주자가 베이스 밟는 것을 보는 법을 배웠다. 당신은 유격수가 네이버후드 플레이로 부리는 발재간을 보고도 너무 심하지만 않으면 그냥 넘기는 법을 훈련받았다. 당신은 수비·공격방해, 반칙, 어필에 대처하는 방법을 알고 있다. 당신이 내린 결정에 자신감 있게 행동하고 굳건히 버틴다.

   이제 당신은 수십만 달러를 번다. 하지만 당신의 자존심은 매일매일 두드려 맞는다. 선수, 코치, 감독, 팬들이 당신을 학대하는 것은 물론이고, 아나운서들은 다섯 가지 다른 각도에서 잡은 슬로모션 리플레이를 틀어주며 당신이 내린 판정과 다른 의견을 내놓는다. 그래도 그 사람들은 주자가 아웃인지 아닌지 늘 당신처럼 말해줄 수는 없다.

심판의 재량에 약간 열려 있던 스트라이크 존은 엄격해졌다. 메이저 리그 사무국은 일관성을 바라며 '퀘스텍'이라는 전자 시스템으로 당신이 부르는 볼과 스트라이크를 감정하기 시작했다.

그러나 관중석과 더그아웃의 카메라를 이용하는 이 장치는 모든 메이저리그 야구장에 설치된 것이 아니다. 설상가상으로, 모든 야구장은 제각각이다. 그리고 기계라는 것은 실수를 저지르곤 하는 인간, 즉 당신과 다르지 않은 인간이 조종한다. 일관성이 심하게 결여되는 일이지만, 당신의 판정이 퀘스텍과 적어도 90퍼센트 일치하지 않으면 리그가 징벌 조치를 내릴지도 모른다는 것을 생각하자면 두렵다. 당신의 생계는 이제 당신이 어찌해볼 도리가 없는 판정에 기대게 되었다.

그건 그렇고 지난주에 시속 156킬로미터짜리 파울 팁에 얻어맞은 어깨는 또 어떤가?

페어 볼 퀴즈

여전히 당신이 빅 리그 심판의 자질을 갖추고 있다고 생각하는가? 그러면 종이 한 장을 집어 들고 룰에 대한 지식을 시험하기 위해 페어 볼 퀴즈를 풀어보라.

아래 각각의 상황에 대해 '페어' 또는 '파울'이라고 쓰라. 이 장 끝에 답과 설명을 달아놓았다.

1 | 파울 폴을 맞힌 플라이 볼.

2 | 깊은 플라이 볼이 페어 지역에 떨어진 다음 튀어 올라 파울 폴 바깥쪽에 있는 파울 지역 펜스를 넘어가버린 경우.

3 | 파울 지역의 돌조각에 떨어져 페어 지역으로 튀어 들어간 공.

4 | 홈 플레이트에 올라가 멈춘 번트 타구.

5 | 3루수가 번트 타구가 파울 지역으로 갈 때까지 구르게 내버려둔다. 하지만 페어 지역에 선 채 파울 라인을 가로질러 공을 집는다.

6 | 라인 드라이브가 페어 지역에서 1루를 지나 날아간 다음, 오른쪽 파울 라인 쪽으로 휘어 나가 파울 지역에 떨어진 경우.

7 | 땅볼이 페어 지역에서 1루를 지나간 다음, 파울 지역으로 휘어 굴러가 파울 폴에 도달한 경우.

8 | 처음 페어 지역에 떨어진 땅볼이 바운드된 다음 1루 바로 위를 넘어가 파울 지역에 떨어진 경우.

9 | 라인 드라이브가 한가운데로 날아가다 투수판을 치고 3루와 홈 사이의 파울 지역으로 튕겨 나간 경우.

10 | 라인 드라이브가 한가운데로 날아가 투수의 신발을 맞히고 1루와 홈 사이의 파울 지역으로 튕겨 나간 경우.

11 | 파울 지역으로 떠올라 관중석 쪽에서 헤매던 팝업이 바람에 실려 되돌아와 페어 지역에 떨어진 경우.

스트라이크 존

스트라이크 존에 대한 대략적인 개념은 대부분의 팬들이 가지고 있다. 홈 플레이트 위, 타자의 무릎에서 가슴 사이라는 것 정도는 안다는 말이다. 아니면 겨드랑이께 정도일까? 아니면 어깨? 아니면, 가만 있자, 유니폼 앞섶의 글자들일까?

유니폼은 절대로 아니다. 만약 글자들이 스트라이크 존 꼭대기라면, 모든 팀은 벨트 위에다가 이름을 바느질해 넣을 것이다.

스트라이크 존은 타자가 스탠스를 취한 다음에 결정된다. 타자가 몸을 구부릴수록 투수의 타깃은 더 작아진다. 스트라이크 존 꼭대기가 벨트와 어깨 윗부분 사이 중간이라면, 가장 아래쪽은 무릎 아랫부분이 된다.(궁금해하는 독자들이 있을까 봐 하는 말인데, 타자가 벨트를 발목에 차는 것을 금지하는 규정 따위는 없다.)

물론 이것은 스트라이크 존에 대한 교과서적인 정의이다. 야구장에 나가 보면, 모든 심판의 스트라이크 존이 약간씩 다르다. 결국 그들도 인간이 아닌가. 그러나 인간이라는 사실이 충분한 핑계가 되지 못한다면, 심판이 포수의 어느 쪽 어깨 너머를 볼지 선택해야 한다는 점을 고려해 보자. 그리고 그것이 스트라이크 존 반대쪽 구석을 판단하는 그의 능력에 영향을 준다는 점도 말이다.

어떤 심판은 바깥쪽 스트라이크 존에서 2~3센티미터 벗어난 곳에 공이 꽂히더라도 손을 들어줄지 모른다. 또 어떤 심판은 높은 공에는 스트라이크를 부르지 않을 수도 있다. 심판이 경기를 하는 양 팀에 똑같이 일관된 판정을 내린다면, 선수들은 개의치 않는다.

심판이 그렇게 하면, 판정 방식에 적응할 수 있는 것이다. 선두타자가 어정쩡한 공에 '삼진을 당하면*rung up*' 더그아웃에 돌아와 동료들에게 말할 것이다. "오늘 주심 그거에 손을 들어주네." 한편 구원투수들은 클럽하우스 TV로 그날 주심의 스트라이크 존을 연구할 것이다.

퇴장

심판은 다음의 제스처로 판정을 표현한다.

- **세이프** | 손바닥을 아래로 향한 채 두 팔을 가운데 모았다가 양옆으로 펼친다.
- **아웃** | 주먹을 펌프질하듯 들어 올린다.
- **볼** | 아무런 제스처도 보이지 않는다. 하지만 가끔 가다 '볼'이라고 말해서 타자와 포수에게 판정 내용을 알린다.
- **스트라이크** | 손을 올리거나(때로는 볼 카운트에 따라 손가락 하나나 둘을 올린다.) 주먹을 옆으로 뻗는다.
- **파울 팁** | 한 팔을 뻗고 다른 손으로 그 팔을 바깥쪽으로 몇 차례 두드린다. 그리고 나서 스트라이크 판정 제스처를 한다.
- **히트 바이 피치** | 손으로 1루를 가리킨다.
- **타임아웃** | 두 팔을 머리 위로 뻗어 올린다. (포수가 타임아웃을 요청하면, 심판은 투수가 알도록 포수를 손으로 가리킨다.)
- **타임인** | 주심이 투수를 손으로 가리킨다.
- **페어 볼/파울 볼** | 1루나 3루 베이스에 도달하지 못한 땅볼에, 주심은 페어 지역을 가리키는 것으로 '페어'를 판정하고, '타임아웃' 제스처를

하는 것으로 파울을 선언한다. 그 밖의 경우에는 1루심이나 3루심이 상황에 맞는 방향(페어 혹은 파울)을 손으로 가리켜 판정을 내린다.(공이 의문의 여지 없이 파울 지역으로 굴러가거나 떨어지면 심판은 아무런 제스처도 취하지 않는다.)

- **홈런** | 팔을 들어 올리고 검지를 뻗은 채 손목을 돌린다. "베이스를 돌아라."라고 말하려는 듯이.
- **그라운드룰 더블** ground-rule double | 손가락 2개를 들어 올린다.
- **인필드 플라이** | 팔을 높이 들어 올려 손가락으로 하늘을 가리키고 "인필드 플라이!"라고 외친다.
- **관중 방해** | 관중이 펜스 밖으로 몸을 내밀어 플레이 상태에 있는 공을 만지면, 심판은 양손을 머리 위로 올려 한쪽 손목을 붙잡는다.(안타였다면, 타자는 자동으로 2루타를 기록한다. 송구된 공이었다면, 투수가 투구한 공인 경우 모든 주자는 한 베이스씩, 그 밖의 경우에는 두 베이스씩 진루한다.) 관중이 펜스 밖으로 몸을 뺐는데 공을 만지지는 못했다면, 심판이 '세이프' 제스처를 써서 공이 여전히 인 플레이임을 알린다.
- **노 캐치** | 공이 땅을 치자마자 야수가 '걷어올렸다면trap' 심판은 '세이프' 제스처를 쓴다.
- **노 피치** | 간혹 가다 심판이 마지막 순간에 타자의 타임아웃 요청을 받아들였으나, 투수는 심판의 사인을 보지 못한 채 이미 와인드업 자세에 들어가는 경우가 있다. 투수가 공을 던졌더라도 심판은 물러서며 머리 위로 양팔을 흔들어—'세이프' 판정 모션—이번 공은 볼 카운트로 치지 않는다는 것을 투수에게 알린다.
- **포구 여부** | 포스 플레이 상황에서 송구가 가까스로 타자보다 앞서 도착했는데, 공을 받은 야수가 공을 잠깐 더듬거리면, 심판은 '세이프'를

선언하고 저글하는 제스처를 보인다. 야수가 공을 잡은 다음 글러브에서 공을 빼내다가 떨어뜨렸으면, 심판은 '아웃'을 부르고 나서 공을 글러브에서 빼내는 동작을 한다.(이 판정은 2루에서 가장 자주 나온다. 더블 플레이를 서투르게 처리하다가 일어나는 일이다.)

- **체크 스윙** check swing | 포수는 타자의 타격을 더 제대로 볼 수 있는 쪽 심판(왼손타자에게는 3루심, 오른손타자에게는 1루심)에게 신호로 요청하여, 타자가 홈 플레이트 끝을 지나 배트를 스윙했는지, 아니면 그전에 멈췄는지 판정을 받는다. 심판은 방망이가 플레이트를 지났다고 생각하면 헛스윙 스트라이크를 선언하면서 '아웃' 제스처를, 그게 아닌 경우에는 '세이프' 제스처를 취한다.
- **득점** | 수비 팀이 세 번째 아웃을 위해 주자를 태그하기 전에 다른 주자가 홈을 밟았다면, 심판은 홈 플레이트를 가리키며 득점 인정을 선언한다.
- **베이스에서 발이 떨어짐** | 포스 플레이 상황에서 악송구에 야수의 발이 베이스에서 떨어졌다면, 심판은 손바닥을 바깥으로 한 채 양팔을 한쪽으로 뻗는다.
- **보크** | 심판 중 누구라도 투수를 가리키며 "보크!"라고 외쳐 판정을 내릴 수 있다.
- **투수 교체** | 투수 교체는 감독의 결정이다. 하지만 심판은 오른팔이나 왼팔을 들고(감독이 우완을 원하는지 좌완을 원하는지) 불펜을 가리키는 것으로 신호를 줄 때도 있다.
- **선수 교체** | 심판이 타임을 부르고 홈 플레이트 뒤의 장내 아나운서 부스를 올려다보며 교체 선수를 가리킨다.
- **경고** | '빈볼 beanball'에 대해 양 팀 모두에게 더 이상 앙갚음하지 말라

고 경고하러 나설 때, 심판은 양쪽 더그아웃을 가리키며 감독들이 상황을 이해하도록 구두로 간단히 설명한다.
- **퇴장** │ 어떤 심판이라도 검지로 선수나 코치*를 가리키고 손을 경기장 바깥쪽으로 휘두르며(마치 공이라도 던지듯이) 외칠 수 있다. "퇴장!"

애매한 판정

우리는 심판들이 앙심 같은 건 품지 않으리라고 생각하고 싶어한다. 물론 타자가 공이 1루에 도착할 때 두 걸음 뒤에 있다면, 심판은 1루수가 9년 전에 견제구에 아웃을 불러주지 않았다고 자기더러 뚱보라고 불렀다는 이유로 '세이프'를 부르지는 않을 것이다. 하지만 심판은 그런 일이 있었다는 것을 기억해두고, 후에 아슬아슬한 판정을 할 일이 있을 때 염두에 둘지도 모른다.

홈의 주심이 '볼' '스트라이크'를 선택하기가 얼마나 어려울 수 있을지 따져보자. 저 백도어 슬라이더가 '홈 플레이트 가장자리에 걸쳤는가 paint the corner?' 공이 1센티미터쯤 바깥으로 나갔는가? 판정은 두 쪽 모두로 날 수 있다. 하지만 어느 쪽으로? 누군가는 화를 낼 것이다. 하지만 어느 쪽이 화가 나야 할까? 심판은 연관된 선수들의 평판을 결정의 근거로 삼을지도 모른다. 그것이 포수가 타석에 섰을 적에 주심에게 군소리

---

* 선수들과 코치들만 쫓겨나는 것은 아니다. 1985년 어느 마이너리그 경기에서, 오르간 연주자는 심판이 홈팀에 불리한 판정을 내렸다는 이유로 〈장님 쥐 3마리 Three Blind Mice〉를 연주하여 주심에게 퇴장 명령을 받았다.

를 하지 않는 이유이다. 그의 나쁜 태도가 수비에 들어갔을 때 그와 투수에게 안 좋게 돌아올 수 있는 것이다.

선수의 경험도 한 요소가 될 수 있다. 통산 볼넷 1500개를 얻은 타자와 신인투수가 마주했다면, 덕을 볼 쪽이 누구일지 짐작해보라. 어느 날, 예리한 시야와 스트라이크 존에 대한 비범한 지식으로 유명했던 테드 윌리엄스가 타석에 있을 때 아슬아슬했던 공에 볼을 부르자 젊은 포수가 불평을 터뜨렸다. 심판이 말했다. "이보게, 투구가 스트라이크가 되면 윌리엄스 씨가 자네에게 알려줄 걸세."

항의

미식축구, 농구 그리고 아이스하키에서는 '인스턴트 리플레이 instant replay'를 사용한다. 하지만 야구는 아니다.(1999년 딱 한 번의 사례를 제외하고 말이다. 28년 경력의 심판 프랭크 풀리는 양 팀의 압박에 굴복하고, TV 리플레이를 이용해 클리프 플로이드가 돌핀스 스타디움에서 카디널스를 상대로 친 깊은 직선타구가 사실은 외야 벽을 넘지 못했다는 것을 확인했다.) 결과적으로 주심의 판정 번복은 오직 플레이가 더 잘 보이는 곳에 있던 다른 심판이 다르게 봤다는 것을 확신할 때만 이루어진다. 그러나 이런 일은 너무나 드물게 일어나서, 감독이 왜 항의를 하는 수고를 들이는지조차 궁금해질 수도 있다.

우선 감독은 선수들을 보호할 필요가 있다. 볼티모어 오리올스에서 오랫동안 감독을 맡았던 얼 위버는 말했다. "심판에게 항의하는 것은 감독의 일이다. 경기에서 쫓겨나더라도 팀을 다치게 하지 않을 것이기 때문이다."

 보호에 덧붙여, 감독은 선수 편을 들어 항의를 계속 하는 것으로 좋지 않은 판정에 기분이 나빠진 선수의 기운을 북돋아줄 수 있다. 팀을 독려하기 위해 퇴장을 당하기로 마음먹을 수조차 있다. 위버는 더그아웃 계단을 오르기 전에 선수들에게 말하곤 했다. "이제 난 이 게임에서 빠지는 거야."

 설령 심판의 판정에 결국 수긍한다고 해도, 적절한 항의로 이득을 수확해낼 수 있다. 그는 여전히 필드에 뛰쳐나가 팔을 휘두르고, 땅을 걷어차고, 모자를 집어던지고, 이런 식으로 욕설을 퍼붓는 것처럼 보일 것이다. "이거 내가 이제껏 본 적도 없어. 말도 못할 만큼 최고로 빌어먹을 판정이군! 당신이 얼마나 대단한 변덕쟁이 심판인지 기가 막힐 지경이오!"

 하지만 대부분의 항의는 다음 말보다는 더 구체적이고 실질적이다. "아웃이었소!" "태그보다 빨랐소!" "아니오, 밟지 않았소!" "맞아요, 베이스를 밟았단 말이오!"

 감독은 심판의 관점에서 플레이를 설명해달라고 요구할 수도 있다. 아니면 심판의 위치가 벗어나 있었고 플레이를 애당초 제대로 볼 수 없었다고 주장해볼 수도 있다. 아니면 판정이 일관되지 않고 다른 팀에게만 유리한 판정을 내려준다고 불평할 수도 있다. 문제가 어떤 것인지에 상관없이, 감독은 이후에 비슷한 플레이가 나왔을 때 심판이 더 고려할 여지를 만들어낸다. 어쩌면 잘못 불렀을지도 모른다는 자책감을 심판에게 안겨주는 것으로 말이다.

 논쟁이 평화롭게 마무리되건, 바닥을 차고, 침이 날아다니고, 신랄한 언사가 오가건 간에, 심판은 꿈쩍도 하지 않을 것이다. 하지만 마음속 저

깊은 곳에서는 그도 감독이 난리굿을 피우면서 그저 그의 일을 할 뿐임을 알고 있다. 하지만 그렇더라도 감독이 인신공격을 하고 마법의 한마디를 입 밖에 내면, 평소보다 이르게 샤워를 해야 할 것이다.(그 마법의 한마디란 "부탁합니다"나 "감사합니다"는 아니다.)

심판에 관한 요모조모

4명이 한 조 | 심판은 4명이 한 조를 이루어 경기를 다닌다. 각 경기마다 포지션을 돌아가며 본다. 그들 중 홈 플레이트 뒤에 서고 싶어하는 사람은 아무도 없다. 왜냐하면 스트레스가 엄청나고 육체적으로 진을 빼기도 하지만, '주심 crew chief' 역할마저 해야 하기 때문이다.

프로에 대한 예우 | 홈에 선 주심이 파울 팁에 강타당하면, 포수는 그에게 회복할 시간을 주려고 마운드에 갔다 온다. 투수에게 아무 할 말이 없을 때조차 그러는 것이다. 포수가 공에 맞으면, 심판은 흙 한 줌 없는 홈 플레이트를 비질하는 것으로 호의를 되돌려준다.

등을 봐줄게 | 투구에 대비한 스탠스를 취하기 위해 몸을 숙일 때, 심판은 때로 포수의 등에 손을 뻗어 부드럽게 얹고는 다독여준다. 빅 리거들은 그런 접촉에 익숙하지만, 젊은 신참 포수들은 정신이 약간 사나워질 수도 있다.

진흙 | 박스에서 마운드로 직행한 새 공은 표면이 너무 매끄러워 투수

가 쥐기에 애를 먹을 것이다. 그리고 너무 새하얘서 빛을 산란시키고 타자 눈에 섬광을 내보낼 수 있다. 이를 막기 위해 심판들(또는 다른 직원들)은 공에 진흙을 문지른다. 그러나 아무 진흙이나 쓸모 있는 것은 아니다. 모든 프로 팀들은 같은 종류를 쓴다. 리나 블랙번 러빙 머드라는 물질이다. 1930년대 이 물질을 발견한 전 메이저리그 선수이자 코치인 러셀 오브리 '리나' 블랙번의 이름을 땄다. 이 진흙의 성분과 출처는 일급 기밀이다. 그런데 뉴저지주 남부 델라웨어강 지류의 강바닥에서 모은다고 믿는 사람들도 있다.

공 | 주심은 땅을 친 공은 모두 검사한다. 여전히 쓸 만하면 포수에게 건네주고, 아니면 엉덩이께 매단 주머니에 공을 집어넣고 새 공을 경기에 투입한다. 만약 생채기가 나 있다고 하자. 노련한 투수라면 공의 불규칙한 표면을 이용해 공에 무브먼트를 더해보려고 할 것이다. 그래서 심판은 홈팀 더그아웃 근처에 있는 볼 보이에게 공을 굴려 보내 플레이에서 뺀다.* 가진 공이 줄어들면, 심판은 볼 보이를 쳐다보며 손가락을 들어 올려 공이 몇 개나 더 필요한지 알린다.

바로잡기 | 점수 기록원이 카운트를 제대로 세지 못했을 때, 심판은 카운트에 맞는 개수의 손가락을 들어 올려 모든 혼란을 잠재운다. TV에서 심판이 그러는 것을 보면, 반대로 하는 것처럼 보일 것이다. 그것은 심판이 자신의 입장에서 카운트를 표시하는 것을 센터 필드 카메라가 그대

---

* 메이저리그 야구공은 평균 단 여섯 번의 투구에만 쓰인다. 한 팀은 1년에 3만 6000개의 공을 사용한다.

로 잡기 때문이다. 볼은 왼손으로 표시하고, 스트라이크는 오른손으로 표시하는 것이다.

옮겨! │ 주의 깊게 들여다보면, 타자가 헬멧 위를 몇 번 토닥거리는 것을 가끔 볼 것이다. 그것은 2루심에게 자신의 시야를 가로막지 말고 자리를 옮겨달라는 부탁을 은밀하게 하는 방식이다.

스트라이크? │ 애매한 공에 배트를 휘둘러 세 번째 스트라이크를 먹고 나서 타자가 물을 때가 있다. "저기, '블루 *blue*', 저게 안 쳤어도 스트라이크였을까요?" 각 심판의 스트라이크 존을 배워 나가는 과정이다.

이봐, 뚱씨 │ 어째서 모든 심판들은 뚱뚱한 걸까? 그렇지 않다. 사실 그들은 몸매를 제대로 유지해야 한다. 그래야 재빠르게 움직여서 최선의 각도에서 플레이를 볼 수 있을 것이기 때문이다. 깊은 플라이 볼이 떴을 때, 외야수를 향해 그들이 얼마나 빨리 달리는지 보라. 그리고 홈 플레이트 심판은 옷 안에 부피가 큰 가슴 보호대까지 차고 있다는 것을 명심하라.

가려진 시야 │ 만약 게임을 구경하러 갔는데 파울 라인이나 외야 구석을 볼 수 없다면, 플라이 볼이 당신의 시야를 벗어나자마자 1루심이나 3루심을 보라. 그가 내리는 판정이 보이고, 공이 파울인지 페어인지 당신이 앉은 구역에서 가장 먼저 알게 될 것이다.

판정 없음 │ 주자가 때로 태그를 피하려고 너무나 애쓰는 나머지, 홈 플레이트 자체를 놓치는 때가 있다. 하지만 그 과정에서 베이스라인을 떠나지 않았다면, 그는 아웃이 아니다. 심지어 그가 뒷그물 근처에서 멈춰 더그아웃 쪽으로 가기 시작한다고 해도 아웃이 아니다. 물론 세이프도 아니다. 그러므로 플레이는 여전히 진행 중인 것이고, 심판은 판정을 내리지 않는다. (주자가 포수를 피하느라고 홈 플레이트에서 5~6미터나 떨어진 곳에서 허둥지둥 도망 다니는 것도 간혹 볼 수 있다.)

히트 바이 피치? │ 설령 투구가 타자의 옷자락을 그저 스치고 지나갔다고 해도, 그것은 히트 바이 피치로 친다. 그러나 심판이 그것을 보지 못했다면, 증명할 길이 전혀 없다. 하지만 발에 공이 스쳤는데 판정을 받지 못한다고 해서 타자가 꼭 운이 다했다고는 할 수 없다. 1969년 월드 시리즈 5차전에서 메츠의 클레온 존스가 오리올스의 좌완투수 마이크 케야르가 던진 공에 맞았으나 1루로 나가지 못했다. 하지만 메츠 감독 길 호지스는 공을 회수해 구두약 자국이 남은 것을 심판에게 보여주고 나서 히트 바이 피치를 인정받았다.

회합 │ 마운드에서의 회합에는 경기 지연으로 인한 벌칙이 없기 때문에, 수비 팀은 구원투수가 몸을 푸느라 서두르고 있을 적에 시간을 끄는 데 이용하기도 한다. 물론 심판은 무리를 흐트러뜨리고 경기를 재개하려고 한다.

하지만 그러는 데 시간이 얼마나 들지 따져보자.

우선 감독은 신호를 보내며 포수에게 마운드로 올라오라고 재촉한다.(12초) 그리고 투수와 함께 수다를 떤다.(16초) 그러면 심판이 걸어 나와(12초) 말한다. "이보쇼들, 다시 경기를 하자고."(2초) 심판과 포수가 총총히 홈 플레이트로 돌아온다.(6초) 그리고 웅크려 앉는다.(3초) 투수가 투수판을 밟고(1초) 자신은 결코 던지지도 않을 볼에 대한 사인을 받느라 포수를 쳐다본다.(3초) 그러고는 투수가 발을 풀고(3/4초), 감독이 더그아웃에서 마운드로 천천히 걸어 나온다.(22초) 마운드에서 내야수 전원이 호텔 방에서 공짜로 볼 수 있는 프리미엄 채널과 경기 후에 무슨 영화를 볼 건지 잡담을 나눈다.(17초) 심판이 기세 좋게 마운드로 다시 올라가서(9초) 말한다. "어떻게들 할 거요, 친구들?"(2초) 감독이 심판에게 '사우스포southpaw'를 세울 것이라고 말하고(3초) 심판의 아내와 아이들의 안부를 묻는다.(1초) 심판은 다 잘 있다고 말하고(1/2초) 불펜에 신호를 보낸다.(3/4초)

다 합치면 구원투수가 몸 풀 시간을 1분하고도 51초 더 얻었다는 소리다. 그리고 구원투수는 마운드를 물려받고 나서도 8개의 워밍업 투구를 던질 수 있다.

마운드 방문 규칙 │ 한 회에 감독이나 코치가 두 번째로 마운드를 방문했다면, 설령 각각 다른 사람이 올라갔다고 해도, 그때는 투수를 반드시 교체해야 한다. 트레이너가 마운드를 방문한 경우에는 심판이 동행해서 그들이 의논하는 것이 투수의 몸 상태에 관한 것만이 되도록 확실히 한다. 그러지 않는다면 트레이너가 두 번째 방문의 규칙을 피해 코치의 전언을 전달할 수 있기 때문이다.

페어 볼 퀴즈 정답과 설명

이 책을 페이지 순서대로 읽지 않고 여기저기 들추다가 이 부분이 걸려

들었다면, 읽지 말라. 여기에는 163쪽에 있는 페어 볼 퀴즈의 정답이 담겨 있다. 퀴즈부터 풀라. 그리고 여기로 돌아오라.

1 | 페어 볼 그리고 홈런.(왜 그 봉을 페어 폴이라 부르지 않고 파울 폴이라 부르는 걸까?)
2 | 페어. 파울 폴은 플라이 볼이 그쪽으로 가지 않는 이상 아무 의미도 없다.
3 | 파울. 플라이 볼이 어디로 튀어 가는지는 상관없다. 오로지 어디에 먼저 착지했느냐가 문제다.
4 | 페어. 홈 플레이트는 페어 지역이다.
5 | 파울. 공의 위치만이 문제지, 사람이 어디 서 있는지는 상관없다.
6 | 파울. 공이 공중에 있다면, 어느 지역에서 베이스를 지나는지는 문제가 되지 않는다.
7 | 페어. 땅볼은 페어 지역에서 베이스를 지나쳐야 한다. 그리고 나서는 어디로 굴러가든지 아무 상관이 없다.
8 | 페어. 만일 페어 지역에 떨어졌다면 베이스를 지나치지 않아도 페어이다.
9 | 파울. 투수판은 필드의 일부분이다. 그리고 공은 페어 지역 안에서 베이스를 통과한 것이 아니다.
10 | 페어. 잡건, 차건, 키스하건 간에, 투수의 몸에 닿는 순간 공은 페어가 된다.
11 | 페어. 공은 파울 지역에 먼저 떨어져야만 경기에서 빠진다. 즉 페어가 아니게 된다.

얼마나 맞혔는가?

11개 모두 : 당신은 빅 리그 심판.

7~10개 : 아깝다. 워닝 트랙 파워 warning track power

3~6개 : 심판 못 본다고 야유하는 사람들을 주의할 것.

0~2개 : 당신은 군것질하러 야구장에 간다고 해도 안 된다.

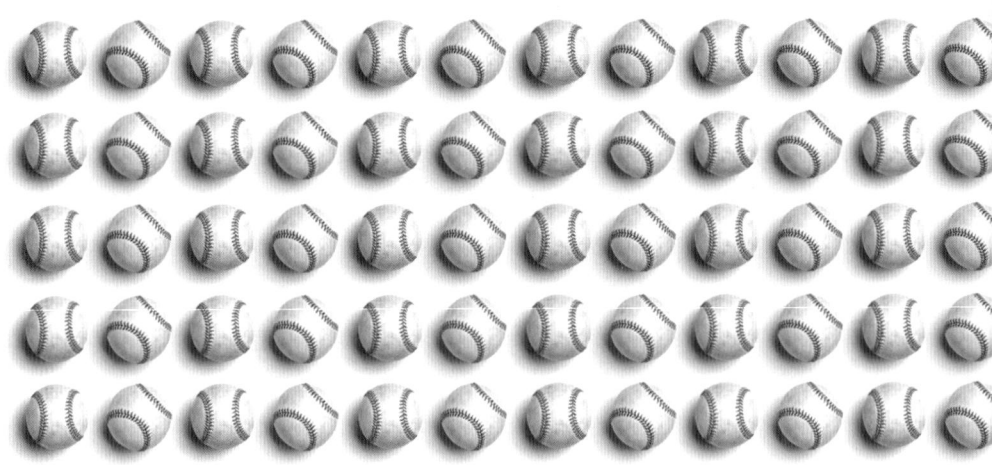

CHAPTER 7

선수생활 18년 동안 나는 거의 1만 번을 타석에 섰다.
1700번쯤 삼진을 당했고, 1800번쯤은 걸어 나갔다.
선수가 한 시즌에 500번쯤 타석에 나선다는 것을 생각해보라.
그러니까 내 선수생활 중 7년은 볼을 맞히지 않고 보냈다는 얘기다.
─미키 맨틀, 명예의 전당 외야수

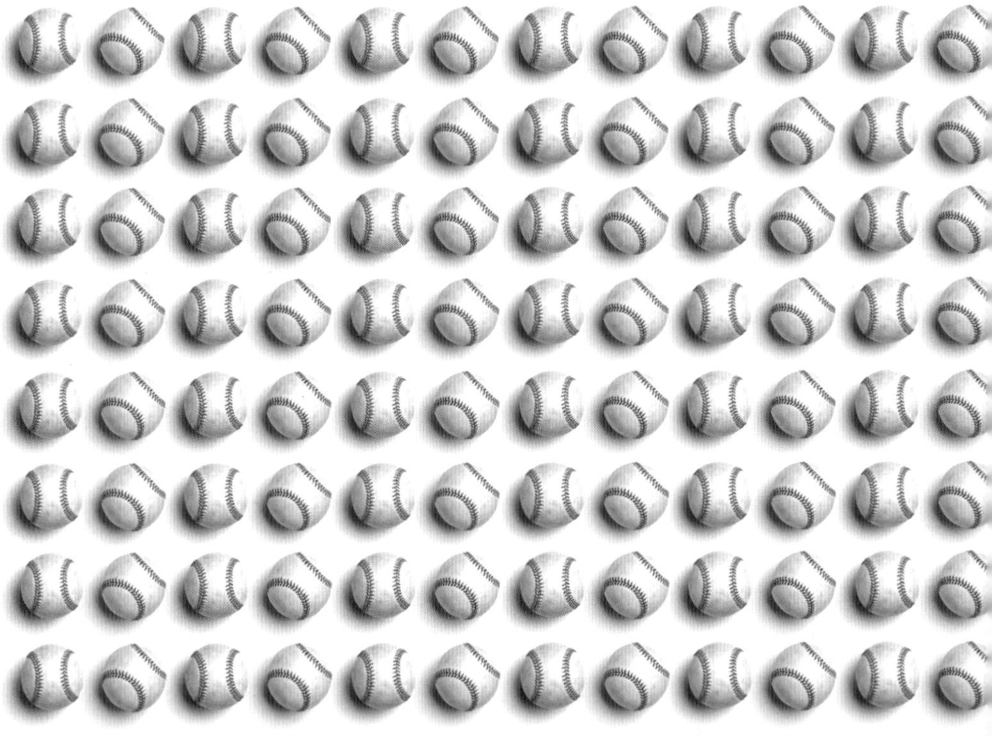

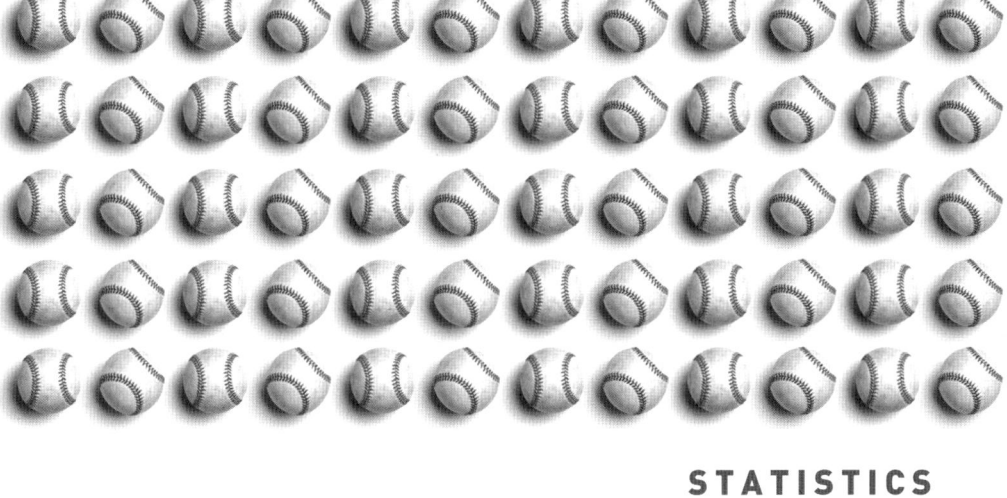

STATISTICS

기록

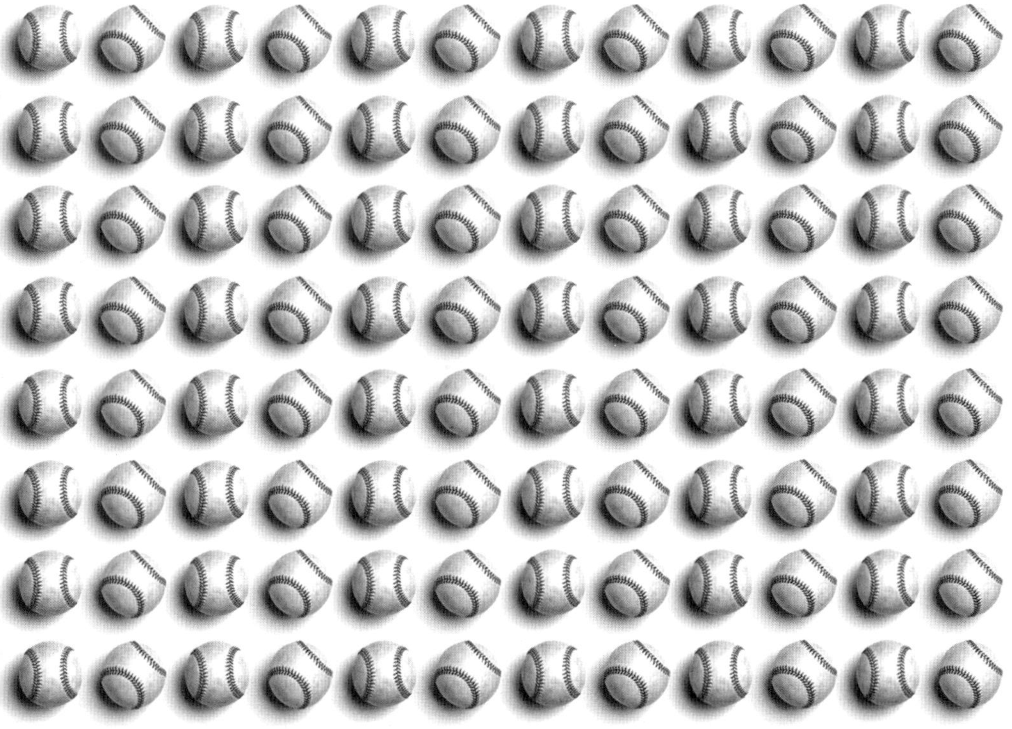

Watching Baseball Smarter

숫자 놀음

평균. 확률. 비율. 통산.
선수들이 생산해내는 것이다. 점수판은 그것을 보여준다. 감독들은 분석한다. 기자들은 기사화한다. 역사학자들은 기록한다. 야구카드에 그런 기록들이 나온다. 팬들은 기억한다. 연봉은 그 기록에 기초해서 정한다.

야구가 원래 언제나 기록에 둘러싸인 게임이긴 했지만, 숫자를 향한 열광은 1980년대 초반에 시작되었다. 골수팬이자 수학자인 빌 제임스라는 사람이 숫자를 분석하고 기록 리스트를 출판하기 시작했다. 몇 년 지나지 않아 그의 보고서는 베스트셀러가 되었고, 메이저리그의 기록 분석을 혁명적으로 바꾸어놓았다. 2002년에 레드삭스의 사장 래리 루키노는 빌 제임스를 '경기 수행능력 평가자 겸 예측가'로 고용했다.

오늘날에는 온갖 것에 대한 통계가 있다. 감독이 6월 밤경기 다음 날 낮경기에, 7회 이후 투 아웃 미만에 주자가 스코어링 포지션에 나가 있고 인조잔디에서 좌완투수를 마주하는 상황에서 평균 타율이 가장 높은 선수가 누구인지 알 필요가 있다면, 상대편 감독은 그 타자를 삼진시킬 가능성이 가장 높은 구원투수가 누구인지 알 필요가 있다.

통계의 역사

많은 사람들이 야구는 완벽하다고 생각한다. 그들은 투수 마운드까지 거리, 홈에서 1루까지 거리—각도와 모양과 라인과 규칙과 공의 크기와 더불어—가 더 이상 좋게 나올 수 없게 디자인되었다고 믿는다. 하지만 모든 것을 제대로 갖추기까지는 한 세기가 걸렸다. 프로야구 초창기에는 각양각색의 경기에 정제되지 않은 규칙이 적용되었고, 간단한 통계조차도 제대로 기록되지 않았다. 이 스포츠가 어떻게 진화해왔는지 간단히 훑어보자.

1850년대 | 전기를 발명하기 전이기 때문에 야간경기는 없었다. 경기는 어두워지면 종료되었다. 그리하여 이기고 있는 팀은 시간을 끌기가 일쑤였다고 한다. 심판은 좋은 공에도 스윙을 하지 않으며 경기를 고의로 지연시키는 타자에게 경고한 다음에야 스트라이크를 불렀다. 공은 지금보다 약간 더 컸고, 수비 팀이 원 바운드에 공을 잡으면 타자는 아웃되었다.

1860년대 | 파울 라인이 고안되었고, 부상이 나오지 않는 이상 3회가 끝난 후에는 선수 교체를 할 수 없었다. 심판은 좋지 않은 공을 던져 경기를 고의로 지연시킨 투수에게 경고하고 나서야 볼을 불렀다.

1870년대 | 홈팀이 먼저 공격했고, 타자들은 높은 공을 원하는지 낮은 공을 원하는지 요청할 수 있었다. 그리고 심판—한 경기에 단 한 명—은 플레이를 놓쳤을 경우 구경꾼들에게 도움을 구할 수 있었다.

1880년대 │ 1루로 그냥 걸어 나갈 수 있는 볼의 수가 9개에서 4개로 점차 줄어들었다. 스트라이크아웃에 필요한 스트라이크 수는 4개에서 3개로 줄었다. 히트 바이 피치를 당한 타자들은 1루로 걸어 나가는 보상을 받게 되었다.

1893년에 마운드에서 홈 플레이트까지 거리는 50피트(15.24미터)에서 현재의 60피트 6인치(18.44미터)로 늘어났다. 당연히 이 변화는 타자에게 좋은 것이었고, 모든 선수들의 기록에 영향을 미쳤다. 많은 규칙이 등장했다가 사라졌지만, 이것은 가장 중요한 변화였고, 야구의 '현대 시대 modern era'를 열어젖혔다. 여기에 현대적이며 기록의 양상을 바꾸어 놓은 변화들을 추려놓았다.

1898년 │ 과감한 베이스러닝 시도라고 해서 모두 도루로 인정하지는 않게 되었다. 가령 플라이 볼에서 태그 업을 해서 진루하거나, 1루타가 났을 때 주자가 1루에서 3루까지 가거나 하는 것은 더 이상 도루로 치지 않게 된 것이다.

1901년 │ 내셔널 리그가 파울 볼을 스트라이크로 치기 시작했다. 이로 인해 득점이 12퍼센트 줄어들었다.

1903년 │ 아메리칸 리그에서 파울 스트라이크 룰을 받아들였다. 그리하여 삼진아웃이 58퍼센트 늘어났다.

1911년 │ 중앙에 코르크를 박은 야구공을 도입하여 공격력을 더 높이게 되었다.

1920년 │ '끝내기 홈런 walk-off home run'이 승리에 필요한 최소한의 점수 대신에 홈런으로 인정받게 되었다.(이 룰이 더 빨리 생겼더라면 베이브 루스의 통산 홈런은 714개가 아니라 715개일 것이다.)

1950년 | 투수 마운드의 높이는 정확히 15인치(38.1센티미터)여야 했다.

1961년 | 정규 시즌이 154경기에서 162경기로 늘어났다.

1969년 | 세이브를 공식 기록으로 계산하게 되었고, 마운드 높이는 10인치(25.4센티미터)로 낮아졌다.

1973년 | 지명타자의 등장.*

1998년 | 메이저리그에 탬파베이 데빌레이스와 애리조나 다이아몬드백스가 합류하여 현재의 30개 팀으로 불어났다. 이로 인해 마이너리그에 있었을 선수들에게 50개의 자리가 열림으로써 플레이의 전반적인 수준이 약해졌다. 하지만 슈퍼스타들은 더 큰 성공을 거두게 되었다.

2004년 | 메이저리그는 스테로이드를 사용한 선수들을 징계하기 시작했다.

현대의 통계학자들은 다른 방식으로 계산했던 초창기의 기록을 조정하기 위해 현재의 룰을 사용해야 하는지 논쟁을 벌여왔다. 예를 들어 사구를 안타로 인정했던 1876년과 아웃으로 쳤던 1887년에 타율은 왜곡되어 있다. 일반적으로 통계학자들은 특정한 숫자를 미미하게 조정하는 것에는 동의한다. 하지만 선수들이 얻은 지 오랜 세월이 지난 상이나 타이틀을 박탈하는 것은 꺼린다.

야구의 진화는 다른 시대에 뛴 선수들을 비교하기 어렵게 만든다. 물

---

* 쓸 만한 상식 하나: 1973년 4월 6일, 양키스의 론 블롬버그는 메이저리그 최초의 지명타자가 되었다.

론 3할의 평균 타율이 뛰어남의 증거(왼손타자들에게는 기준이 3할 1푼이 되어야 할지도 모른다. 그들은 1루 쪽에 가깝게 타석에 서며 자동으로 두 발자국 더 앞에서 주루를 시작할 수 있기 때문이다.)가 된 지는 오래된 일이다. 하지만 다른 기록들은 이제 다른 식으로 평가해야만 한다.

어떤 사람들은 1968년 시즌에 1.12라는 경이적인 방어율을 세운 밥 깁슨이야말로 야구 역사상 가장 압도적인 투수라고 생각한다. 하지만 다른 사람들은 그레그 매덕스의 1994년 시즌이 방어율은 1.56이었지만 더 굉장했다고 여긴다. 이것이 내셔널 리그 평균 방어율 4.21보다 2.65점이나 낮았기 때문이다.

반면에 깁슨은 리그 평균인 2.99보다 1.87점 낮았다. 게다가 1968년에는 마운드가 12.7센티미터 더 높아서 투수들이 레버리지를 더 얻었고, 이듬해에 마운드가 낮아진 것을 감안하면 깁슨은 엄청난 이득을 챙길 수 있었다.

통산 홈런도 비교하기가 어렵다. 날이 갈수록 선수들의 장타력이 늘기 때문이다.

왜? 오늘날의 타자들은 몸무게를 올리고 더 작은 구장에서 경기하기 때문이다. 또 많은 선수들이 스테로이드를 이용한 것으로 추측되기 때문이다. 더 촘촘하게 감긴 야구공이 더 멀리 날아가기 때문이다. 심판들이 높은 공에 스트라이크 주는 것을 꺼려서 스트라이크 존이 줄어들었기 때문이다. '팀들이 늘어나서*expansion*' 투수들의 재능이 낮아졌기 때문이다. 안타깝게도, 한때는 너무나 넘기 힘든 벽이었던 500홈런이 한두 해마다 나오는 기록이 된 것이다.

팬들이 메이저리그 역사상 가장 훌륭한 홈런 타자가 누구인지 논쟁할 때 고려할 것이 아주 많다. 베이브 루스일까? 그는 '롱볼*longball*'의 개척

자였고, 1927년에는 60개의 홈런을 쳐 자신의 단일 시즌 홈런 기록을 깼다. 아니면 로저 매리스? 그는 34년 뒤 베이브 루스의 한 시즌 홈런 기록을 갈아치웠다.

하지만 그의 61번째 홈런은 정규 시즌이 162경기가 된 첫해 마지막 경기에서 터졌고, 그의 기록에는 석연치 않은 '의문의 꼬리표 asterisk'가 영원히 붙게 되었다. 아니면, 어쩌면 마크 맥과이어? 그는 최소 타석 500홈런을 달성한 선수였고, 1998년 시즌 144번째 경기에서 세운 70개의 새로운 홈런 기록은 매리스의 기록을 완전히 가려버렸다. 하지만 여기에도 의문의 꼬리표는 남으니, 그가 스테로이드 논란에 휩싸였기 때문이다. 배리 본즈는 어떤가? 2001년에 그는 맥과이어보다 홈런 3개를 더 쳤다. 하지만 같은 이유로 의심의 여지를 물려받았다. 아마도 행크 아론? 그는 '베이스를 전부 돌게 하는 공 roundtripper'을 한 시즌에 47개 이상 쳐낸 적이 없다. 그러면서도 통산 홈런을 755개나 기록했다. 왕정치가 될 수도 있을까? 그는 미국 메이저리그에서는 전혀 뛴 적이 없지만, 일본에서 868개를 쳤다. 프로야구 세계기록이다.

홈런 기록이 계속해서 다시 세워지고 있는 반면에, 다른 이정표는 점점 더 이루기 어려운 것이 되었다. 투수에게 시즌 20승이 어떤 것인지 생각해보자. 거의 한 세기 동안 그 기록은 굉장한 것이었다. 그렇다고는 해도 20승을 올리는 투수는 줄어들었는데, 팀들이 4인 선발 '로테이션 rotation'이던 것을 1980년대에 투수들의 100만 달러짜리 팔을 보호하기 위해 5인 로테이션으로 바꾸었기 때문이다. 결과적으로 투수들은 더 적은 경기에 나서게 되었기 때문에 승수를 올릴 기회도 더 줄어들었다. 이제는 범접하기 힘든 기록을 몇 가지 소개한다.

- 사이 영은 선수생활 동안 749경기에서 완투를 했다. 그의 기록은 안전하다. 왜냐하면 이제 투수들은 그 경기 수만큼 선발로 출전하려고만 해도 21시즌 이상을 거쳐야 하기 때문이다.
- 완투가 줄어든다는 것은 완봉승도 줄어든다는 뜻이다. 월터 존슨의 110경기 완봉승은 건드릴 수조차 없는 기록이다.
- 시즌 30승 투수는 아마 다시는 보지 못할 것이다. 대니 맥클레인이 1968년 시즌에 31승 6패의 기록으로 마지막 30승 투수가 되었다.(그렇다, 1968년이다.)
- 오늘날 더 작아진 구장들에서, 외야수들 사이에 떨어지는 공을 쫓기가 더 쉬워졌다. 치프 윌슨의 한 시즌 36개 3루타 기록이나 샘 크로퍼드의 통산 3루타 기록 309개를 깰 길은 어디에도 없다.

다시 달성할 수 없는 기록이 뭐가 더 있을까? 어떤 기록이 자리에서 물러날 준비를 하고 있는가? 316쪽을 펴서 통계 리스트를 보고 판단해보라.

통계의 세계

계산기를 꺼내보자. 이제 몇 가지 중요한 통계를 배워볼 시간이다. 여러 가지 공식에 쓴 각종 약어는 이 책 316쪽에 풀어놓았다.

— **출루율** on-base percentage, OBP | 타자가 얼마나 자주 베이스에 올라가는가?(이것은 계산하기 가장 까다로운 기록이다. 그러니 가장 먼저 해치우

고 넘어가자.) 선수의 안타와 볼넷과 히트 바이 피치 수를 더한다. 더해서 나온 숫자를 적어서 따로 놔둔다. 타수와 볼넷과 히트 바이 피치와 희생플라이를 더해 두 번째 숫자를 알아낸다. 첫 번째 숫자를 두 번째 숫자로 나눈다. 그것으로 출루율을 구할 수 있다.(4할이 넘으면 무조건 환상적이다.) 공식으로 쓰면 이렇다. (H+BB+HP)÷(AB+BB+HP+SF).

배리 본즈를 놓고 연습해보자. 그는 6할9리(한 시즌에 거의 61퍼센트 출루했다는 뜻이다.)로 단일 시즌 최고 출루율을 기록한 선수이다. 본즈는 2004년에 373번의 타수에 135개의 안타와 메이저리그 기록인 232개의 볼넷, 9개의 몸에 맞는 공, 3개의 희생플라이를 얻었다. 안타와 볼넷에 '몸에 맞는*beaned*' 공을 합치면 376이라는 수가 나온다. 이제 그의 타수와 볼넷과 몸에 맞는 공과 희생플라이를 더하면 617이라는 수가 나온다. 376을 617로 나누면 0.60940032415가 나온다. 간략하게 0.609로 말할 수 있는 기록인 것이다. 다음부터는 더 쉬워진다.

— 장타율 slugging percentage, SLG | 타자가 2루타 이상의 안타를 얼마나 많이 끌어냈는가? 타자가 공을 치고 나가서 밟은 베이스의 수 *total bases*(1루타를 쳤으면 베이스 하나, 2루타를 쳤으면 베이스 2개, 그런 식으로 나간다.)를 타수로 나눈다. 간단한 공식이다. TB÷AB. 하지만 총 베이스를 알아내기 위해 셈을 좀 해보아야 할 수도 있다.

베이브 루스가 6할9푼으로 통산 장타율 최고 기록을 보유하고 있다. 그는 통산 8399번의 타수에 1517개의 단타, 506개의 2루타, 136개의 3루타, 714개의 홈런을 기록했다. 한 번 타격에 밟은 베이스의 수를 모두 더하면(1517+1012+408+2856) 5793개의 총 베이스가 나온다. 그것을 총 타수인 8399로 나누면 0.68972496725가 나온다. 반올림해서 0.690이라는 수가 나오는 것이다. 이 얼마나 굉장한가? 5할을 넘기면 좋은 기록이라고 할 수 있다. 5할5푼을 넘긴 장타율은 훌륭하다고 친다. 그리고 몇 안 되는 선수들만이 한 시즌에 장타율 6할을 넘긴다.

이제 출루율과 장타율에 대해 모두 알게 되었고, 그리하여 최근에 인기 있는 통계인 OPS, 즉 '출루율 더하기 장타율'도 이해할 수 있겠다. 일반적으로 이 기록은 이미 계산되어 있을 것이다. 하지만 그게 어떻게 해서 나오는 것인지 이해한다면, 사람들에게 굉장하다는 소리를 들을 것이다. 대부분의 팬들은 희미하게나마 감도 못 잡는다.

— 도루성공률 stolen base percentage, SB% | 주자가 도루 시도에 얼마나 많이 성공하는가? 성공한 도루 수를 총 도루 시도 수(도루 수 더하기 잡힌 수)로 나눈다. SB÷(SB+CS).

이 기록의 보유자들에 대한 얘기는 나올 만큼 나왔다. 1990년대 초반 타이거스에서 전성기를 누린 육중한 장타력의 소유자 세실 필더는 13번의 메이저리그 시즌을 보내는 동안 통산 2개의 도루를 기록했다. 안타깝게도 여섯 번을 붙잡혔으니, 여덟 번 시도에 두 번을 성공한 것이다. 2를 8로 나누면 0.250이 된다. 필더가 네 번에 한 번밖에 도루를 성공하지 못했다는 뜻이다.

— 승률 winning percentage, PCT | 팀이나 투수나 감독이 얼마나 자주 이겼는가? 승리와 패배 수를 더한 것으로 승수를 나눈다. W÷(W+L).

1899년의 클리블랜드 스파이더스는 메이저리그 야구 역사상 최악의 팀이었다. 20승 134패로 시즌을 마친 것이다.(구단주들이 세인트루이스 연고권도 사면서 사이 영을 비롯해 대부분의 스타들을 그쪽으로 옮겼기 때문이다.) 승수에 패를 더하면 154가 나온다. 20을 154로 나누면 '승리' 확률인 1할3푼이 나온다.

— 수비율 fielding average, FA │ 야수가 플레이를 망치는 일 없이 얼마나 자주 완수했는가? 선수가 '직접 아웃시킨 putout' 수에 '어시스트 assist'를 더하고, 그 수를 '모든 수비 기회 total chances'(풋아웃+어시스트+에러)로 나눈다. (PO+A)÷TC.
오지 스미스는 1978년에 파드리스의 신인선수로서 264개의 풋아웃과 548개의 어시스트를 기록하는 동안 25개의 에러를 범했다. 264와 548을 더하면 812가 된다. 그 수를 그의 총 수비 기회였던 837로 나눈다. 그러면 이 오즈의 마법사가 치하받아야 마땅한 9할7푼의 수비율을 끌어냈다는 것을 알 것이다.
타율과 방어율은 너무나 중요하기 때문에, 따로 항목을 두었다. 계속 읽어 나가길 바란다.

타율

'타율 batting average, AVG'은 안타를 타수로 나누어 계산한다. 이 단순한 공식에서 어려운 부분은 무엇을 안타로 치고 무엇을 타수로 치느냐 하는 것이다. 이 항목에서 그것을 설명하려고 한다.

개막전 날이다. 당신이 가장 좋아하는 선수가 시즌 처음으로 공을 치러 나왔고, 가운데로 직선타구를 뽑아냈다. 안타다. 그는 1타수 1안타로 '10할을 치고batting a thousand' 있다. 타율은 언제나 소수점 세 자리까지 계산하므로, 현재 1.000이다.

두 번째 타석에서 그 타자는 포수에게 잡히는 뜬공을 쳤다. 이제 2타수 1안타다. 그의 타율은 5할로 떨어졌다.

다음 타석에는 오른쪽 외야 구석에 꽂히는 페어 볼을 때려냈다. 그는 베이스를 부릉부릉 돌다가 3루에서 그만 아웃되고 말았다. 2루까지는 공이 오기 전에 돌았기 때문에 여전히 2루타 인정은 받는다. 그래서 이제 3타수 2안타가 되었고, 타율이 0.66666666666666……으로 약 6할6푼7리가 된다.

네 번째 타석이다. 그는 1루로 걸어 나갔다. 이것은 안타도 아니고 아웃도 아니다. 그리하여 타율과 타수가 전과 똑같이 남는다. 그러므로 타석이라는 통계가 있는 것이다. 아나운서가 타자가 3타수 2안타를 쳤고, 또 4타석에 세 번 베이스에 출루했다고 말하는 것이다.

9회에 그는 평범한 땅볼을 유격수가 다리 사이로 빠뜨리는 에러를 저지르는 바람에 1루로 나간다. 유격수가 공을 잡았다면 아웃이 되어야 했기 때문에, 출루는 했지만 그의 기록은 이렇게 된다. 4타수 2안타. 그의 기록은 5할로 되돌아간다.

시즌 둘째 날, 타자는 볼넷으로 첫 타석을 시작했다. 그러면 지금까지 그는 2개의 볼넷에 4타수 2안타다.

원 아웃에 주자가 1루에 있는 상황에서 그가 타석에 다시 나섰고, 이닝을 끝내는 땅볼 병살타를 치고 만다. 2개의 아웃에 책임이 있다고 벌점을 더 받는 것은 아니다. 이제 그는 5타수 2안타에 4할로 타율이 떨어진다.

세 번째 타석에서는 삼진을 당했다. 이제 6타수 2안타. 시즌이 한참 설익은 시점에 그는 3할3푼3리를 치고 있다.

다음 타석에서 '홈 플레이트에 바짝 붙어 있던crowd the plate' 그가 히트 바이 피치를 얻었다. 볼넷과 마찬가지로 이것도 타수로 계산되지 않고—하지만 타석으로는 인정된다—그러므로 타율에 아무런 영향을 미치지 않는다.

세 번째 타수에 들어섰을 때는 노 아웃에 만루 상황이다. 그는 마운드로 데굴데굴 굴러가는 공을 쳤고, 1루에 살아 나갔다. 왜냐하면 투수가 3루에 있던 선행주자를 잡기 위해 홈으로 공을 던졌기 때문이다. 이것은 안타가 아니다. 야수선택이다. 그는 이제 7타수 2안타에 2할8푼6리가 되었다.

셋째 날 첫 타석에서 그는 3루수에게 잡히는 직선타구로 아웃된다. 이제 8타수 2안타에 타율은 2할5푼이다.

몇 이닝 후 원 아웃에 3루에 주자가 있는 상황에서, 그가 깊은 플라이 볼을 쳤고, 주자는 태그 업을 해서 득점을 올린다. 팀을 위해 플라이 아웃을 의도했건 아니건 간에, 희생타를 친 공로를 인정받으며 타율은 똑같이 남는다.

다음 타석에서 투 스트라이크를 먹은 그가 스윙을 했는데 땅에 떨어지는 슬라이더를 놓친다. 하지만 공이 포수를 지나쳐 뒷그물 쪽으로 굴러가버리는 바람에 1루에 안전하게 도달한다. 출루는 했지만, 이것은 여전히 스트라이크아웃으로 카운트된다. 이제 9타수 2안타에 타율은 2할2푼2리로 떨어진다.

10번째 타석에서, 그는 평범한 파울 팝업을 쳤고, 1루수가 그만 공을 떨어뜨렸다. 다음 투구에 그는 큼직한 홈런을 쳐냈다. 그가 타석에 있는 동안에 에러가 일어나기는 했지만, 그는 안타 기록을 얻는다. 이제 10타수 3안타에 타율은 3할이 되었다.

한 시즌 500타수를 치러가는 중에, 안타 하나는 2리의 가치를 가진다. 타자가 2주마다 안타 하나씩을 더 뽑아내면—3루 베이스라인을 따라가는 번트 안타건, 우익수 앞에 뚝 떨어지는 행운의 안타건 간에—그의 타율은 2푼4리가 더 올라간다. 가령 2할7푼7리와 3할1리의 차이가 어떨지 생각해보자.

마지막 4할 타자

인센티브가 걸린 계약 조항이 있는 오늘날, 많은 선수들이 팀을 돕는 것을 뒷전으로 미루는 대신 개인 기록을 위해 이기적인 플레이를 한다. 아슬아슬한 게임에서조차, 어떤 선수들은 주자를 2루에서 3루로 진루시키기 위해 오른쪽으로 공을 굴려 보내 일부러 땅볼 아웃을 당하는 짓은 하지 않으려고 한다. 왜냐하면 타율이 떨어지기 때문이다.

1980년대에 웨이드 보그스는 몇 시즌에서 마지막 경기는 출전하지 않았다. 왜냐하면 타율이 다른 선수들보다 한참 앞서서 그가 스스로 떨어뜨리지 않는 바에야 리그 선두가 보장되었기 때문이다.

반면에 테드 윌리엄스는 1941년 시즌 마지막 경기에 나서기 전 3할9푼9리6모였고, 경기에 나서지 않으면 어떻겠느냐는 권유를 받았다. 그러면 반올림해서 시즌 타율이 4할이 되기 때문이었다. 그는 말도 안 되는 소리라고 일축했고, 그날 치른 '더블헤더 *doubleheader*' 두 경기에 모두 출전해, 8타수 6안타를 쳐서 시즌을 4할6리로 끝냈다. 그는 4할을 넘긴 마지막 타자가 되었다.

타율에 관한 참고 가이드

타자가 11타수 3안타를 친다면, 잘하는 것일까? 얼른! 그의 타율은?

1타수 1안타	1.000	11타수 1안타	0.091
2타수 1안타	0.500	12타수 1안타	0.083
3타수 1안타	0.333	13타수 1안타	0.077
4타수 1안타	0.250	14타수 1안타	0.071
5타수 1안타	0.200	15타수 1안타	0.067
6타수 1안타	0.167	16타수 1안타	0.063
7타수 1안타	0.143	17타수 1안타	0.059
8타수 1안타	0.125	18타수 1안타	0.056
9타수 1안타	0.111	19타수 1안타	0.053
10타수 1안타	0.100	20타수 1안타	0.050

11타수 1안타가 9푼1리임을 안다면 계산하기가 쉽다. 거기에 3을 곱하기만 하면 되니까. 그는 2할7푼3리로 괜찮은 성적을 보인다고 할 수 있다. 여기 참고로 삼을 만한 타율 가이드가 있다.

방어율

방어율 ERA은 9이닝마다 투수가 허용한 '자책점 *earned runs*'을 측정하는 기록이다. 계산하려면, 투수의 자책점에 9를 곱하고, 그가 던진 이닝 수로 나눈다. (ER×9)÷IP.

왜 방어율은 자책점으로 매길까? 타자가 야수 에러로 베이스에 나갔고, 다음 타자가 2점짜리 홈런을 터뜨렸다고 하자. 투수가 2점을 모두 허용했다고 말하는 게 공평할까? 그렇다. 2점 다 투수의 잘못일까? 아니다. 그러므로 득점을 두 범주로 나누어야 한다. 자책점과 비자책점. 방금 든 예에서는 1점(홈런)만이 자책점이다. 그런데 여기서 또 한 가지 있다. 홈런이 투 아웃에서 나왔다면, 2점 다 비자책점이다. 에러가 없었다면 이닝이 종료되었을 것이기 때문이다.

점수가 자책인지 비자책인지 결정짓는 세 가지 룰이 있다.

- 패스트 볼로 허용한 점수는 자책점이 아니다.
- 와일드 피치 때문에 점수를 허용하면 자책점이다. 투수의 잘못이기 때문에 자책인 것이다.
- 투 아웃에 에러로 이닝이 지속된다면 그에 따라 나오는 점수는 구원투수가 등장하지 않는 이상 모두 비자책점이다. 구원투수는 스리 아웃이어야 했던 상황이라고 해서 어떤 이득을 얻지는 못한다. 그가 상대하는 타자들은 모두 그의 책임이다. 하지만 '물려받은 주자(들) *inherited runner(s)*'가 홈에 들어간다고 해서 그의 방어율이 피해를 입는 일은 없다. 그런 경우에는 출루를 허용한 앞 투수에게 책임이 간다.

기록

점수가 자책에 의한 것인지 비자책인지 대번에 알아볼 수 없는 때도 있다. 사후에 어떤 일이 일어났는지에 달린 경우가 있기 때문이다. 포수가 투구를 빠뜨려서 3루주자가 득점하고, 다음 타자가 내야안타로 1루에 나간다면, 이 점수는 자책점이 된다. 왜냐하면 패스트 볼이 아니었어도 득점이 났을 것이기 때문이다. 하지만 그 다음 타자가 플라이 아웃되어 이닝이 끝난 경우라면, 점수는 비자책점이 된다. 왜냐하면 포수의 실책이 아니었다면 나지 않았을 점수이기 때문이다.

방어율에 관한 참고 가이드

만약 투수가 6이닝을 끝내고 7이닝에 들어갔는데 아웃을 하나도 잡지 못한 상태에서 5점을 허용했다면 그의 방어율은 어떻게 되는가?

0.1이닝에 1자책점 = 27.00	3.1이닝에 1자책점 = 2.70	6.1이닝에 1자책점 = 1.42
0.2이닝에 1자책점 = 13.50	3.2이닝에 1자책점 = 2.45	6.2이닝에 1자책점 = 1.35
1이닝에 1자책점 = 9.00	4이닝에 1자책점 = 2.25	7이닝에 1자책점 = 1.29
1.1이닝에 1자책점 = 6.75	4.1이닝에 1자책점 = 2.08	7.1이닝에 1자책점 = 1.23
1.2이닝에 1자책점 = 5.40	4.2이닝에 1자책점 = 1.93	7.2이닝에 1자책점 = 1.17
2이닝에 1자책점 = 4.50	5이닝에 1자책점 = 1.80	8이닝에 1자책점 = 1.13
2.1이닝에 1자책점 = 3.86	5.1이닝에 1자책점 = 1.69	8.1이닝에 1자책점 = 1.08
2.2이닝에 1자책점 = 3.38	5.2이닝에 1자책점 = 1.59	8.2이닝에 1자책점 = 1.04
3이닝에 1자책점 = 3.00	6이닝에 1자책점 = 1.50	9이닝에 1자책점 = 1.00

194쪽의 도표를 이용해서 빠르게 알아내보자.

그저 1.50에 5를 곱하기만 하면 7.50이라는 수치가 나올 것이다. ('0.1'이 이닝의 1/3을 던진 것이고 '0.2'는 2/3를 던졌다는 것을 명심하라. 즉 한 이닝에서 각각 아웃 하나와 아웃 2개를 잡았다는 뜻이다.)

극과 극의 투수 기록

선발이든 구원이든 투수가 나오면, TV 화면은 그의 기록으로 가득 찬다. 등판 횟수, 승패 기록, 세이브, 방어율, 투구 이닝 수, 허용한 안타 수, 볼넷, 삼진 개수 등이 화면에 펼쳐지는 것이다. 고려할 게 너무나 많은데 어떻게 평가를 내릴 수 있을까? 2006년 시즌 두 투수의 기록을 분석해

기록	고려할 점
게임 35	5인 선발 로테이션에서 나올 수 있는 모든 경기에 출장.
승패 16-9	0.640의 승률은 최고 수준이다. 수위를 다투는 팀의 승률이 6할 정도이다.
세이브 0	당연히 세이브는 없다. 그는 이제 선발투수다. 마무리가 아니다.
방어율 3.49	나쁘지 않다. 방어율이 4.00 이하면 쓸 만하다. 하지만 3.00 아래는 환상적이다.
이닝 수 232	200이닝 이상 던졌다는 것은 꾸준했다는 뜻이다. 그는 경기당 평균 6.20이닝 가까이 던졌다.
피안타 221	이닝당 1안타 이하면 잘해냈다는 뜻이다.
볼넷 55	9이닝당 2.1개의 볼넷은 뛰어난 성적이다. 삼진과 볼넷의 비율도 살펴볼 것.
삼진 211	일반적으로 삼진/볼넷 비율이 2:1만 되어도 잘한 것으로 친다. 그가 기록한 3.8:1은 아주 훌륭하다. 1이닝당 삼진 하나 이상을 잡는 투수는 드물다. 스몰츠는 그 기록에 꽤 근접했다.

기록	고려할 점
게임 74	많은 출장 수다. 그래서? 그는 구원투수이다.
승패 1-9	떠오르는 단어는? 마이너리그.
세이브 24	24 꽤 괜찮은 수치다. 그러나 또한 아홉 번의 세이브 기회를 날렸다. 아이쿠!
방어율 4.80	형편없다. 하지만 2003년의 악몽 같은 6.54보다는 훨씬 낫다.
이닝 수 75	절대로, 얼마나 많은 이닝을 던졌는지로 구원투수를 평가하지 말라.(비록 100이닝이라면 아주 많지만)
피안타 77	재앙 수준은 아니다. 하지만 이닝당 1피안타 이상이 어디 가서 뽐낼 일은 아니다.
볼넷 36	거의 2이닝당 1개의 볼넷이라면, 그다지 좋지 않다.
삼진 67	삼진/볼넷 비율이 1.9 : 1이라고? 그런다고 위안이 되는가?

보자. 명예의 전당에 들어가지 못할 리가 만무한 존 스몰츠부터 시작하겠다.

이제 많은 사람들, 특히 시카고에서 잊고 싶어하는 구원투수 라이언 뎀스터의 2006년 기록이다.

구원

《스포팅 뉴스》는 1960년 각 리그에서 최고의 구원투수를 뽑는 올해의 '소방수' 상을 만들었다. 1976년에는 제산제 제조업체인 롤레이즈에서, 더 인기를 끈 롤레이즈 구원상을 제정했다. 오늘날에도 이름 높은 롤레이즈상은 다음 기준 아래 가장 높은 점수를 획득한 투수에게 돌아간다.

가점	감점
터프 세이브tough save에 4점	블론 세이브에 2점
기타 세이브에 3점	패전에 2점
승리에 2점	

    2003년에 에릭 가니에는 165점으로 최고 점수 기록을 세웠다. 최소 점수(파업으로 경기 수가 줄었던 1981년에 브루스 서터가 기록한 51점을 제외하고) 수상은 명예의 전당 입성 투수 롤리 핑거스가 1980년에 기록한 59점이다. 그때는 채점 기준이 오늘날만큼 후하지 않았다.

    하지만 잠깐. 도대체 세이브가 무엇인가? 아래의 세 가지를 충족한 구원투수에게 돌아가는 기록이다.

- 팀이 이기는 경기를 마무리한다.
- 그는 승리투수가 아니다.
- 다음 세 가지 조건 중 하나를 만족시켜야 한다.
    1. 3점 이하로 리드하는 상황에 등판해서 최소 1이닝 이상을 던진다.
    2. 베이스나 타석, 혹은 대기타석에 잠재적인 동점 주(타)자가 있을 때 등판해서 경기를 지킨다.(다른 말로 하면, 5점 차이인데 만루에 마운드에 오르고, 4점 차이인데 주자가 2명 나가 있는 상황에 등판한다는 식이다.)
    3. 3이닝 이상을 던져 경기를 마무리하면 몇 점 차 리드에 나왔어도 세이브가 성립한다.

공식기록원

리틀 리그에서는 수비에 대해 눈감고 지나가는 것이 많다. "글러브에 공이 닿지 않았으면 에러도 아니다." 이것이 구실이다. 맞다. 쭉 뻗은 글러브 뒤로 쌩 하고 날아가는 타구는 에러가 아니다. 하지만 평범한 팝업이 야수의 발밑에 뚝 떨어졌는데 타자가 안타 기록을 갖는 것이 이치에 닿는가? 아니다.

메이저리그에서 '보통의 노력'으로 다룰 수 없는 플레이는 안타로 판정받는다. '보통'이라는 것이 어느 정도이며 누가 그것을 결정하는가? 공식기록원이다. 홈팀이 선택하고 메이저리그가 승인하는 이 기록원은 경기를 쉬지 않고 쫓으며, 어떤 기록 범주에 들어가야 할지 결정하고 경기당 130달러를 받는다.

어떤 플레이를 에러로 매기려면, 다음 중 적어도 하나로 이어지는 물리적인 실책이 반드시 있어야 한다.

- 타자가 타석에 더 오래 남는 경우.(수비 팀이 파울 뜬공을 떨어뜨리면, 타자는 있어야 하는 것보다 타석에 더 오래 서 있는 셈이 된다.)
- 타자가 아웃되었어야 할 마당에 베이스에 도달하는 경우.(예를 들어 외야수가 쉬운 플라이 볼을 땅에 떨어뜨려서.)
- 주자가 진루하기 어려운 상황에서 진루하는 경우.(예를 들어 중간 쪽을 향하는 단타가 나왔는데, 중견수가 공을 잡아 던지고 내야수가 놓쳐버린다. 1루에 머물러야 할 타자가 2루까지 간다. 이것은 우선 안타, 그다음 에러로 기록된다.)
- 주자가 원래 운명보다 더 오래 살아남는 경우.(주자가 런다운에 걸렸다. 송구가 그를 앞서 베이스에 닿았다. 그런데 야수가 떨어뜨렸다. 주자는 세이프다.)

누구에게 벌과를 주어야 할지 기록원이 가이드로 삼는 내용이 다음에 있다.

- 땅볼이 불규칙 바운드가 되었다. 이것은 안타다.
- 외야수가 태양을 곧바로 바라보느라 플라이 볼을 떨어뜨렸다. 이것은 안타가 될 수도, 에러가 될 수도 있다.
- 야수가 플레이에 늦게 대처했지만(이를테면 공을 쫓는 데 실패하거나) 물리적으로 더듬거린 것은 없다면, 그것은 안타다.
- 머리가 깜빡해서 저지르는 에러(베이스 커버를 까먹는다든지)는 기록되지 않는다. 하지만 이 야수는 팬들의 야유와 감독의 꾸지람을 받는다.
- 더블 플레이에서는 에러가 기록되지 않는 것으로 한다.* 중간내야수가 이미 원 아웃을 잡고 나서 완벽하게 송구했는데, 1루수가 공을 떨어뜨려 1루에서 타자가 세이프된 경우 1루수에게 에러가 부과되지 않을 수도 있다.
- 송구가 타깃에 도달하기 전에 잡을 수 있는 범위 밖으로 날아가거나 바운드된다면, 에러는 송구한 야수에게 간다.(같은 룰이 투수가 와일드 피치를 했느냐, 포수가 패스트 볼을 저질렀느냐를 결정할 때 적용된다.)
- 평범한 플라이 볼이나 팝업이 입을 못 맞춘 여러 야수들 사이에서 땅에 떨어지고 말면, 안타가 될 수도 있고 공 가장 가까이 있던 야수에게 에러가 부과될 수도 있다.

....
＊ 저자의 의견: 이것은 멍청한 룰이다.

기록원이 기록을 계산하는 데 도움이 되는 몇 가지 룰이 있다.

- 투수가 불리한 볼 카운트에 처하고 나서 타자를 고의로 걸러 보내려고 결정한다면, 그것은 고의사구로 계산한다.
- 주자가 견제구에 걸렸을 때, 그의 발걸음이 다음 베이스를 향하고 있었다면 도루 저지로 기록한다.
- 더블 스틸 시도에서 한 주자가 아웃되면, 다른 주자는 진루에 성공했다고 해도 도루로 계산하지 않는다.
- 더블 플레이나 에러에서 득점이 났을 경우, 타자는 '타점 run batted in, RBI'을 인정받지 않는다. 만루 상황에서 볼넷이나 히트 바이 피치를 얻었을 때는 타점을 인정받는다.
- 야수가 막은 볼이 튀어 그의 동료에게 가서 동료가 아웃시켰다면, 첫 번째 야수가 어시스트 점수를 얻는다. '외야수가 컷오프 맨에게 성공적으로 송구하고 hit the cutoff man', 컷오프 맨이 공을 던져 주자를 아웃시키면, 양 선수 다 어시스트를 기록한다.
- 대타가 나오기로 하고 그가 홈 플레이트에 들어서기 전에 다시 교체되면, 그는 여전히 게임에 출장한 것으로 여긴다.(이런 일은 생각보다 많다. 감독들이 여러 투수와 타자를 두고 왼손-오른손 이점을 저울질하는 동안 일어나는 일이다.)
- 감독은 퇴장을 당하는 경우에도 승패 기록은 받는다.

안타깝게도 야구판의 정치가 공식기록원의 일을 침해하기도 한다. 선수들과 코치들이 언짢음을 표시하기 위해 이닝 사이나 게임 후에 그를 호출할 뿐만 아니라(극단적인 경우에는 필드에서 그에게 불쾌한 제스처를 취하기도 한다), 어떤 선수에게는 애매모호한 경우에 유리한 기록을 주도록 내몰릴 수도 있다. 만약 홈팀의 투수가 경기 막바지까지 '안타를 하나도 내주지 않았는데no-hitter', 안타인지 에러인지 정하기 애매한 상황이 벌어진다면, 기록원은 말할 것도 없이 투수의 업적이 손상되지 않도록 처리해야 한다는 압박감에 시달릴 것이다. 아니면 '연속안타 기록hitting streak'을 연장해 나가려면 안타 하나가 필요한 타자가 마지막 타석에 섰고, 이렇게 판정해도 저렇게 판정해도 꼭 틀리지는 않은 상황이라면 타자의 손을 들어줘야 한다고 느낄 수 있다. 하지만 걱정 말자. 기록원이 홈팀에 편파적으로 유리한 결정을 내렸다는 자책감이 들면, 그 결정을 뒤집을 시간이 24시간 있으니까 말이다.

게임 따라잡기

게임의 진행을 머릿속에 잘 새겨두는 가장 좋은 길은 구체적인 상징과 약자를 써서 구장에서 일어나는 일을 일일이 적는 것이다. 그것을 '스코어 기록해두기keep score'라고 부른다. 꼭 해야 하는 일은 아니다. 사실 대부분의 팬이 하지 않는다. 팬들은 기록하는 방법을 모르거나, 그저 그런 것에는 상관하지 않는다. 그럴 이유가 반드시 있는 것도 아니다. 그러니 이 항목은 그냥 지나쳐도 거리낄 것이 전혀 없다.

아니면 계속 읽어 나가자. 경기의 진행 사항을 메모하는 사람들은 모두 약간씩 다른 방법을 사용한다. 만약 해보고 싶다면, 가장 쓸 만한 시스템을 찾을 때까지 이것저것 건드려볼 수 있다. 그러나 어떤 상징들은 누구에게나 통용된다. 가령 수비 위치를 표현하는 숫자와 플레이를 가

포지션		약어	
1 = 투수	단타 = 1B	판정(루킹) 삼진 = K	플라이 아웃 = F
2 = 포수	2루타 = 2B	패전에 2점	팝 아웃 = P
3 = 1루수	3루타 = 3B	와일드 피치 = WP	에러 = E
4 = 2루수	홈런 = HR	패스트 볼 = PB	더블 플레이 = DP
5 = 3루수	볼넷 = BB	희생번트 = SAC	트리플 플레이 = TP
6 = 유격수	고의사구 = IBB	희생플라이 = SF	보크 = BK
7 = 좌익수	도루 = SB	히트 바이 피치 = HP	어시스트 없음 = U
8 = 중견수	도루 저지 = CS	야수선택 = FC	수비 무관심 = DI
9 = 우익수	헛스윙 삼진 = K	직선타구 아웃 = L	견제구 = PK

리키는 약자 몇 가지가 그렇다.

예를 들어 타자가 투수 땅볼로 물러나면, '1-3'이라고 적어서, 투수가 1루에 공을 던져 타자가 아웃되었음을 표시한다. 1루로 땅볼을 쳤는데, 1루수가 잡아서 직접 베이스를 밟아 아웃시킨다면 '3U'라고 적는다. 타자가 단타를 치면, 홈에서 1루로 가는 길을 그려넣고 '1B'라고 그 옆에 적는다. 그가 와일드 피치에 2루로 진루하면, 1루에서 2루로 가는 길을 그리고 'WP'라고 적는다. 포수가 번트 타구를 잡아서 3루로 가던 그를 아웃시키면, 2루에서 3루로 가는 길에 슬래시 표시를 하고 '2-5'라고 적는다. 주자가 득점하면 다이아몬드 전체를 그리고, 그 안을 색칠한다.

매 이닝 후마다 안타와 득점과 에러와 잔루 수를 적는다. 경기가 끝난 후에는 총계를 계산해본다. 당신이 선택한 방법으로 타점을 기록한다.(어떤 사람들은 선수 이름 옆에 작게 체크해두는 것을 좋아한다.) 그리고 스

	1회		라인업	포지션	1회	2회	3회
에르난데스	우익수 직선타구 아웃		에르난데스	SS	L9	BK/SB/E-6	
곤살레스	히트 바이 피치		곤살레스	2B	S-4/HP	F7	
로드리게스	3루 땅볼, 3루수가 2루에 공을 던져 선행주자를 포스 아웃시킴.		대타 타바레스(2)				
			로드리게스	RF	/FC		
라미레스	루킹 삼진.		라마레스	LF	K		
	2회		페르난데스	C		◆ 1B	
페르난데스	단타.		마르티네스	3B		SAC 3-4	
마르티네스	1루수 쪽으로 희생번트를 댐. 2루수가 1루에서 송구를 잡아 그를 아웃시킴.						
오르도네스	홈 플레이트 앞에 떨어져 '회전력을 잃고 천천히 구르는 땅볼 squibber'을 침. 포수가 공을 잡아 그를 태그 아웃시킴.		오르도네스	1B		2u	
이바녜스	고의사구를 얻음		이바녜스	CF		◆ IBB	
베니테스	3점 홈런을 침.		베니테스	P		◆ HR	
에르난데스	유격수 실책으로 1루 출루, 2루 도루 성공, 투수 보크에 3루까지 감.		TOTALS	RUNS	0	3	
타바레스	곤살레스의 대타. 좌익수 플라이 아웃.			H E LOB	0 0 1	2 1 1	

    코어 카드에 있는 박스에 모든 투수의 기록을 적어 넣는다. 그 밖에도 기억해두고 싶은 것이 있으면 다 표시한다.

    한 이닝에 '타자가 일순하면 *bat around*', 줄을 긋고 표 꼭대기에 몇 이닝인지 써서 적을 공간을 더 마련한다. 교체 선수가 나오면, 새 선수의 이름을 경기에서 물러난 선수 이름 아래 적는다. 새 선수가 몇 회에 경기에 출전했는지도 적는다. 샘플 스코어 카드를 읽어보자.

박스 스코어 읽기

박스 스코어는 경기 내용을 통계적으로 간추려 압축한 것이다.

파트 1

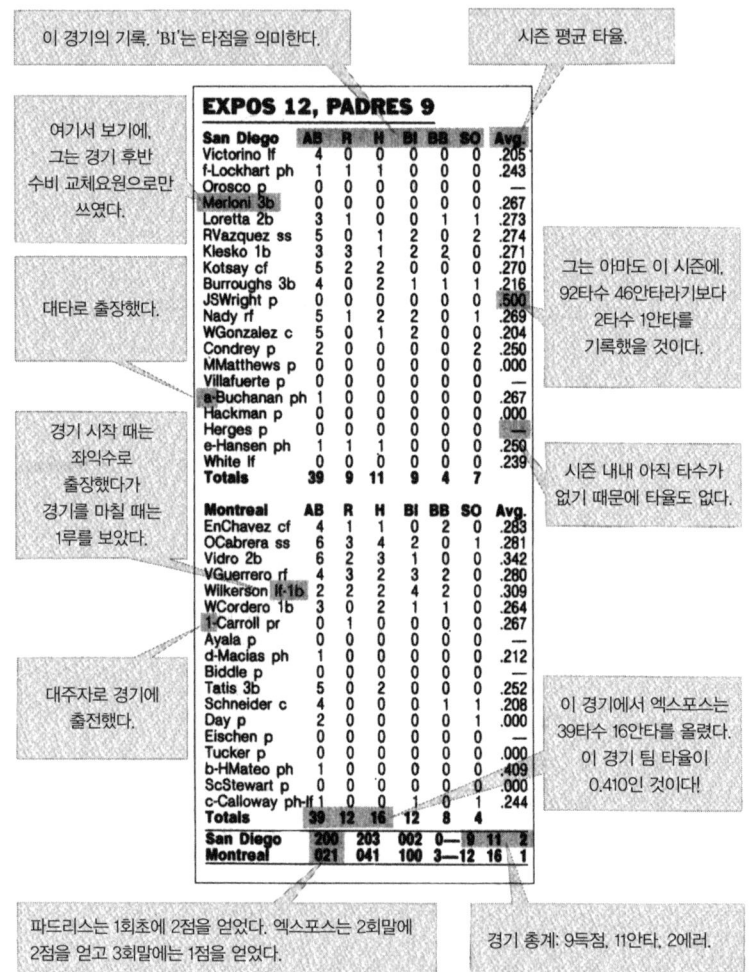

온라인과 신문에서 이 박스 스코어를 볼 수 있다. 아니면 그런 박스 스코어(이 항목까지 해서) 같은 건 전부 무시해버릴 수도 있다. 하지만 어떻게 읽는지 배우고 싶다면—이름과 숫자와 약어가 섞인 기이한 잡동사니 틈을 메울 단서를 알고 싶다면—아래 박스 스코어를 살펴보고 옆에 달린 메모도 함께 읽어보자.

파트 2

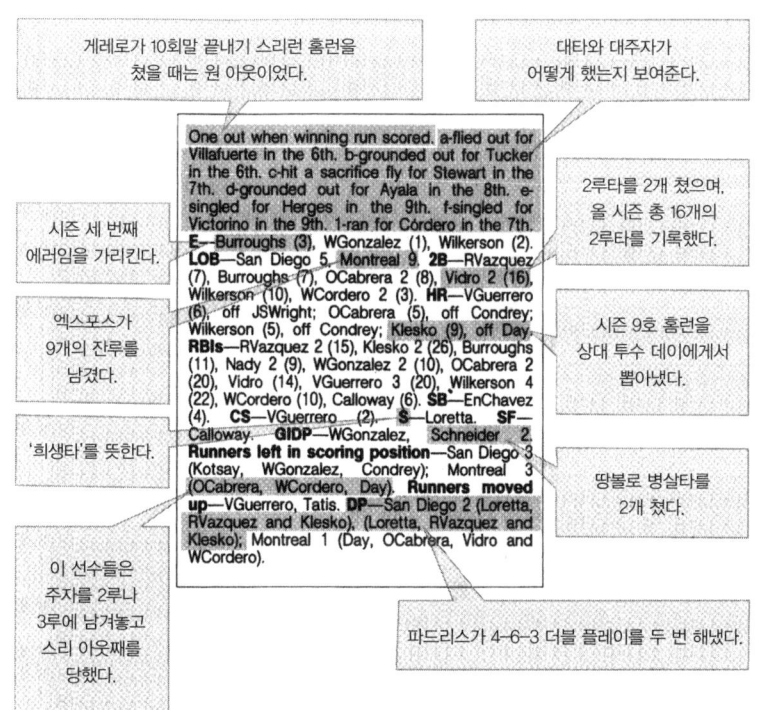

파트 3

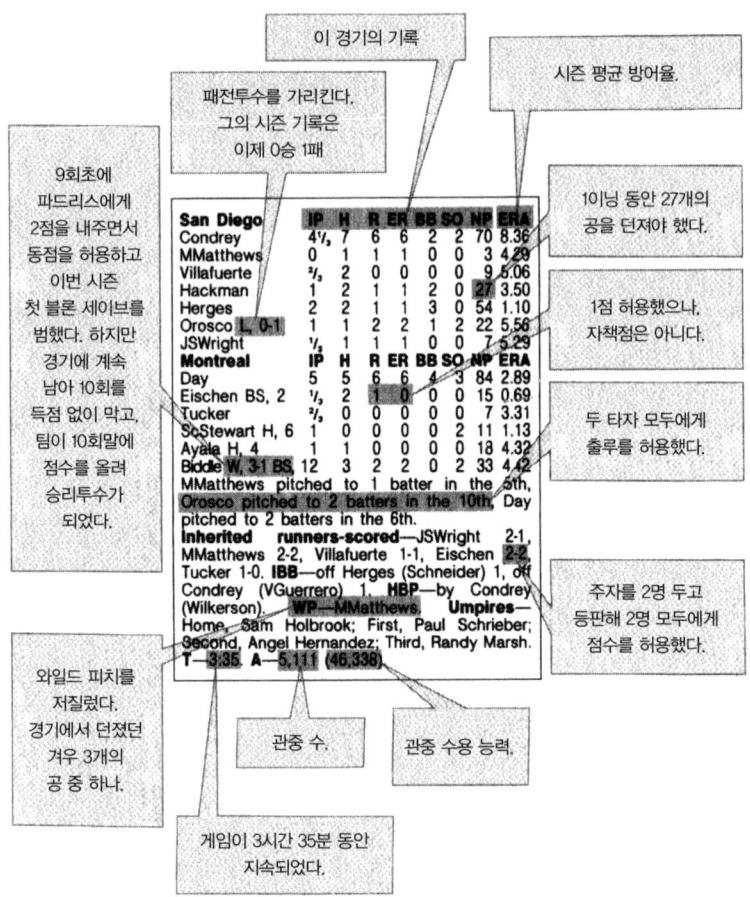

리그 선두 타이틀의 자격

윌리 맥기는 1990년에 614타수에 199안타를 때리고 3할2푼4리의 타율을 기록하며 시즌을 마쳤다. 에디 머레이가 3할3푼, 데이브 매거댄이 3할2푼8리, 레니 다익스트라가 3할2푼5리로 시즌을 마쳤음에도 불구하고, 맥기가 3할3푼5리의 타율로 내셔널 리그 타격왕에 올랐다.

이게 어떻게 가능한 일인가? 카디널스가 맥기를 오클랜드 에이스로 트레이드했을 때, 그는 501타수 168안타(3할3푼5리)였다. 에이스에서 뛰면서 시즌 나머지 29경기에서 그가 거둔 성적은 113타수 31안타(2할7푼4리)였다. 선수가 리그를 바꾸면 그의 기록은 재시작하기 때문에, 맥기가 미국 서부 해안에 있는 새 팀으로 옮기자 그의 내셔널 리그 기록은 동결되었다. 시즌을 완전히 마치지도 않았으면서 내셔널 리그 '타격왕batting crown'을 탈 자격이 있는가?

그렇다.

한데 시즌 첫 두 경기에 나와 8타수 5안타를 기록하고 트레이드되거나 부상당한 선수가 있다면, 그는 6할2푼5리의 타율로 리그 선두가 될 것인가? 만약 한 타자를 아웃시키고 그해 시즌을 마감한 투수가 있다면, 그는 방어율 0으로 모든 투수들 위에 올라서는가?

둘 다 아니다.

공격률(타율, 장타율, 출루율, 출루율+장타율, 타수당 홈런 등)에서 리그 선두 자격을 얻으려면, 타자는 팀이 치르는 경기마다 최소한 평균 3.1회는 타석에 들어서야만 한다. 한 시즌 162경기에서는 502타석을 의미한다. 맥기의 타수는 501회밖에 되지 않았지만, 거기에 38개의 볼넷과 2개의 희생플라이, 1개의 히트 바이 피치를 타석으로 더해 계산한 것이다.

한편, 투수는 팀이 치르는 경기당 최소한 평균 1이닝을 뛰어야만 방어율, 출루 허용률, 9이닝당 삼진 순위에 오를 자격을 갖출 수 있다.

선수가 같은 리그 내에서 트레이드되면 그의 기록은 새로 매기지 않는다. 각각의 팀에서 기록한 것들이 따로따로 적힌 그의 야구카드 뒷면만 제외하고는 말이다. 그 면은 언제나 보기에 흥하다.

놀라운 업적들

야구를 관람하면서 맛보는 즐거움 가운데 하나는 어느 순간에라도 무언가 역사적인 장면을 목도할 수 있다는 것이다. 미래의 명예의 전당 선수가 이정표가 되는 기록에 도달할 수도 있고, 아니면 이 팀 저 팀 떠돌아다니는 '저니맨journeyman'이 단 하나의 플레이로 아찔한 감동의 순간을 안겨줄 수도 있다. 어떤 일이 벌어질지는 알 길이 없다.

그러니 주의를 기울여 이 놀라운 업적들을 세우는 순간들을 지켜보자.

퍼펙트 게임 | 투수가 이룰 수 있는 궁극의 업적이다. 퍼펙트 게임은 투수가 마주칠 수 있는 최소수의 타자(9이닝 동안 27명)를 상대하고, 그 누구도 베이스에 올라가는 것을 허용하지 않은 채 경기를 완수하는 것을 뜻한다. 퍼펙트 게임은 하도 드물어서, 10년에 한두 번 나올까 말까 한다. 그리고 포스트시즌에는 오로지 1명의 투수만이 이 업적을 달성했다. 1956년 월드시리즈 5차전의 돈 라슨이었다. 연장전에 들어가 주자를 허용하기 전까지 퍼펙트 게임을 한 투수들도 있다.

1959년에 하비 해딕스는 연장 13회까지 버텼다. 1917년에 베이브 루스(그는 잘나가는 투수로 선수생활을 시작했다)는 첫 타자를 볼넷으로 보내고 심판에게 격렬하게 항의하다가 퇴장당했다. 어니 쇼어가 루스 대신 등판해서 도루를 시도하던 주자를 잡아내고, 나머지 26명의 타자를 모두 아웃시켰다. 퍼펙트 게임일까?

어쩌면. 그래도 석연치 않은 퍼펙트이다.

노히트 게임 | 투수가 안타를 하나도 허용하지 않고 완투하는 것을 노히트 게임이라고 부른다.

퍼펙트 게임과 다른 점은, 타자들이 볼넷을 얻어도 되고, 히트 바이 피치를 얻을 수도 있으며, 에러에 출루할 수도 있고, 희생번트를 댈 수도 있으며, 도루, 심지어는 점수까지 허용해도 기록으로 남는다는 것이다.*그래도 한 시즌에 보통 한두 번밖에 나오지 않는 것이 노히트 게임이다. 놀런 라이언이 일곱 번의 노히트 게임 기록을 보유하고 있고, 샌디 코팩스가 네 번을 기록했다. 1938년에 조니 밴더 미어는 2경기 연속 노히트 게임을 따낸 유일한 사나이가 되었다. 2003년에 애스트로스의 선발 로이 오스왈트가 부상으로 2회에 마운드를 내려왔는데—굳이 알고 싶다면, 사타구니에 쥐가 나서—그 경기에 등판한 6명의 투수들은 양키스를 상대로 노히트 게임을 합작해내는 기록을 세웠다.

---

* 1990년에 양키스의 투수 앤디 호킨스는 화이트삭스를 상대로 노히트 게임을 기록했으나 8회에 일이 얼크러지는 바람에 4:0으로 패했다. 3루수 마이크 블로어스가 새미 소사의 땅볼을 더듬거렸고, 호킨스가 주자 2명에게 볼넷을 내주어 만루가 되었다. 그러더니 외야수인 짐 레이리츠와 제시 바필드가 플라이 볼을 2개 연속으로 놓치는 바람에 총 4점을 허용했다. 이것은 투수가 노히트 게임을 기록하고도 가장 큰 점수 차로 패배한 경기이다.

사이클 히트 | 노히트 게임보다 아주 약간 자주 나오는 기록으로, 타자가 '1루타, 2루타, 3루타, 홈런을 한 경기에서 모두(순서대로일 필요는 없다) 쳐내는 hit for the cycle' 기록이다. 2명의 선수가 이 위업을 세 번 달성했다. 밥 뮤젤과 베이브 허먼*이 그들이다. 1931년에 허먼은 한 시즌에 사이클 히트를 두 번 기록한 유일한 선수가 되었다.

한 게임에 4홈런 | 1999년에 마셜 맥두걸이라는 대학선수가 한 경기에서 홈런 6개를 때려냈다. 메이저리그 기록보다 2개가 더 많은 기록이었다. 한 경기에 4개의 홈런을 친 15명의 메이저리거 가운데, 6명은 그 기록을 달성하는 데 딱 네 타수만 걸렸다. 연속으로 벌어진 두 경기 합쳐 '홈런 tater' 5개를 때려낸 타자는 20명이 넘는다. 하지만 더블헤더에서 홈런을 5개 쳐낸 선수는 스탠 뮤지얼(1954년)과 네이트 콜버트(1972년)뿐이다.

인사이드파크 홈런 | 이 홈런은 옛날에는 흔했다. 왜냐하면 구장이 더 넓어서 갈 길 잃고 떨어진 공이 구르기를 멈추는 데 한참 걸렸기 때문이다. 오늘날에는, 시즌에 한 번이나 두 번만 봐도 운이 좋은 것이다. 나온다고 해도, 에러로 판정받을 만큼 나쁘지는 않은 서툰 플레이의 결과일 뿐이다.(외야수가 뚝 가라앉는 직선타구를 쫓아 글러브를 댔다가 헤매고, 공이 펜스까지 내내 굴러가버리는 것이다.)

1899년부터 메이저리그 선수생활을 시작한 샘 크로퍼드가 한 시즌

------

* 베이브 허먼은 베이브 루스가 아니다. 이 둘은 다른 사람이다. 사람들은 곧잘 헷갈린다. 베이브 루스의 중간 이름이 허먼이었기 때문이다.

최다 기록(12개)과 통산 기록(51개)을 보유하고 있다. 한 경기에 두 번 인사이드파크 홈런을 기록한 마지막 선수는 그레그 개그너로, 그는 이 기록을 1986년에 세웠다. 행크 에런은 전체 선수생활 중 단 한 번 인사이드파크 홈런을 기록했다.

도움 없는 트리플 플레이 | 대개는 1년에 한두 번 정도 트리플 플레이가 나오는데, 송구 없이 이루어지는 트리플 플레이는 지금까지 통틀어 10개 남짓밖에 되지 않는다. 이것을 도움 없는 트리플 플레이라고 부르는데, 이렇게 되는 플레이다.

노 아웃에 주자가 1루와 2루에 있고, 그들이 2루와 3루로 출발한다. 중간내야수 1명이 포수의 공을 받기 위해 2루로 쇄도하는 찰나, 타자가 바로 그를 향해 한가운데로 라인 드라이브를 날린다. 그는 타구를 잡고,(원 아웃) 2루를 밟아서 3루로 향하던 주자를 포스 아웃시키며,(투 아웃) 1루에서 자신을 향해 달려오던 1루주자를 태그해서 아웃시킨다.(스리 아웃) 2명의 1루수가 도움 없는 트리플 플레이를 해냈다.

1923년의 조지 번스와 1927년의 조니 노인이다. 나머지는 모두 2루수나 유격수가 만들어낸 플레이다.

30/30 클럽 | 한 시즌에 30개 이상의 홈런과 30개 이상의 도루에 성공한 선수들을 일컫는다. 대단한 기록인데, 그런 수치에 도달할 만한 스피드와 힘을 동시에 갖춘 선수들은 극소수에 지나지 않기 때문이다. 1922년의 켄 윌리엄스를 시작으로 30명쯤 되는 선수들이 이 위업을 이루었다. 바비 본즈와 그의 아들 배리 본즈가 각각 다섯 번의 30/30 클럽 가입 기록을 공유하고 있다.

1988년에는 호세 칸세코가 최초로 40/40을 달성했고, 그후에 3명의 선수가 같은 클럽에 합류했다. 1996년의 배리 본즈, 1998년의 알렉스 로드리게스, 2006년의 알폰소 소리아노가 그들이다. 단 6명만이 통산 300/300을 달성했다. 윌리 메이스, 바비 본즈, 안드레 도슨, 레지 샌더스, 스티브 핀리, 배리 본즈가 그들인데, 그중에서 배리 본즈는 500/500을 이룩했다.

타격 3관왕 │ 실제로 주는 상보다도 더 영광스럽게 여기는 이 타이틀은 한 시즌에 홈런, 타점, 타율에서 모두 선두(혹은 공동 1위)를 차지한 선수에게 돌아간다. 힘과 정확성을 동시에 갖춘 선수들은 너무나 적기에, 1967년의 칼 야스트렘스키 이래로 나오지 않은 기록이다.(내셔널 리그에서 이 타이틀을 따낸 마지막 선수는 1937년의 조 '더키' 메드윅이다.) 로저스 혼스비와 테드 윌리엄스, 두 선수만이 이 타이틀을 두 번씩 차지했다.

투수 3관왕 │ 다승, 삼진, 방어율 1위(혹은 공동 1위)에 오른 투수에게 돌아가는 타이틀이다. 4명의 투수들이 2시즌 연속 이 타이틀을 거머쥐었다. 그로버 '피트' 알렉산더(1915~1916년), 레프티 그로브(1930~1931년), 샌디 코팩스(1965~1966년) 그리고 로저 클레멘스(1997~1998년)다. 알렉산더, 코팩스, 그리고 월터 존슨, 세 선수만이 세 번씩 이 타이틀을 따낸 투수들이다.

한 이닝 4개의 삼진 │ 포수가 세 번째 스트라이크 공을 놓치면(혹은 공이 그에게 미치기 전에 땅에 떨어지면), 타자는 투 아웃 미만에서 주자가 이미 있지 않은 이상, 1루로 달릴 수 있다. 그가 포수의 송구보다 빨리 베이스에 도달하면, 투수는 여전히 삼진 기록을 얻고, 공식기록원은 와일드 피치나 패스트 볼 기록을 할당한다. 40명이 넘는 투수가 한 이닝에 4명을 삼진시켰다. 모두 한 번씩만 이 기록을 달성했다. 세 번이나 달성한 척 핀리만 빼고 말이다. 1999년에 두 번, 2000년에 한 번 세운 기록이다.

연속안타 │ 타자가 게임마다 적어도 1개의 안타를 얼마나 연속해서 치는지 따진다. 두 가지 중요한 룰이 있다.

- 타자가 하루 경기를 쉬어도(혹은 한 달을 쉬어도) 연속 기록은 깨지지 않는다. 왜냐하면 이 기록은 팀이 아니라 오로지 그에 관한 것이기 때문이다.
- 그가 어떤 경기에서 볼넷과 희생번트와 히트 바이 피치와 수비방해의 결과로 타석만 있고 타수는 기록하지 않았을 때도 연속 기록은 보존된다. 배트를 휘두를 기회가 없었기 때문이다.

팬들은 연속안타 기록을 사랑한다. 1941년에 조 디마지오가 이전의 44경기 연속 기록을 깨고 56경기 연속 안타를 때려내자 미국은 열광의 도가니가 되었다. 이전 기록은 '위' 윌리 킬러가 1897년에 세운 것이었다.* 그들 외에 4명만이 40경기 이상 연속안타 기록을 세웠다. 피트 로

---

* 163센티미터에 64킬로그램으로, 야구 역사상 가장 작은 선수 중 1명이었던 킬러는 자신이 거둔 성공의 열쇠에 대한 유명한 설명을 남겼다. "눈을 계속 제대로 뜨고 공이 가지 않을 곳으로 공을 때렸다." 1890년대 오리올스의 선수였던 킬러는 공을 내리쳐서 홈 플레이트 주변의 딱딱한 표면에 맞아 높게 튀어 오르게 했다. 그의 팀 동료이자 명예의 전당 동료인 존 맥그로도 같은 타격을 했고, 그런 타격은 저 유명한 '볼티모어 찹'이라는 이름을 얻었다.

즈(1978년의 44경기), 빌 달런(1894년의 42경기), 조지 시슬러(1922년의 41경기), 타이 콥(1911년의 40경기)이다. 1987년에 베니토 산티아고가 세운 34경기 연속안타는 신인선수 최고 기록이다. 그건 그렇고 디마지오는 마이너리그에서 61경기 연속안타를 친 기록이 있다.

연속 이닝 무실점 | 1913년에 월터 존슨이 연속 55.2이닝 동안 실점하지 않는 기록을 세웠다. 55년 후, 돈 드라이스데일이 58.2이닝 연속 무실점으로 그를 넘어섰다. 모든 사람들이 이 새로운 기록이 깨질 리 없다고 생각했다. 하지만 오렐 허샤이저가 1988년 그 생각이 틀렸음을 증명했다. 시즌 마지막 경기에서 10이닝 완봉승을 거두면서, 그는 드라이스데일의 기록을 1/3이닝 차이로 눌렀다. 이듬해 시즌 첫 경기의 첫 이닝에서 허샤이저는 실점을 했고, 연속 기록은 59이닝에서 멈추었다.

연속 출장 기록 | 7명의 선수가 1000경기 이상 연속 출장했다. '철마Iron Horse'라는 별명을 지녔던 루 게릭이 2130경기를 연속 출장하며 반세기가 넘게 기록을 보유하고 있었다. 그러다가 1995년에 칼 립켄 주니어가 그를 넘어 2632경기로 기록을 확장시키면서 야구계를 경악하게 했다. 이 기록이 왜 굉장한가? 왜냐하면 다른 스포츠와 달리 야구는 경기가 거의 매일 계속되며 강행군하는 일정을 두고 있기 때문이다. 쉴 시간도 없어, 자잘한 통증이 곧잘 누그러지지 않는 부상으로 번지는 것이다. 부상을 당하기도 쉽다. 선수는 파울 볼에 발을 맞아 발가락의 감각을 잃을 수도 있고, 시속 154킬로미터짜리 패스트볼에 맞아 수박만 한 멍이 들 수도 있으며, 1루에 서 있다가 2루타에 득점을 해보려고 내달리던 차에 근육이 땅길 수도 있고, 슬라이딩을 하다가 스파이크가 땅에 박혀 발목이 접질릴

수도 있다. 또 타구에 어중간하게 다이빙하다가 땅에 턱을 박을 수도 있다. 그리고 그런 일은 전부 3회도 되기 전에 일어나는 것이다.

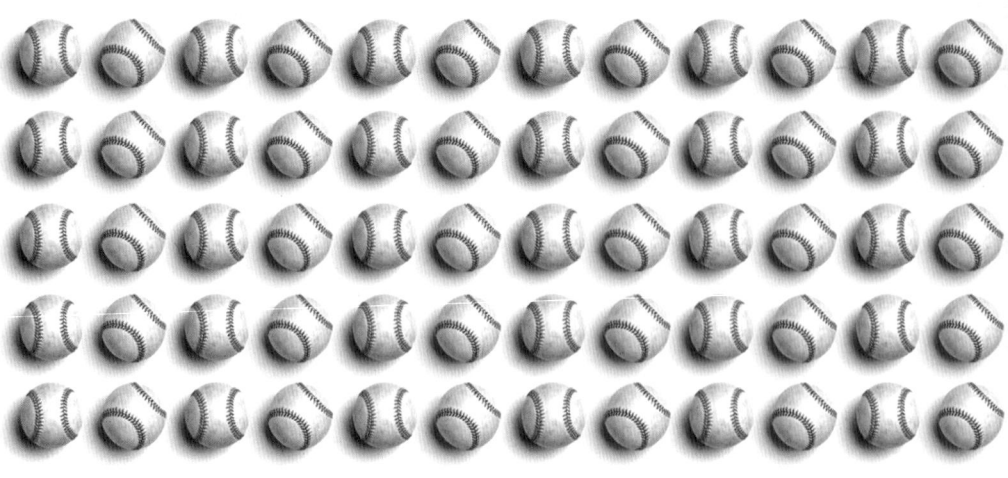

CHAPTER 8

야구를 설명할 수 있는 말이 딱 한 가지 있다. "알 길이 없다."

— **호아킨 안두하르, 전 메이저리그 투수**

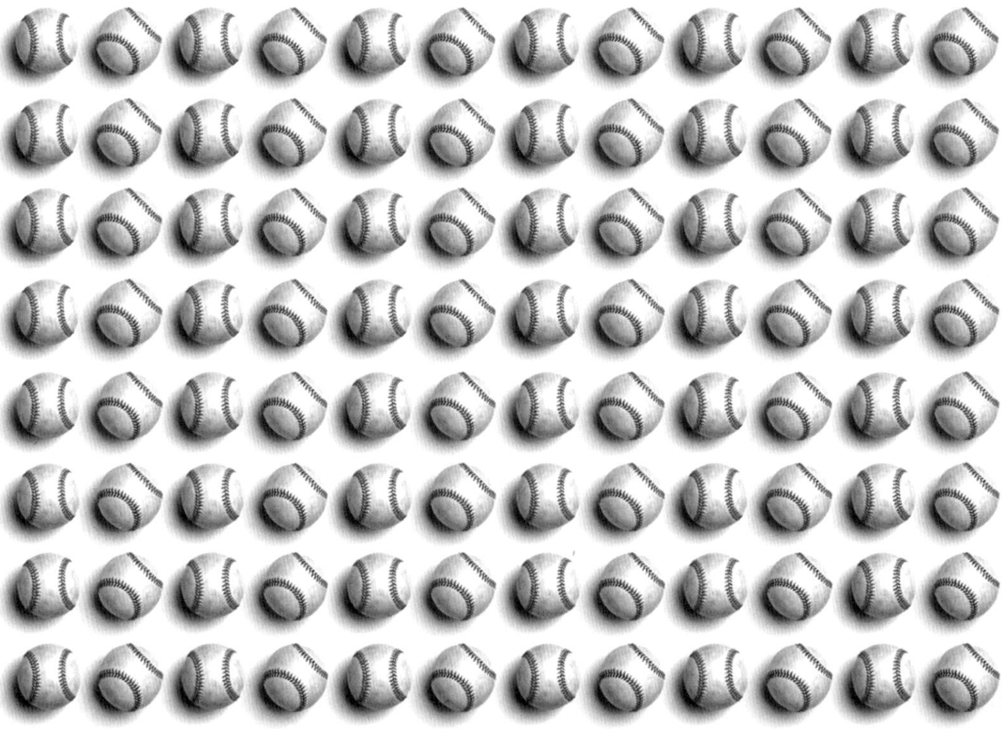

THE BASICS

메이저리그란 무엇인가

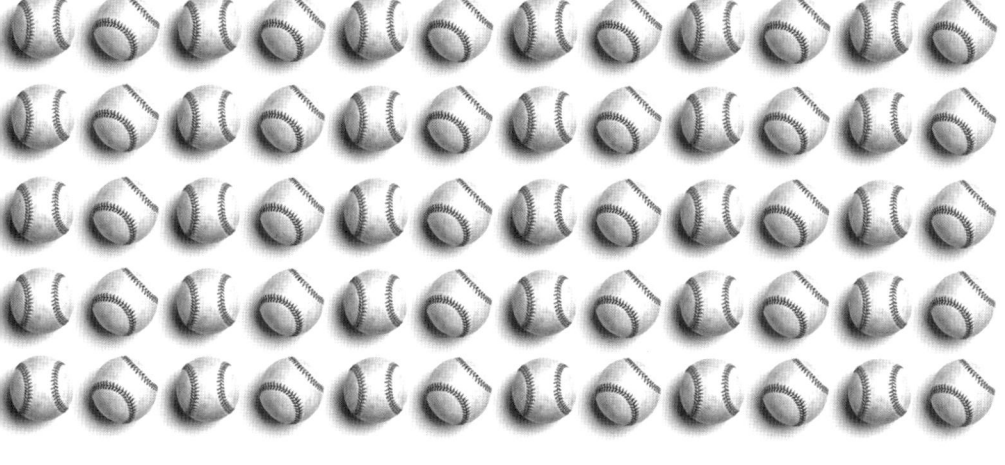

Watching Baseball Smarter

꿈

만약 메이저리그에서 뛰고 있다면, 그 인생은 퍽이나 괜찮은 인생이다.

우선 다른 메이저리거들과 어울릴 수 있다. 또 매일 TV에 얼굴을 비치고, 수만 명의 사람들 앞에서 경기를 펼친다. 신문과 잡지와 사람들이 입는 티셔츠 등판에 이름을 올릴 수도 있다.

스코어보드와 야구카드와 포스터에 들어간 제 얼굴을 볼 수도 있다. 또 스포츠 용품 회사에서 장비를 공짜로 얻을 수 있다. 더그아웃에서 씹고 먹을 수 있는 풍선껌과 해바라기씨를 무제한으로 제공받는다.

다른 사람들이 유니폼을 빠는 것으로 돈을 버는 동안에, 메이저리거인 당신은 클럽하우스에서 쉬며 근사한 가죽 소파에 앉아 화면이 커다란 TV를 볼 수 있다. 개인 제트기로 이동하며, 근사한 호텔에 머무는 것은 또 어떤가. 어린아이들과 예쁜 여자들이 알아보고 사인을 해달라며 아우성을 질러댄다. 때로는 지긋한 노인들이 그러기도 한다.

평균 연봉 290만 달러(경기당 약 1만 7900달러)를 벌어들인다. 그리고 팀이 원정경기를 가면, 식사비용으로 매일 75달러 이상을 따로 받는다.

이쯤 되면 꿈이 일찌감치 피어오르는 것도 무리는 아니다.

그러나 명성과 돈이 메이저리그의 전부일까? 메이저리그에 든다는 것은 아마도 사람들이 언제까지고 기억해줄 무언가를 어느 순간인가 해낼 기회를 잡는 것, 바로 그것이다. 그 꿈은 시즌 전체 경기에 출장해서 주전으로 뛰고, 한참 어른이 되고 나서도 어린 소년처럼 굴고 싶은 무의식적 욕망일지도 모른다. 파울 볼에 발목을 맞았을 때 필드로 득달같이 뛰어와 당신이 괜찮은지 확인해주는 감독과 트레이너를 두게 된다는 것일지도 모른다.

메이저리거가 되는 꿈을 가진 모든 아이들에게는 그 꿈이 하나같이 너무나 간절히 원하는 것이기에 어떤 동기로 생겨났는지는 별 상관이 없다.

모든 아이들에게 이유는 다 있다. 사연은 나름대로 다 가지고 있다. 또 모두들 야구를 좋아하는 나름의 이유가 있다. 그들은 거울을 보며 스윙 연습을 한다. 그렇게 연습한 모든 아이들이 도루를 하고, 플라이 볼을 잡으며, 스트라이크를 던질 수 있다. 야구를 좋아하는 모든 아이들이 한 시즌에 600타석에 설 수 있게끔 기록을 향상시키고는 자기가 메이저에서 슈퍼스타가 될 거라고 결론짓는다. 모두 자기는 해낼 것이라고 굳건히 믿는다. 그리고 10만 명 중 9만 9999명의 아이들은 그 점에서 틀렸다.

한 단계, 한 단계 올라갈 때마다 경쟁이 얼마나 치열해지는지 그 아이들은 모른다. 메이저리그로 가는 여정이 얼마가 걸릴지 알지 못한다. 길목마다 결정타를 지닌 또 다른 아이가 언제나 나타나는 법임을 알지 못한다. 더 크고, 더 강하며, 더 빠르고, 더 똑똑한 누군가는 반드시 나타나는 법이다. 더 빠른 발에 부드러운 손목, 날카로운 눈과 한층 뛰어난 본능을 지닌 누군가는 언제나 있는 것이다. 누군가는 더 열심히 달리며, 더 무거운 역기를 들어 올린다. 누군가는 스테로이드를 이용한다. 아버지를 야구 감독으로 두고 있는 이도 있다. 누군가의 형은 프로야구에서 이미 뛰고 있다. 지하실에 배팅 티를 갖추어놓거나, 뒷마당에 배팅 케이지를 가진 아이들도 있다. 누구는 따뜻한 지역에 살아서 1년 내내 연습할 기회를 누리기도 한다. 반면에 누군가는 세상 누구보다도 그런 날씨를 간절히 원하기도 하는 것이다.

티볼, 위플볼, 소프트볼 같은 야구와 유사한 스포츠도 있고, 리틀 리그라는 것도 있다. 야구 캠프, 야구학교, 개인강습, 갑갑한 실내경기장에서 열리는 겨울 클리닉도 있다. 그런가 하면 고교야구와 대학야구, 여름 야구, 가을 야구가 있다. 베이브루스 리그와 케이프코드 리그, 세미프로 리그, '인디펜던트 리그independent league'라는 것도 있다. 스카우트, 에이전트, 트라이아웃, 스트라이크아웃, 에러, 삭감, 부상, 수술, 그리고 결코 사라지지 않는 필생의 꿈이 야구에는 있다.

그러나 매년 그 꿈은 1500명의 젊은 남자들에게서만 살아남아 실현된다. 그것도 최소한 한동안이나마 유지하는 사람의 수가 그만큼이다. '메이저리그 신인선수 드래프트First-Year Player Draft'로 메이저리그의 간택을 받는 선수의 수가 일단은 그렇다는 뜻이다.

드래프트

농구 선수들은 대개 고등학교에서 NBA로 곧바로 뛰어오른다. 미식축구 선수들은 대학을 거쳐 곧바로 NFL로 향한다. 하지만 야구 선수들은 그렇게 되기가 훨씬 어렵다. 그들을 발굴하는 스카우트들에게도 사정은 마찬가지이다.

거의 모든 선수들이 메이저리그가 아니라 마이너리그에서 프로 선수경력을 시작한다. 그들의 재능이 예측하기가 어렵고 발전시키는 데도 시간이 더 오래 걸리기 때문이다.

매년 6월이 되면, 재능 있는 선수들을 대상으로 계속 진행되어왔던 탐사가 50라운드의 드래프트로 그 결실을 맺는다. 모든 메이저리그 팀이 북미 쪽 선수들, 그중에서도 대부분 고교와 대학 졸업생들을 집중적으로 담당하는 스카우트 10여 명을 두고 있다. 그들은 드래프트에 참여할 공식적인 자격이 있다.

그 밖에도 이제 야구가 바야흐로 국제적으로 퍼져가고 있는 만큼, 스카우트들은 이 드래프트 제도 바깥에서 프리 에이전트로 구할 수 있는 전도유망한 선수들을 찾아 지구촌 너머까지 캐고 다닌다. 이 선수들은 만 열여섯 살 이상이기만 하면 된다. 하지만 무엇보다도 미래의 메이저리거들을 가장 많이 공급해주는 것은 뭐니 뭐니 해도 이 드래프트이다.

팀들은 그 전 해의 승패 기록에 따라 선수를 뽑을 자격을 얻는다. 패가 가장 많은 팀이 가장 높은 순위의 선수를 뽑을 수 있다.(이 제도 때문에 시즌이 막바지를 향해 가면 일부러 꼴찌를 하려는 팀이 나오는 게 아닌지 의구심을 품는 사람들도 있다.)

드래프트는 두 가지 목적을 위해 존재한다. 재능 있는 선수들을 고루 분배하고, 사이닝 보너스가 치솟는 것을 방지하려는 것이다. 드래프트에 들어간 선수들은 프리 에이전트가 아니다. 그들은 자신을 선택한 팀하고만 협상을 할 수밖에 없다. 구단의 제안을 거절하면, 1년을 기다려 다시 드래프트에 들어가야 한다.

모든 아이들이 빅 리그에 들어가 뛰고 싶어하는 것은 맞지만, 그렇다고 팀이 드래프트된 선수와 계약을 성사시키는 것이 마냥 쉬운 일만은 아니다. 가령 16번째 드래프트 라운드에서 1만 달러의 사이닝 보너스를 제안받은 고교야구 스타가 있다고 치자. 그런데 그가 10개도 넘는 대학에서 전액 장학금을 받고 그 학교의 '디비전 1 Division 1' 팀에서 뛸 수 있다는 제안을 받았다. 이 선수는 4년 동안 실력을 월등히 향상시켜서 결국은 드래프트 1라운드에 지명되고 수백만 달러의 사이닝 보너스를 받을 수 있다는 기대에 학교에 남는 편을 택할 수도 있다. 한편, 그의 미래의 프로 팀이 그에게 그만큼의 비용을 지불해준 경우도 생각해보자. 그가 혹시 고전을 면치 못하는 한이 있더라도, 팀은 별수 없이 그를 데리고 있어야 한다. 그가 메이저리그에 도달하는 데 필요한 지도와 관심과 지원을 제공해주어야 한다.

스카우트들은 성숙함, 적극성, 야구 본능 같은 손에 만질 수 없는 것을 찾는다. '포지션 플레이어 position player'를 찾을 때가 되면, 스카우트의 성배는 '다섯 가지 기능을 갖춘 선수 five-tool player'가 된다. 수비 잘하고, 강하게 송구하며, 빨리 뛰고, 홈런을 치며, 높은 '타율 batting average'을 기록하는 능력이 그 다섯 가지 기능이다. 전성기의 배리 본즈가 궁극의 다섯 가지 기능을 갖춘 선수였다.

투수에 관해 말하자면, 스카우트들은 구속과 제구력을 보는데, 그들은 그저 던질 줄 아는 사람을 원하는 것이 아니다. 그들은 머리를 쓸 줄 알고 게임에 대한 계획이 서 있는 투수를 원한다. 왼손잡이 투수는 언제나 쓸모가 좋은데, 그들의 공은 타고나기를 '무브먼트 movement'가 더 다양하기 때문이다. 왜 그런지를 정확히 아는 사람은 아무도 없다. 그리고 좌완투수는 왼손타자를 상대할 때 한층 더 효과적이다.

팀들은 또 키가 큰 투수에도 목말라한다. 커다란 덩치 덕분에 더 강건하기 때문만이 아니라, 긴 팔로 공을 홈 플레이트 더 가까이 가져갈 수 있기 때문이기도 하다. 키가 큰 투수들은 또 '레버리지 leverage'가 더 좋은데, 무슨 뜻이냐 하면, 공을 손에서 놓는 릴리스 포인트가 더 높다 보니 아래로 향하는 각을 더욱 크게 해서 더 빠른 구속으로 공을 뿌릴 수 있기 때문이다. 어느 팀이건 간에 로스터를 들여다보면, 180센티미터가 되지 않는 선수, 특히 투수는 찾기 힘들 것이다.*

메이저리그로 가는 길

1965년에 드래프트가 처음 시작된 이래 뽑힌 수만 명의 선수 가운데 메이저리그로 직행한 선수는 25명이 채 되지 않는다. 1967년 마이크 애덤슨이 그 스타트를 끊었다. 볼티모어 오리올스가 서던캘리포니아대학교에서 그를 채갔을 때의 일이다.

이 선수들 중에서 명예의 전당에 입성한 선수는 데이브 윈필드가 유일하지만, 그 밖에도 버트 후턴, 딕 러스븐, 마이크 모건, 밥 호너, 피트 잉카빌리아, 존 올러루드, 박찬호 그리고 외팔이 투수 짐 애벗처럼 이름을 날린 선수들도 있다.

그 밖의 모든 선수들은 마이너리그에서의 삶이라는 팍팍한 현실과 마주한다. '홈스탠드homestand' 기간에 일부 선수들은 팀을 통해 자원해온 집에 들어가 하숙생활을 한다. 원정경기를 떠나면 모든 선수들이 끝없

---

* 메이저리그 역사상 가장 키가 작은 선수는 에디 개델이었다. 그는 109센티미터의 대단히 작았던 선수로서, 세인트루이스 브라운스의 구단주 빌 벡이 1951년 8월 19일 디트로이트 타이거스와 상대하는 경기에서 이목을 끌어보겠다고 기용했다. 그가 메이저리그에 유일하게 모습을 드러냈던 이날, 30킬로그램의 개델은 등번호 1/8번이 달린 유니폼을 입고 볼 4개를 연속으로 받고 1루까지 걸어 나갔다. 그리고 곧바로 대주자로 교체되었다. 이틀 후 메이저리그는 그가 경기에서 다시 뛰는 것을 금지했다.

는 버스 생활을 견뎌내며 싸구려 호텔에 머물고, 식사비로 하루에 20달러나 될까 말까 한 돈을 받는다. 프로야구라는 토템 기둥의 가장 밑바닥에서 첫 시즌을 보내는 선수는 한 달에 최대 850달러밖에 벌지 못하며, 그럼에도 대부분의 선수들은 더 이상 어떻게 할 수 없을 만큼 행복에 겨워한다.

대부분의 팀들에서 마이너리그 시스템은 다음 여섯 단계로 되어 있는데, 각각의 단계도 여러 개의 리그로 나뉜다.

레벨	리그 이름
루키	애팔래치안, 애리조나, 걸프코스트, 파이어니어
클래스 A 쇼트시즌	뉴욕-펜, 노스웨스트
클래스 A	미드웨스트, 사우스애틀랜틱
클래스 A 어드밴스트	캘리포니아, 캐롤라이나, 플로리다
더블 A	이스턴, 서던, 텍사스
트리플 A	인터내셔널, 퍼시픽코스트

예를 들어 디트로이트 타이거스는 걸프코스트 리그에 루키 팀을, 뉴욕-펜 리그에 클래스 A 쇼트시즌 팀을, 미드웨스트 리그에 클래스 A 팀을, 플로리다스테이트 리그에 클래스 A 어드밴스트 팀을, 이스턴 리그에 더블 A 팀을, 그리고 인터내셔널 리그에 트리플 A 팀을 두고 있다.

선수들은 메이저리그로 가기 전의 가장 높은 단계인 트리플 A로 진출하면, 어마어마하게 치열해진 경쟁과 마주하게 된다. '쇼 The Show'로 복귀하려는 전 메이저리거에다 현재 메이저리그에 있으나 '재활 의무

rehab assignment'에 걸려 부상에서 회복 중인 선수들까지 대거 포진해 있기 때문이다.

더 높은 단계의 마이너리그를 건너뛰고 그다음 단계로 가는 일은 드물다. 대부분의 선수들은 같은 단계의 경쟁자들 대부분보다 낫다는 것을 증명하고 난 다음에야 한 번에 한 단계씩만 진급한다. 그러니 어떤 선수를 두고 "후져!"라고 화를 내기 전에 한 번 더 생각하시길 바란다. 그 선수는 확률에 도전하고, 최고 중의 최고 중의 최고 중의 최고 중의 최고임을 증명하는 데 이제까지의 전 인생을 바쳤기 때문이다.

선수들과 스카우트들은 드래프트에서 뽑히는 것보다 마이너리그에서 메이저리그로 가는 게 한층 어렵다고 곧잘 말한다. 게다가 메이저에 도달한 마이너리그 선수들 중 많은 수가 그저 '커피 1잔*cup of coffee*'만 얻어 마시고 세상의 망각 뒤로 사라져버린다. 하지만 그런 그들조차《야구사전*Baseball Encyclopedia*》에 이름을 올린다. 대다수의 마이너리거들이 메이저리그에는 발 한 번 못 붙여보며, 구단이 자신들을 포기하면(비록 구박을 받고, 스스로 팀을 그만두라는 얘기를 듣는 것까지는 아니라고 해도) 팀에서 풀려난다. 하지만 그럼에도 그들은 프로야구에서 뛰어봤다는 얘기는 어디 가서든, 언제든지 할 수 있다.

리그, 디비전, 팀

메이저리그 베이스볼 Major League Baseball, MLB은 30개 팀으로 구성되어 있고, 그 팀들이 두 리그에 나뉘어 있다. 그 두 리그인 내셔널 리그 National League, NL와 아메리칸 리그American League, AL는 또 각각 동부와 중부와 서부로 나뉘는 디비전을 가지고 있다. 다음 분류표를 보자.

NL 동부	NL 중부	NL 서부
애틀랜타 브레이브스	시카고 컵스	애리조나 다이아몬드백스
플로리다 말린스	신시내티 레즈	콜로라도 로키스
뉴욕 메츠	휴스턴 애스트로스	로스앤젤레스 다저스
필라델피아 필리스	밀워키 브루어스	샌디에이고 파드리스
워싱턴 내셔널스	피츠버그 파이리츠	샌프란시스코 자이언츠
	세인트루이스 카디널스	

AL 동부	AL 중부	AL 서부
볼티모어 오리올스	시카고 화이트삭스	로스앤젤레스 에인절스 오브 애너하임
보스턴 레드삭스	클리블랜드 인디언스	오클랜드 애슬레틱스*
뉴욕 양키스	디트로이트 타이거스	시애틀 매리너스
탬파베이 레이스	캔자스시티 로열스	텍사스 레인저스
토론토 블루제이스	미네소타 트윈스	

....

* 미국의 야구팬들은 이 팀 이름을 쓰인 대로 '애슬레틱스'라고 부르지 않는다. 그렇게 부르면 다른 팬들이 비웃음을 던진다. 그저 '에이스A's'라고 부른다. 다른 팀들도 별명은 있다.(카디널스/레드버즈Redbirds, 에인절스/헤일로스Halos, 화이트삭스/페일호스Pale Hose, 파드리스/프라이어스Friars, 다이아몬드백스/디백스D'backs 등.) 하지만 에이스만큼 당연하게 불리는 별명은 없다.

1997년 이전에는, 팀들이 '정규 시즌regular season'에는 자신이 속한 리그에서만 경기를 벌였다. 그해부터 메이저리그 사무국이 '인터리그 interleague' 경기를 도입한 것이다. 매년 몇 경기로 제한되어 있기는 하지만, 새로운 매치업 덕분에 관중 동원력은 상승했다. 그러나 인터리그는 두 리그 간의 만남이 오로지 '월드 시리즈World Series'에서만 이루어지는 것으로 남아야 한다고 느끼던 순수주의자들의 화를 자극했다. 한편, 내셔널 리그가 아메리칸 리그보다 2팀 많은 것을 이상하다고 생각하는 사람들이 많다. 하지만 두 리그에 각각 15개 팀이 속해 있다면, 팀 수가 홀수가 되어버려, 각 리그에서 한 팀씩은 인터리그 경기를 하거나 매일 한 팀씩 쉬어야 하는 사태가 일어나고 말 터이다.

두 리그 간의 주요한 차이점은 '지명타자designated hitter, DH' 제도의 유무이다. 내셔널 리그에서는 다른 모든 타자와 마찬가지로 필드에서 경기하는 투수가 타순의 한자리를 차지한다. 아메리칸 리그에서는 지명타자가 투수 대신 공을 친다. 인터리그 경기와 올스타 게임, 월드 시리즈에서는 홈팀의 구장에 따라 지명타자 룰을 결정한다.

왜 아메리칸 리그에는 지명타자가 있는 것일까? 좋은 질문이다. 1960년대에, 투수들이 지배하는 야구경기에 팬들이 지겨움을 느끼기 시작했다는 걱정이 돌았고, 아메리칸 리그는 공격력과 관중 수를 늘리기 위해 1973년에 지명타자 제도를 채택했다. 내셔널 리그는 투표를 거쳐 그 규정에 반대하기로 결정했는데, 그럼에도 아메리칸 리그보다 여전히 많은 관중을 불러 모은다.

야구팬으로 자처하고 싶다면, 지명타자에 대한 의견은 반드시 가지고 있어야 한다. 타격이 서툰 투수 대신에 풀타임 장타자를 집어넣음으로써 공격이 더 활성화된다는 이유로 좋아하든지, 게임 후반에 투수들을 적절히 기용하는 다채로운 전략을 제거한다는 점에서 싫어하든지 해야 하는 것이다. 투수가 잘 던지고 있다. 결정적인 공격 기회가 찾아왔는데도 감독은 다음 한두 이닝을 더 던지게 하기 위해서 그를 타석에 내보내야 하는가? 아니면 '대타 pinch-hitter'를 쓰고, 공을 '불펜 bullpen' 투수에게 넘겨주어야 하는가? 이런 전략이 아메리칸 리그에는 존재하지 않는다.

스프링 트레이닝

따분한 오프시즌이 지나고 투수와 포수들이 '스프링 트레이닝 Spring Training'에 등록하는 매년 2월 중순이 되면 야구는 생기를 되찾는다. 나머지 선수들은 투수와 포수보다 닷새 후에 모습을 드러내는데, 그것은 그들의 포지션이 할 일이 더 적고, 더 많은 힘을 필요로 하지는 않는다는 꽤 단순한 이유에서이다.

옛날에는 선수들이 정규 시즌을 위해 몸을 만드는 기회로 스프링 트레이닝을 이용했다. 오늘날에는 모든 선수들이 몸 컨디션이 이미 최고인 상태에서 트레이닝 장소에 도착한다. 슈퍼스타들은 그만한 연봉을 받을 자격이 있음을 과시하고 싶어하고, 다른 선수들은 메이저리그에서 살아남아 시즌을 마이너리그에서 시작하는 것을 피하기 위해 경쟁하는데, 그래서 몸 정도는 미리 만들어 오는 것이다.

프리시즌에는 내셔널 리그와 아메리칸 리그의 구분이 없다.(하지만 지명타자 룰에 대한 결정권은 여전히 안방팀에 있다.) 30개 메이저리그 팀 가운데 대부분 동부와 중부에서 온 18개 팀은 플로리다의 '그레이프프루트

리그Grapefruit League'에서 경기한다. 대체로 서부에서 온 나머지 12개 팀은 애리조나에서 열리는 '캑터스 리그Cactus League'에서 경기한다.

정규 시즌

대부분의 팀들은 162경기의 정규 시즌을 4월 첫째 월요일에 시작해서 9월 마지막 일요일이나 10월 첫째 일요일에 마친다. 메이저리그 야구는 '엇박자 일정unbalanced schedule'에 따르는데, 이것은 한 팀이 시즌 동안 모든 팀과 같은 횟수로 맞붙는 게 아니라는 뜻이다.

그러니까 팀들은 같은 디비전 안에 속한 팀들과 더 많이 경기를 치른다. 어떤 팀들은 때로 너무 길게 여행을 가야 해서 7월까지도 디비전 안의 특정 라이벌 팀과 경기를 벌일 수 없다고 불만을 토로한다.

바꿔 말하면, 인기 있는 매치업이 다른 팀의 구장에서 열리면 돈을 더 많이 벌지 못한다는 푸념이다. 참 안된 일이지만 어쩌겠는가. 일정 담당자들은 1년에 총 2430경기의 일정을 짜야 하는데, 모든 사람들을 만족시킬 수는 없는 노릇이다.

구단들이 162경기를 정확히 마치고 시즌을 마감해야 하는 것은 아니다. 순위 바꿈에 아무런 의미가 없는 시즌 막바지의 경기가 비가 와서 취소되었는데, 다시 경기할 일정을 잡을 수 없다면 한 경기를 덜 하게 될 수도 있다.

혹은 만약 포스트시즌 자리는 단 하나가 남아 있는데 162경기를 다 치르고 난 다음에 승패가 같은 팀이 둘 나온다면, 플레이오프 진출 팀을 가리기 위해 한 경기를 더 해야만 하는 상황이 생긴다. 드물게 163경기를 하는 시즌이 나오는 것이다.

포스트시즌

그 탄생부터 설명하자. 첫 번째 월드 시리즈는 9전 5선승제로 1903년에 열렸다. 그해 월드 시리즈에서는 보스턴 아메리칸스(5년 후 레드삭스가 됨)가 피츠버그 파이리츠를 5승 3패로 물리치고 우승했다.

그리고 나서 1919년부터 1921년까지만 첫해 방식으로 되돌아갔을 뿐, 다른 월드 시리즈는 모두 7전 4선승제로 열렸다. 포스트시즌 매치업은 원래 월드 시리즈가 유일했다. 그때는 디비전이 없었기 때문에 두 리그의 수위 팀들이 정규 시즌이 끝난 후에 서로 경기를 치렀다. 그것으로 다였다.

지역에 따른 경기는 1969년에 두 리그가 각각 동부와 서부로 나뉘면서 시작되었다. 이 때문에 '리그 챔피언십 시리즈League Cham-pionship Series, LCS'라고 부르는 포스트시즌의 또 다른 라운드가 탄생했고, 4팀이 포스트시즌에서 경쟁할 수 있게 되었다.

내셔널 리그 동부 1위 팀이 내셔널 리그 서부 1위 팀과 내셔널 리그 챔피언십 시리즈NLCS에서 맞붙었고, 아메리칸 리그 동부, 서부의 수위 팀들이 아메리칸 리그 챔피언십 시리즈ALCS에서 겨뤘다. 승자 두 팀은 월드 시리즈에서 맞붙었다.

리그 챔피언십 시리즈는 1985년에 5전 3선승제에서 7전 4선승제로 바뀌었다. 7경기가 열리는 포스트시즌 시리즈는 후에 2-3-2 포맷을 쓰게 되었다. 그러니까 홈필드 어드밴티지(보통 정규 시즌에 더 많은 승을 쌓

스포츠	총 팀 수	플레이오프 팀 수	플레이오프 진출 비율(%)
농구(NBA)	30	16	53.33
아이스하키(NHL)	30	16	53.33
미식축구(NFL)	32	12	37.50
야구(MLB)	30	8	26.67

은 팀이 갖는다.)를 가진 팀의 구장에서 첫 2경기를 하고, 다음 3경기는 상대 팀 구장에서 벌이며, 시리즈가 아직 끝나지 않았다면 마지막 2경기를 다시 홈에 와서 하는 것이다.

구단주들은 플레이오프 경기를 더 많이 열수록 돈이 더 많이 들어온다는 것을 깨닫고는, 1994년에 각 리그를 3개의 디비전—동부, 중부, 서부—으로 재편성하고, 또 하나의 포스트시즌 라운드를 탄생시켰다. 이로써 6개의 디비전 수위 팀들과 2개의 '와일드 카드 Wild Card' 팀—6개의 디비전 우승 팀을 제외하고 두 리그에서 성적이 가장 좋은 두 팀—이 포스트시즌에 참여할 수 있게 되었고, 이 새로운 포맷은 대소동을 불러일으켰다. 비평가들은 더 많은 팀들이 플레이오프에서 뛰게 함으로써 다른 메이저 스포츠들처럼 야구도 평범한 실력에 상을 주게 되었다고 꼬집었다.

지지자들은 플레이오프에 올라가는 것은 그럼에도 여전히 어려운 일이며, 시즌이 끝날 무렵 더 많은 팀들이 경쟁할 수 있으니 좋은 일이 아니겠느냐고 주장한다. 어쨌거나 이 라운드를 '리그 디비전 시리즈 League

Division Series, LDS'라고 부른다. 5전 3선승제와 2-2-1 포맷을 채택하며, 대부분의 사람들은 이 시리즈를 아주 좋아하게 되었다.*

---

* 이 '대부분의 사람'에는 애틀랜타 브레이브스 팬들만 제외하고 모든 사람이 들어간다. 브레이브스가 1991년부터 2005년까지 디비전 타이틀을 14번 연속으로 땄음에도 내셔널 리그 챔피언십 시리즈에서 종종 무너지고 말았기 때문에 많은 팬들의 기분이 상한 것이다.

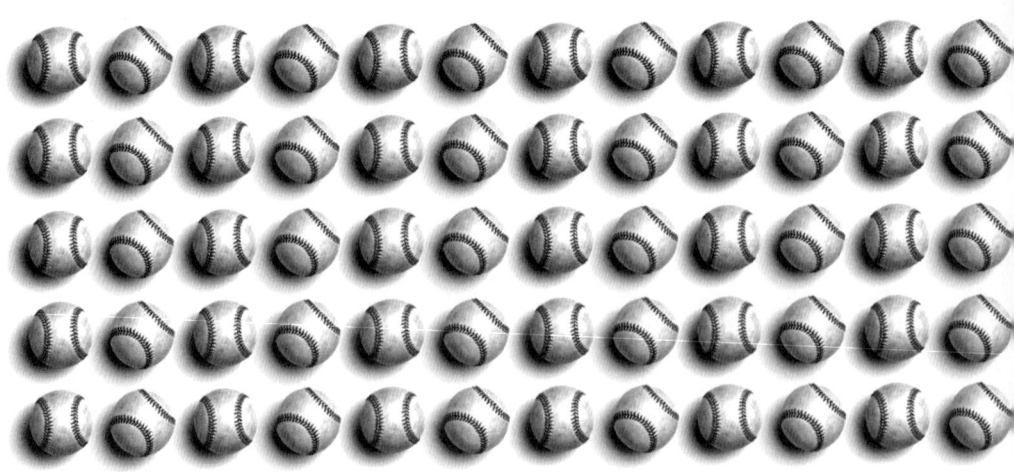

CHAPTER 9

한 사람을 멋들어지게 속여 넘기는 길은, 당신이 생각한 것을
상대가 어떤 식으로 알아냈으면 좋겠는지 하는 것을
당신이 실제로는 생각하고 있지 않다는 걸
그가 알아내리라고 당신이 생각한다는 것을
그가 알아낼 것임을 당신이 알아냈다고 그가 생각하게 만드는 것이다.
— 화이티 허조그, 전 메이저리그 감독

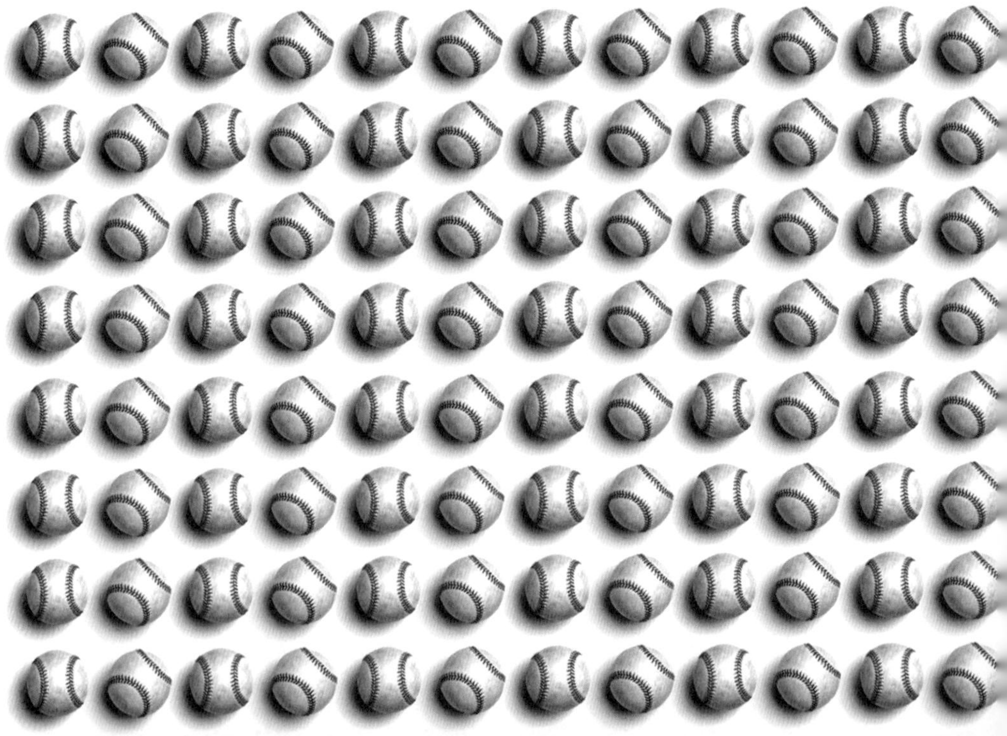

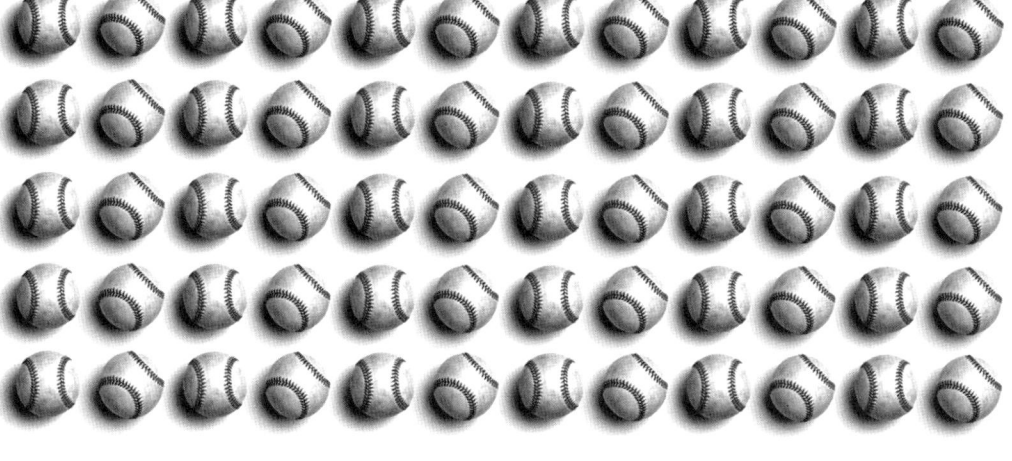

RANDOM STUFF TO KNOW

메이저리그에 관해
알아야 할 기본

Watching Baseball Smarter

그곳을 잡는 이유

전국으로 방송되는 텔레비전에서 사타구니를 잡고 긁는 사내들은 도대체 어쩌자고 그러는 것인가? 어머니가 보기에 부끄럽지 않겠는가?

'더그아웃 안쪽 통로runway'에 처박혀서 하거나 광고가 나가는 시간에 이 취미생활을 즐기는 조심성을 발휘할 수도 있을 것이다. 하지만 우리 팬들이 너무 팍팍하게 굴 것까지는 없다. 그들은 그저 속옷 안에 찬 크고 번거로운 플라스틱 보호대의 불편함을 덜어보려고 그러는 것이니까 말이다.(보호대 없이 그곳에 공을 맞기라도 한다면 한층 더 불편할 것임은 말할 나위도 없다.) 이 보호용 컵이 특별히 제작한 행낭에 착 맞기는 하지만, 땀이 찬 가장자리가 허벅지 위쪽을 문지르고 쓸고 하는 것이다. 그러다 보니 제자리를 살짝 벗어날 수밖에 없다.

외야수들은 공에 사타구니를 맞는 일이 거의 없으므로, 보호대 없이 경기할 수 있다. 내야수들은 그럴 수가 없다. 그들은 언제 닥칠지 모를 불규칙 바운드에 대비해 보호 장치가 필요하다. 특히 파울 팁이며 홈 플레이트 앞을 치고 달려드는 공에 대처해야 하는 포수는 그 누구보다도 보호 장치가 필요하다.

K

왜 스트라이크아웃을 'K'라고 표시할까? 어떤 팬들은 맷 킬로이 Matt Kilroy라는 이름을 떠올릴지도 모른다. 아메리칸 어소시에이션의 볼티모어 오리올스에서 뛰며 1886년 한 해 동안 513타자를 '삼진으로 돌려 세웠던 fan'* 최초의 진정한 삼진 투수 맷 킬로이 말이다. 하지만 틀렸다.

'K'는 1861년에 점수 시스템을 개발한 영국 태생 저널리스트 헨리 채드윅이 고른 글자다. 그의 설명은 간단하다. "스트라이크 strike'라는 단어를 떠올려보면 여기서는 이 글자가 두드러진다."

오늘날 팬들은 집에서 'K'라고 손수 쓴 판을 구장에 가져와서 원정팀이 스트라이크아웃을 당하면 펜스 같은 데다 하나씩 붙인다. 어떤 팬들은 세 번째 'K'는 좌우를 뒤집은 것을 붙여서, 자기들이 KKK단의 멤버라고 오해를 사는 일이 없게 하기도 한다. 하지만 좌우를 뒤집은 'K'는 또한 한 타석의 세 번째 스트라이크를 상징하기도 한다는 점을 기억할 일이다.

불문율

야구에는 상대에 대한 예의와 관련된 불문율이 많다. 타자는 '높이, 멀리 날아간 홈런 moon shot'을 바라보며 타석에 머물러 있으면 안 된다. 베이

---

* 맞다. 그 시대에는 마운드가 3.2미터 더 가까웠다. 하지만 이 선수에게는 점수를 주지 않을 수 없다. 그는 그해에 66경기를 완투했는데, 더군다나 그해는 그가 메이저리그에서 맞는 첫해였다.

스를 지나치게 천천히 돌아서도 안 된다. 타자를 삼진으로 잡고 너무 신나해서는 안 된다. 포수의 사인을 훔치려 하지 않는다. 필드에서 다툼이 벌어졌는데, 더그아웃이나 불펜에 몸을 사리고 있지 않는다. 심판이 부른 세 번째 스트라이크가 사실은 홈 플레이트에서 몇 센티미터 벗어났음을 보여주기 위해 땅에 줄을 긋는 짓은 하지 않는다 등등.

에티켓과 관련된 유명한 사건이 2001년 샌디에이고의 퀄컴 스타디움에서 일어났다. 애리조나 다이아몬드백스의 투수 커트 실링이 파드리스를 압도하고 있었고—파드리스가 친 공이 내야를 벗어나는 데만 4이닝이 걸렸다—메이저리그 역사상 15번째 퍼펙트 게임까지는 아웃 카운트 5개만 남아 있었다. 그런데 파드리스의 포수 벤 데이비스가 번트 안타로 이 대기록을 깨버렸다. 애리조나는 그가 좋은 볼이 들어와 안타를 친 것도 아니고 그런 식으로 역사적일 수도 있는 순간을 망쳐버렸다는 데 격노했다. 경기가 끝난 후 애리조나의 감독 밥 브렌리는 말했다. "벤 데이비스는 어리고 배워야 할 게 많은 선수다. 그 플레이는 그저 푼수 같은 짓이었다."

노히트 게임을 번트로 깨버리는 것은 보통 눈살을 찌푸리게 한다는 말이 맞다. 하지만 이번 상황은 달랐다. 브렌리는 파드리스가 2:0의 상황에서 쫓아오고 있었고, 데이비스가 출루에 성공함으로써 동점까지 이끌었다는 사실은 잊은 듯하다. 또 이 경기가 얼마나 중요했는지도 잊은 모양이다. 당시 두 팀은 지구 공동 1위였던 것이다.

에티켓에 관해 시끌시끌했던 또 다른 사건이 역시 2001년 파드리스의 한 선수를 둘러싸고 일어났다. 메이저리그 통산 최다 도루 기록 보유자인 리키 헨더슨이 7회에 팀이 12:5로 앞선 상황에서 2루를 훔쳤다. 브루어스의 감독 데이비 롭스는 그렇지 않아도 파드리스가 7점 차로 앞서고 있는 마당에 헨더슨이 도루까지 한 것이 심히 못마땅해서, 필드로 돌진해서 그가 다음에 타석에 서면 투수를 시켜 '몸에 맞는 공drill'을 던지겠다고 으름장을 놓았다.(파드리스의 감독 브루스 보치는 경기에서 헨더슨을 뺐고, 내셔널 리그는 후에 롭스에게 벌금을 매기고 두 경기 출장정지를 내렸다.)

야구팀들은 대대로 경기 후반 '일방적인 게임laugher'이 됐을 때는 득점 내기를 삼가는 게 풍습이었다. 하지만 이제는 공격 지상주의 시대이다. '보험이 될 만큼 너무 많은 득점insurance run' 따위는 없다. 왜냐하면 얼마나 크게 리드하든 간에 안전하지 않기 때문이다. 롭스는, 전날 파이리츠가 7점을 내서 애스트로스를 9:8로 이기기 전에 주자도 없이 경기 마지막 아웃까지 몰려 있었다는 것을 잊은 모양이었다. 한 주 뒤에 인디언스는 메이저리그 역사상 가장 큰 역전승 타이 기록을 세웠다. 7회에 14:2까지 뒤져 있던 인디언스가 11회까지 가는 경기에서 매리너스를 15:14로 제친 것이다.

대부분의 팬들 그리고 일부 선수들도 사람을 모욕하는 것은 신사적이지 못하다고 생각하지만, 메이저리그의 불문율은 너무 과도하게 나아갔다. 빅 리그에서 목적이란 승리여야 하지, 다른 선수들의 기분을 상하게 할까 봐 걱정하는 것이 아니다.

도시와 구단 이름

로스앤젤레스 다저스가 처음부터 로스앤젤레스 다저스였던 것은 아니다. 1932~1957년에는 브루클린 다저스였고, 그전 18년 동안은 브루클린 로빈스였다. 저 초창기, 사람들이 촌스러운 것에도 무신경했던 시절에 이 팀은 슈퍼바스Superbas(1899년 감독으로 부임한 네드 핸런과 당시의 유명한 곡예쇼였던 〈슈퍼바〉 출연진의 성姓이 우연히 같았기 때문에 붙은 이름-옮긴이), 브라이드그룸스Bridegrooms(신랑이라는 뜻-옮긴이), 트롤리다저스Trolley Dodgers 같은 이름들을 썼다.

컵스는 원래 오펀스Orphans(고아라는 뜻-옮긴이)라고 불렀다. 애스트로스는 콜트포티파이브스Colt 45s(권총의 한 종류-옮긴이)였다. 카디널스는 퍼펙토스Perfectos(여송연의 한 종류-옮긴이)였다. 인디언스는 냅스Naps(해군 조종사라는 뜻-옮긴이)였고, 화이트삭스는 화이트스타킹스였다. 레즈는 레드레그스Redlegs였으며, 파이리츠는 앨러게니스Alleghenys였다. 양키스는 뭐였느냐면 하일랜더스Highlanders였고, 브레이브스는 원래 연고지가 보스턴이었다가 밀워키로 옮겼는데, 비스Bees, 러슬러스Rustlers, 더브스Doves, 빈이터스Beaneaters(단어가 합쳐져 콩 먹는 사람들이라는 뜻이 됨-옮긴이), 레드캡스Red Caps라는 이름을 거쳤다. 트윈스와 레인저스는 두 팀 다 워싱턴 D.C.를 연고지로 둔 적이 있는데—같은 시기는 아니었다—세너터스Senators(상원의원이라는 뜻-옮긴이)라고 불렀다. 지금의 오클랜드 애슬레틱스는 맨 처음에는 필라델피아에 자리 잡았고, 그 후에는 캔자스시티에 연고지를 튼 적이 있다. 브루어스는 시애틀에서 딱 한 시즌을 보냈는데, 팀 이름을 파일러츠Pilots라고 불렀다.

어떤 팀의 이름이 예전에 뭐였고 연고지가 어디였는지 돌아보는 일은 아주 재미있지만, 사랑하는 팀이 자기 고장을 떠나는 것을 무기력하게 보고만 있어야 하는 팬들에게는 웃을 일이 아니다. 많은 뉴요커들이 다저스가 미국 서부해안으로 떠나버린 것에 가슴 아파했다. 그리고 그 정도로도 부족했던지 1883년부터 이 시에 있었던 뉴욕 자이언츠(한때 뉴욕 고덤스Gothams라고 불렀다)가 다저스와 같은 해에 샌프란시스코로 옮겨갔으니, 팬들의 심정을 이해하겠는가.

오늘날에는 연고지를 옮기는 팀이 드물다. 왜냐하면 메이저리그 측에서 새로운 구단주들에게 구장의 장기임대를 종용하기 때문이다. 그렇지만 안타깝게도 구단 이름을 바꾸어 꼭 연고지를 옮긴 것처럼 보이게 하는 데는 손을 쓰지 못했다. 그러니까 두 도시의 후원사들을 끌어들이려는 마케팅 전략의 일환으로, 2005년 시즌이 개막하기 전에 애너하임 에인절스가 '로스앤젤레스 에인절스 오브 애너하임'으로 변신한 것이다.

신인왕

메이저리그 최초의 신인왕은 특히나 그 상을 받을 만한 자격이 있었다. 브루클린 다저스의 1루수였던 재키 로빈슨에게 첫 수상의 영예가 돌아갔다. 1947년에 그는 기록으로도 좋은 성적을 거두고, 최초로 텔레비전 중계된 월드 시리즈에 팀을 이끌었을 뿐만 아니라, 현대 시대 최초로 아프리카계 미국인으로서 메이저리거가 되는 과정에서 비범한 용기를 보여주었다.* 2년 후에 각 리그에서 1명씩 신인왕을 선정하기 시작하면서, 세인트루이스 브라운스의 외야수 로이 시버스가 아메리칸 리그 최초의 수혜자가 되었다.

미국야구기자협회 회원들은 원래 단순히 각 리그에서 한 선수씩 뽑아

---

* 플리트 워커가 메이저리그 최초의 흑인 선수로 공식 기록되어 있다. 1884년에 이 스물일곱짜리 포수가 아메리칸 어소시에이션의 털리도 블루스타킹스 소속으로 42경기를 뛴 기록이 있는 것이다.

수상자를 정했다. 그러나 1979년에 트윈스의 3루수 존 카스티노와 블루제이스의 유격수 알프레도 그리핀이 동점을 이루고 나서, 투표 과정은 좀 더 복잡해졌다. 각 기자가 첫 번째로 선택하는 선수에게 5점을 주고, 두 번째는 3점, 세 번째는 1점을 주는 방식을 채택한 것이다. 만장일치로 뽑힌 선수는 지금까지 16명이며, 이 상에는 1987년부터 재키로빈슨상이라는 이름이 공식적으로 붙었다.

하지만 잠깐, 만약 신인선수가 한 시즌에서 두 경기만 뛰었다면, 그 시즌은 신인 시즌으로 쳐주는 걸까? 아니다. 그는 다음 범주에 해당하지 않는 이상 다음 시즌에도 신인왕 후보에 오를 자격을 얻는다.

- 메이저리그에서 통산 130타수 이상을 친 타자
- 메이저리그에서 통산 50이닝 이상을 던진 투수
- 메이저리그 로스터에 들어 45일 이상을 보낸 선수

MVP

1911년 이래로 MVP 상은 세 가지가 있었다. 하지만 현재는 딱 하나만이 인정을 받는다. 미국야구기자협회가 1931년에 2명의 수상자—아메리칸 리그 필라델피아 애슬레틱스의 투수 레프티 그로브와 내셔널 리그 세인트루이스 카디널스의 2루수 프랭키 프리시—를 뽑으면서 시작된 이 상을 놓고, 과연 어떤 선수가 MVP에 오를 자격이 있는지 여전히 의견이 분분하다. 모든 기록에서 수위를 차지했는데 시즌 꼴찌 팀에서 뛴 선수가 MVP가 될 자격이 있는가? 그리고 투수들은 어떤가? 그들도 끼워줘야 하는가? 그들은 그들대로 어쨌거나 상이 있는 것이다.

MVP 가운데 유명한 선수로는, 우선 양대 리그에서 모두 상을 탄 프랭크 로빈슨을 들 수 있다. 프레드 린과 스즈키 이치로는 신인왕과 MVP를 한 시즌에 한꺼번에 거머쥐었다. 배리 본즈는 4년 연속 받고, 통산 일곱 번을 받은 유일한 선수다. 그 말고는 메이저리그 MVP를 세 번 넘게 받은 선수조차 없다.

올스타 게임

양 리그의 베스트 플레이어들이 대결하는 비공식 경기인 올스타 게임은 대략 시즌 중반에, 매해 다른 구장에서 열린다. 팬들이 온라인과 경기장에서의 투표로 선발로 나설 선수들을 뽑는다. 전해 시즌에 월드 시리즈에서 맞붙었던 팀들의 감독들이 각 리그의 감독을 맡고 코치와 투수와 예비 선수 들을 뽑는다. 메이저리그의 모든 팀이 적어도 1명은 이 경기에 선수를 출전시켜야 하는데, 이 룰은 논란의 여지가 있다. 로스터의 자리는 제한되어 있는데, 반드시 선택받아 마땅할 선수들을 더 약한 선수들 때문에 퇴짜 놓아야 하기 때문이다.

최초의 올스타 게임은 1933년에 시카고의 코미스키 파크에서 열렸다. 이듬해 게임에서 뉴욕 자이언츠의 좌완투수 칼 허벨은 미래의 명예의 전당 입성자 5명을 연속으로 삼진시키면서 역사를 썼다. 희생자는 베이브 루스와 루 게릭, 지미 폭스, 앨 시먼스, 조 크로닌이었다. 세월이 지나면서 이 '한여름의 축제 *Midsummer Classic*'는 팬들이 가장 총애하는 행사로 이어져왔고, 2003년에 새로 만든 룰 덕분에 한층 더 흥미진진해졌다. 그것은 이긴 리그 쪽에서 그해 월드 시리즈의 홈필드 어드밴티지를 가져간다는 룰이다.

명예의 전당

미국 야구 명예의 전당은 1936년에 5명의 회원을 처음으로 맞아들였다. 타이 콥, 베이브 루스, 호너스 왜그너, 크리스티 매슈슨, 월터 존슨이 그들이다. 그리고 저 유명한 박물관이 3년 후에 문을 열었다. 명예의 전당은 뉴욕 주의 쿠퍼스타운, 즉 남북전쟁에서 활약한 애브너 더블데이 장군이 1839년 야구라는 경기를 발명했다고* 한때 믿었던 곳에 자리 잡았다. 이곳은 2009년 현재 289명의 회원을 거느리고 있으며, 매년 35만 명의 방문객을 끌어들인다. 그들 중 많은 사람들이 '명예의 전당 주말'을 찾는다. 새로 뽑힌 회원들이 공식적으로 입회하는 때이다.

이 전당에 들어갈 기회를 잡으려면, 메이저리그에서 최소한 10년은 뛴 경험이 있는 선수라야 한다. 그리고 은퇴한 지 5년이 지났을 때 후보 자격을 얻는다. 미국야구기자협회의 모든 회원들이 매년 10명까지 선수들에게 표를 던질 수 있다. 75퍼센트 이상 표를 얻은 선수는 전당에 들어간다. 5퍼센트 미만 지지를 받은 선수는 후보 자격을 상실한다. 후보자가 15년이 지나도 들어가지 못하면, 명예의 전당에 가입할 기회를

---

* 1845년에 현대식 야구장을 고안하고 광범위하게 사용된 야구 규칙서를 출판한 알렉산더 카트라이트가 이제는 야구를 발명한 사람으로 공식 인정되고 있다. 1년 후, 그의 팀 니커보커스는 뉴저지 주 호보컨의 일리전 필즈에서 뉴욕 베이스볼 클럽과 경기를 벌여 패배했다. 기록으로 남은 최초의 게임이었다.

영영 잃는다. 명예의 전당에 소속된 선수와 감독, 기자, 방송인 들로 구성된 '원로위원회 Veterans Committee'의 투표를 여전히 받을 수 있기는 하지만 말이다.(명예의 전당에는 심판, 행정가, 경영자 들도 들어가 있다.) 많은 사람들—특히 미국야구기자협회—은 15년 규칙을 애초에 왜 두었는지조차 의아해한다.

박물관이 게임에서 사용한 물건과 장비(어떤 투수가 노히트 게임을 기록했을 때 끼었던 글러브 같은 것)를 전시해놓고 있기는 하지만, 그것이 꼭 명예의 전당 회원이 썼던 것일 필요는 없다. 왜냐하면 명예의 전당 회원들에 대한 투표라는 것이 단 하나의 게임, 단 하나의 시즌에서 이룬 성과라기보다는 경력 전체에 기반을 놓고 이루어지기 때문이다. 명예의 전당에 따르면 '선수의 기록, 경기 능력, 도덕성, 스포츠맨십, 인격, 소속 팀(들)에 대한 기여'가 고려사항에 들어간다.

특정한 기록—500홈런, 3000안타, 300승—이 쿠퍼스타운으로 가는 보장된 티켓임은 모든 사람이 받아들인다. 하지만 어떤 이들은 명예의 전당 회원을 뽑는 것이 기록에 너무 의존한다고 느끼기도 한다. 예를 들어 왜 버트 블라일레븐은 입회하지 못하는가? 통산 3701개의 스트라이크아웃(역대 5위)과 287승을 가지고는 그가 뛴 팀들에 크게 공헌했다고 할 수는 없는 모양이다. 하지만 287승이 마법의 300승으로부터 그토록 멀리 떨어져 있는가? 토미 존은 어떤가? 그는 통산 288승을 올렸다. 왜 그는 전당에 들어가 있지 않은가? 어쩌면 그것은 그가 26시즌을 던졌고, 뛰어난 재능보다는 시간으로 기록을 이루었기 때문일지도 모른다. 반면에 통산 165승밖에 거두지 못한 샌디 코팩스는 당연한 선택이었다. 왜냐하면 그는 전성기에 야구라는 스포츠를 지배했기 때문이다.

유니폼 번호

20세기로 들어서면서 몇 팀이 선수 유니폼에 번호 넣는 것을 잠깐 동안 실험했다. 이때는 별로 잘 풀리지 않았다. 선수들은 번호를 다니 꼭 죄수 같아 보인다며 불평했다. 하지만 유니폼 번호가 그리 쉽게 잊혀져버리지는 않았다. 1929년 4월 16일에 최초로 인디언스가 영구적으로 번호를 달았다. 그들은 홈경기에서만 번호를 달았다. 2년 후에 뒤를 따른 양키스는 홈과 원정 모두에서 번호를 단 첫 팀이었다. 자이언츠가 1934년에 마지막으로 이 트렌드를 받아들여 모든 팀이 번호를 달게 되었다.

초기의 번호는 타순에 따라 할당했다. 베이브 루스는 양키스에서 3번을 쳤고, 번호도 3을 달았다. 클린업이었던 루 게릭은 4번을 달았다. 1939년에 루 게릭이 눈부신 경력을 마감하고 난 후, 그의 번호는 최초로 영구결번되었다. 양키스에 몸을 담는 그 누구도—코치나 감독도—그의 번호를 결코 달 수 없게 되었다는 뜻이다. 9년 후 양키스가 루스의 유니폼 번호를 영구결번으로 결정할 무렵에는, 다른 야구팀들과 다른 스포츠들에까지 이 전통이 퍼졌다.

이제는 선수들이 자기 번호를 선택한다. 하지만 팀 동료들끼리 동시에 같은 번호를 쓸 수는 없다. 1993년, 이 규칙 때문에 리키 헨더슨은 꽤 큰 문제에 부딪쳤다. 블루제이스에 트레이드되었을 때인데, 그가 사랑하는 24번을 터너 워드가 이미 달고 있었던 탓에 포기해야 했던 것이다. 오래 지나지 않아, 슬럼프에 빠진 헨더슨은 새로운 숫자를 달고는 공을 잘 치지 못하겠다고 불평하며, 워드에게 옛 번호를 받는 대가로 2만 5000달러를 쥐어주었다. 모든 선수들이 그렇게 융통성이 없지는 않다. 2003년 메츠의 유틸리티맨이었던 조 매큐잉은 4년째 47번을 달고 있었는데, 다른 47번이 팀과 계약서에 사인했다. 바로 미래의 명예의 전당 투수인 톰 글래빈이었다. 글래빈은 애틀랜타에서 15년 동안 그 번호를 달았다. 이 경우에는 까다롭지 않은 매큐잉이 이 '노장 *veteran*'에게 번호를 주고, 자신은 11번을 달았다.(자신이 달았던 예전 번호의 각 자리를 더해 나온 숫자였다.)

선수들의 선택에는 대개 이유가 있다. 베이브의 엄청난 팬인 투수 데이비드 웰스는 양키스에 입단하고 나서 3번을 달 수 없었다. 그래서 그는 33번에 만족했다. 1루수들은 17번을 사랑하는데, 매끄러운 수비로 정평이 났던 키스 에르난데스가 달았던 번호이기 때문이다. 많은 선수들이 42번을 다는 것으로 재키 로빈슨의 영예를 기렸지만, 이제는 할 수 없게 되었다. 1997년에 메이저리그 측이 로빈슨이 리그의 인종 장벽을 깬 지 50주년이 되는 때를 기념하여 그의 번호를 리그 전체에 영구결번 시켰기 때문이다. 다만, 당시 이미 이 번호를 달고 있던 선수들은 계속 쓸 수 있었다. 부치 허스키, 마이크 잭슨, 스콧 칼, 호세 리마, 마리아노 리베라, 모 본이 마지막 등번호 47의 선수들이다.

어떤 선수들은 좀 별난 이유로 등번호를 고른다. 터크 웬델은 99(영화 〈메이저리그〉에서 찰리 신이 맡은 인물이 이 번호를 달았다.)라는 숫자와 참으로 격렬한 사랑에 빠진지라, 메츠와 계약을 맺을 때 급여도 99센트로 끝나는 액수로 받을 정도였다. 그리고 물론 99번을 달았다. 나중에 필라델피아로 트레이드되어 등번호 13을 단 그는 투구 성적이 뚝 떨어졌다. 시드 페르난데스와 베니 아그바야니는 하와이 출신이라는 이유로 50번을 달았다. 하와이가 미국의 50번째 주이기 때문이다. 오마르 올리바레스 Omar Olivares는 00번을 달아, 자신의 이니셜을 단 유일한 선수가 되었다. 1948년 5월 17일에 태어난 칼로스 메이는 17로 등번호를 바꾸면서 최초로 자기 생일을 단 선수가 되었다. 명예의 전당에 들어간 칼턴 피스크는 1981년에 화이트삭스로 이적하면서 경력의 전환점이라는 의미로 등번호 27을 72로 바꾸었다. 포수 토드 헌들리는 9번을 선택했는데, 아버지인 랜디 헌들리가 선수생활 중에 달았던 번호이기 때문이다. 하지만 토드 헌들리는 나중에 번호를 09로 바꾸었는데, 가슴 보호대를 고정하는 스트랩이 숫자 사이에 멋지게 맞아 들어가게 하기 위해서였다.

과거와 현재의 가장 위대한 선수와 감독 리스트와 그들의 유니폼 번호는 325쪽 부록 B를 참조하라.

부정행위

부정행위와 그저 약간 수를 쓰는 것은 구분해내기가 때로 어려울 수도 있다. 야구에서는 둘 다 예가 많거니와, 개중에 어떤 것은 하도 창의적이어서 행위를 한 선수가 실제로 포상받기도 한다.

투수들은 손톱 미는 줄을 소매에, 바셀린을 모자 속에, 송진을 글러브에, 그 밖에 공의 표면—그러므로 구질—을 바꾸어놓을 수 있는 그 어떤 것이라도 숨겨서 나타날 때가 있다. 명예의 전당 투수 돈 서턴은 LA 다저스 시절에 글러브에 숨겨두었던 면도날로 공을 긋고는 했다. 다른 팀들이 의심의 눈초리를 보내기 시작하자, 유격수 모리 윌스가 면도날을 가지고 있다가 이닝 시작할 때 서턴에게 공을 건네주기 전에 그것을 사용했다. 한번은 이 오른손투수의 글러브에서 무언가 의심스러운 것을 보았다고 생각한 심판이 마운드로 올라왔다. 그가 발견한 것은 면도날이 아니라 쪽지 1장이었다. "당신은 점점 달아오른다. 하지만 여기서는 말고."

　포수들은 때로 공을 바닥에 갈거나 자기가 찬 장비의 딱딱한 표면에 쳐서 닳게 한다. 양키스의 포수 요기 베라가 화이티 포드를 위해 이 짓을 했는데, 둘 다 명예의 전당에 들어가 있다. 포드가 말했다. "선수생활 후반이 되기 전에는 부정행위를 하지 않았다. 하지만 그때는 살아남기 위해 무언가가 필요한 시점이었다. 1961년에 25승을 거두었을 때는 부정행위를 하지 않았다. 누구라도 딴 생각을 품고 내 품에서 사이영상을 앗아가는 것은 바라지 않았다. 24승을 거둔 1963년에도 부정행위를 하지 않았다. 글쎄, 어쩌면 약간은."

　공을 책임지고 공급하는 것은 홈팀 쪽이고, 그들은 그중 몇 개를 냉동고에 보관해두었다가 상대 팀이 타격을 할 때 심판에게 건네준다고 한다.(차가운 공은 딱딱해지고 탄력을 잃으며 얼리지 않은 공보다 멀리 날아가지 않는다.) 하지만 공은 딱 제때 냉동고에서 끄집어내야 한다. 그래야 '공을 싼 표면cowhide'이 평상시 온도로 되돌아오기 때문이다.

　스테로이드를 복용하는 것 말고도, 타자들은 방망이에 코르크를 집어넣어 불법적인 이득을 볼 수도 있다. 먼저 배트 끝에 몸통 안으로 너비가 2센티미터 남짓한 구멍을 뚫는다. 그러고는 빽빽한 나무를 파낸 다음 그 자리에 가벼운 코르크를 채워 넣고 구멍을 막아 조작을 가린다. 코르크는 방망이를 더 가볍게 만들(그리하여 배트 스피드를 높일) 뿐만 아니라, 공을 때릴 때 배트 안이 빈 것 같은 소리도 나지 않게 해준다. 1961년 아메리칸 리그 타격왕을 차지한 타이거스의 1루수 놈 캐시는 오랜 시간이 흐른 후 코르크 방망이를 사용했음을 시인했다. 하지만 많은 선수들이 코르크 방망이를 쓰다가 걸려서 1~2주의 출장정지 처분을 받았다. 가장 유명한 선수는 컵스의 외야수 새미 소사이다. 2003년에 타격을 하다 배트가 부러져 내용물이 공중으로 날아가버린 것이다.(그는 경기 전 타격 연습 시간에 가끔 코르크 배트로 더 큰 홈런을 날려서 팬들을 즐겁게 해주려 한다는 것은 재빨리 시인했지만, 게임 중에는 실수로 연습용 방망이를 쓴 것이라고 주장했다.) 깜찍한 마법을 부릴 수 있는 물질이 비단 코르크만은 아니다. 양키스의 3루수였던 그레이그 네틀스는 1974년에 공을 치다 방망이가 산산이 부서지자 각양각색의 탱탱볼이 쏟아져 나와 부정 사실이 들통 나고 말았다.

속임수에 대한 유서 깊은 사례가 있다. 1951년 뉴욕 자이언츠의 3루수 바비 톰슨이 드라마틱한 스리런 홈런을 터뜨려 팀을 월드 시리즈로 이끈 후 50년이 지나 드러난 사건이다. 증거에 따르면, 감독인 리오 더로셔가 어떤 사람에게 돈을 주고 센터필드 관중석에서 쌍안경으로 포수의 사인을 훔치게 했다. 다른 사연에 따르면, 자이언츠 멤버 2명이 팀의 센터필드 클럽하우스(홈에서 약 147미터 떨어진 곳)에서 사인을 훔치고는, 비밀 척후병을 시켜 불펜에 전달했다. 그곳에서 다시 타자들에게 사인을 전달했다는 것이다.

메이저리그의 규칙은 사인을 훔치는 것을 딱히 불법으로 규정하고 있지는 않다. 사실 경기의 일부라고 너무나 굳게 여기기 때문에, 팀들이 그토록 사인을 위장하려고 애쓰는 것이다. 2루주자, 아니면 클럽하우스 직원, 혹은 관중석에 앉은 사람이 사인을 훔쳤다고 한들 무슨 상관이겠는가? 톰슨은 사인을 건네받았다는 것을 부정했다. 하지만 설령 그랬다고 해도, 그가 날아오는 그 공을 치지 않을 수는 없는 노릇 아닌가.

관중 수

한눈에 보기에도 빈자리가 많은데도 박스 스코어에는 4만 565명이라고 적혀 있다. 이상하다고 생각한 적은 없는가? 그것은 '관중 수'라는 것을 개찰구를 지나친 사람의 수가 아니라, 팔린 티켓 수를 기준으로 산정하기 때문이다. 비 오는 날이면 차이를 더 크게 감지할 수 있을 것이다.

우천 경기

악천후라서 모든 사람이 집에 일찍 돌아갈 수밖에 없다. 그때는 최소 5이닝 이상을 치렀으면 경기를 한 것으로 친다. 홈팀이 리드를 잡고 있는 경우에는 게임이 5회초를 마치고 끝날 수도 있다. 9회 전이건, 9회를 넘어 연장전으로 가건 간에 마지막 이닝에는 '마지막 만회의 기회 last lick'가 적용되기 때문이다. 5이닝을 치르기 전에 멈추어야 한다면, 경기 전체를 새로 치러야 한다.

 어느 날 비가 온다는 예보를 들었다. 그러면 리드를 잡은 팀은 초구에 스윙을 하고 스트라이크를 더 많이 던져서, 6회에 빨리 도달해서 경기를 공식적인 것으로 만들려고 한다. 반면에 쫓고 있는 팀은 볼 카운트가 차도록 기다리고, 투구 사이에 타석을 벗어나며, 견제구 하나라도 더 던지고, 별일도 없이 투수를 교체하면서 시간을 끈다. 동점인 상황이라면, 양 팀은 펜스를 넘기는 공을 치기 위한 스윙을 하거나 '작은 야구 small ball'를 하거나 어느 한쪽을 택한다. 작은 야구란 주자가 한 루 한 루 진루하도록 기본적인 원칙과 단순한 전략을 쓰면서 플레이하는 스타일을 말한다. 하지만 그러면 점수가 많이 터지는 이닝은 보기 어렵다.

7회 스트레치

1910년 시즌 개막전에 미국의 제27대 대통령 윌리엄 하워드 태프트가 워싱턴 세너터스와 필라델피아 애슬레틱스의 시합을 보려고 그리피스 스타디움을 찾았다. 오후가 다 지나가는 동안, 140킬로그램에 육박하는 태프트는 작은 나무의자에서 점점 불편해지다 못해 급기야는 몸을 펴려고 자리에서 일어났다. 관중들도 대통령이 구장을 떠나나 보다 생각하고 따라 일어섰다. 하지만 그는 아무 데도 갈 생각이 없었고, 곧 도로 앉았다. 나머지 사람들도 모두 앉았다. 그때가 7회의 중간이었고, 전통이 탄생했다.* 그보다 2년 전에 잭 노워스라는 가수가 가사를 쓴 〈야구 경기에 데려가 주세요Take Me Out to the Ball Park〉라는 노래가 히트했다. 하지만 이 노래를 7회 스트레치에 부르게 된 것은 1971년에 가서였다. 명예의 전당 아나운서 해리 커레이가 화이트삭스의 한 경기에서 이 노래를 부른 것이 시초였다. 이로써 또 다른 전통이 출범했다. 오늘날 거의 모든 구장의 관중은 7회 스트레치 때 이 노래를 따라 부른다.

* 태프트는 그날 우연히 또 다른 전통도 개시했다. 심판은 양 팀의 감독들을 소개하고 난 후에 그에게 공을 건네며 홈 플레이트로 던져달라고 요청했다. 그 이래로 지미 카터만 제외한 모든 미국 대통령이 임기 중 적어도 한 시즌에 개막전에서 시구했다.

미신

투수가 노히트 게임을 이어가고 있거든, 그렇다는 것을 입 밖에 내면 안 된다. 악운을 불러오니까. 징크스를 불러오게 될 테니까. 다 그런 것이다. 선수들은 모두 그것을 안다. 심지어 일부 아나운서들조차 그 말을 삼간다. 사실은 그것에 대해 쓰고 있는 것만으로 내게도 불운이 찾아올 것이므로, 이 얘기는 여기서 마친다.

야구 선수들은 별나다. 그들은 괴상한 버릇과 관례, 기이한 미신과 강박에 사로잡혀 있다. 그들은 슬럼프를 끝장내기 위해 배트를 품은 채 잠자리에 든다. 이닝 사이에는 파울 라인을 밟지 않는다. 타석에 들어설 때 포수와 심판 사이로 걸어 지나치는 것을 삼간다. 이 정도는 시작에 불과하다.

아무리 점입가경으로 치닫는다 해도, 다른 선수들은 한 선수의 미신을 인정한다. 팬으로서 우리도 그래야만 한다. 그러니 18경기 연속안타 기록이 끝난 후에 이렇게 말한 내야수 팀 플래너리를 비난하지 말 일이다. "나는 미신을 믿는다. 안타를 치고 나면 매일 밤 텍사스식 멕시코 요리를 먹고 테킬라를 마셨다. 안타 치기를 그만두지 않았더라면 골로 갈 판이었다."

다른 예가 더 필요한가? 외야수 레니 다익스트라는 안타를 치지 못한 타석 후에는 타격 장갑을 버렸다. 진 모크 감독은 팀이 이긴 날에는 속옷이나 티셔츠, 유니폼을 절대 빨아 입지 않았다. 터크 웬델은 매 이닝 사이마다 이를 닦고 감초를 씹었다.

웨이드 보그스를 빼놓을 수 없다. 아마도 역사상 가장 미신에 사로잡힌 선수가 아닐까 한다. 매일 아침 같은 시간에 일어나 내야 연습 동안에 정확히 150개의 땅볼 수비 연습을 하고, 매 경기 전마다 닭고기를 먹었다.('그리하여 '치킨 맨'이라는 별명을 얻었다.) 그리고 타격을 하기 전 타석에서 생명을 상징하는 히브리어 단어 '하이$chai$'를 그었다.(그는 유대인이 아니다.) 야간경기 전에는 항상 5시 17분에 타격 연습에 들어갔고, 7타수 7안타의 가능성을 높이기 위해 7시 17분에 전력질주를 반복하는 윈드 스프린트를 시작했다.(토론토의 스코어보드 관리자는 시계를 7시 16분에서 7시 18분으로 바로 넘겨서 그를 골려먹으려고 했다.) 보그스는 미쳤던 것인가? 어딜 봐서도 아니다. 그는 통산 3할2푼8리의 타율을 기록했으며, 다섯 번 타격왕을 차지했고, 3000안타 이상을 쳤으며, 12번 연속 올스타 게임에 나갔고, 월드 시리즈 우승 반지를 꼈으며, 명예의 전당에 헌액되었다.

하지만 회의론자들도 있다.

외야수 출신인 더스티 베이커는 이렇게 말했다. "마이너리그에서 5년 동안 나는 같은 속옷을 입었다. 하지만 여전히 2할5푼을 쳤다. 그래서 나는 그런 것은 믿지 않는다."

더블 스위치

감독이 투수를 교체하면서 동시에 야수를 교체하는 것을 더블 스위치라고 한다. 그렇게 하면 새로운 선수들이 타순의 빈자리를 메우므로, 새로 교체한 투수가 타석에 들어서는 것을 미룰 수 있다. 예를 들어 지난 이닝이 7번타자로 끝났다면, 감독은 그와 투수를 빼고 9번 타순(투수 타순)에 새로운 투입된 야수를 넣고, 교체된 투수를 7번 타순에 넣는다. 그러면 타순을 거의 한 바퀴 다 돌 때까지 투수를 타석에 세우지 않아도 되는 것이다.

매직 넘버

1위 팀이 플레이오프 진출을 확정 짓는 데 필요한, 1위 팀이 거두어야 하는 승수와 2위 팀이 기록해야 할 패수를 가리켜 매직 넘버라고 한다. 계산법은 이렇다.

1 | 1위 팀에게 남은 경기 수를 따진다.
2 | 1을 더한다.
3 | 이 수에서 2위 팀과의 패 차이에 해당하는 수를 뺀다.

무슨 말인지 모르겠다고?
당신이 가장 좋아하는 팀이 74승 57패로 1위이고, 162경기를 다 치르기까지 31경기가 남았다고 하자. 1을 더하면 32다. 2위가 68승 61패라고 한다면, 이 팀은 당신의 팀보다 패가 4개 더 많다. 32에서 4를 빼면 28이 나온다. 이것이 이 경우의 매직 넘버이다.(나머지 시즌에 대해 계속 따져나가고 싶으면, 종이 29장을 준비한다. 종이 한 장 한 장마다 0에서 28까지 숫자를 매긴다. 그리고 벽에다 붙인다. 당신네 팀이 승리할 때마다 가장 큰 숫자를 하나씩 떼어낸다. 2위 팀이 패할 때도 한 장씩 떼어낸다. '0' 하나만 남는 날이 축제일이다.)

로스터, 거래, 계약

야구는 매우 독특한 스포츠이다. 그 이유는 무수히 많다. 하지만 대부분의 팬들이 무시하고 지나가는 것이 있으니, 바로 로스터의 균형을 맞추고, 갖가지 거래를 하며, 계약서에 사인을 하는 것이다. 이것이 야구의 진정한 핵심이며 필드에서 누구를 보게 될지 결정하는 요소다.

9월 1일 전에는 메이저리그 팀들이 선수를 25명까지만 데리고 있을 수 있다. 9월 1일부터 정규 시즌 나머지에는 40명으로 그 수가 확대된다. 로스터에 한 선수를 추가하면 누군가는 제외해야 한다. 그러므로 선수들은 '마이너리그로의 강등 옵션을 행사당하거나optioned', '마이너리그로부터 승격하고recalled', '부상자 명단disabled list, DL'에서 '복귀하며activated', 트레이드되거나 방출된다. DL에 등재될 때 선수는 (부상의 경중에 따라) 15일 혹은 60일짜리 중 하나에 지정되어 그동안 경기에 나가지 못하고, 로스터에서 그의 자리는 임시요원에게 열린다. 만약 좋은 선수가 경미한 부상에 처한다면, 팀은 딜레마에 직면하게 된다. 그를 DL에 올리고 대체요원을 써야 할 것인가? 아니면 그가 빠르게 회복할 때를 대비해서 하루 이틀 결장시키고 24명의 로스터로만 갈 것인가?

팀들은 어느 때건 트레이드를 할 수 있다. 하지만 특히 두 차례의 '트레이딩 데드라인trading deadline'이 임박하면 거래를 성사시키기 위해 부산하기 이를 데 없어진다. 미 동부 시간으로 7월 31일 오후 4시까지 팀은 '웨이버waiver'에 공시하지 않고 선수를 트레이드할 수 있다. 웨이버에 선수를 올리면, 어떤 팀이라도 그를 데려가겠다고 나설 수 있다. 그의 급여도 책임지겠다고 해야 한다. 그 선수의 팀이 트레이드로 얻을 이득을 재려 할 뿐 그를 계속 붙잡아둘 가능성이 있다면, 그는 취소 가능한 웨이버에 올라갈 수 있다. 그를 확실히 내보낼 의향이라면, 그는 취소할 수 없는 웨이버에 올라간다. 그런데 그를 데려가겠다고 나서는 팀이 아무도 없으면, 팀은 그를 트레이드하거나 마이너로 내려 보내는 데서 일부 계약상의 장애물을 건너뛸 수 있다. 8월 31일이 지나고 나서 팀을 바꾸거나 40명으로 확대된 로스터에 합류한 선수는 포스트시즌에서 뛸 수 없다. 고전을 면치 못하는 팀들은 때때로 팀 내 슈퍼스타들을 포스트시즌에서 우승을 노리는 팀에 트레이드하는 것으로 해당 시즌을 포기한다.(그리고 급여도 지불하지 않게 된다.)

팀의 경영진은 시즌을 마치고 나서도 계속 분주하다. 그들은 11월 20일이 되면, 40명 로스터에 있는 특정 메이저리그와 마이너리그 선수들을 지켜야 한다. '룰 5 드래프트 Rule 5 Draft'에 의해 다른 팀들이 선수들을 데려가는 것을 막기 위해서이다. 이 제도는 이미 마이너리그에 있는 선수들을 대상으로 하는 비시즌 연례 드래프트이다. 어떤 보호도 받지 못하는 '마이너리그 선수 farmhand'들에 대해, 그들을 채가는 데 걸림돌이 되는 규칙이 두 가지 있다.

- 한 선수를 뽑아가려면 5만 달러를 지불해야 한다.
- 선수를 고른 팀은 이듬해 시즌 전체 동안 그를 메이저리그 로스터에 유지시키거나, 아니면 단돈 2만 5000달러에 원래 팀으로 돌아가라고 제안해야 한다.

룰 5 드래프트로 이루어진 거래는 대개 메이저리그에 큰 영향을 끼치지 않은 채 끝난다. 만약 그렇게 뛰어난 선수들이라면, 그들의 지위는 이미 보호받고 있을 것이다. 하지만 미래의 스타가 틈새를 뚫고 쏙 빠져나오는 일도 간혹 있다. 1987년 아메리칸 리그 MVP 조지 벨, 사이영상을 두 번 수상한 요한 산타나, 역대 최다 세이브 기록 보유자 트레버 호프먼, 명예의 전당 외야수 로베르토 클레멘테가 그들이다.

선수들은 다년계약을 선호한다. 설령 형편없는 플레이를 하기 시작하더라도 돈은 보장되기 때문이다. 그러나 팀은 괴물 같은 계약에 발이 묶이는 것을 피하려 한다. 그 결과 경영진과 선수들과 에이전트 사이에는 곧잘 긴장감이 조성된다. 그리고 심지어는 팬들까지 끼어든다. 특히 협상중이라는 설이 시즌 중에 유포되면 팬들은 안절부절못한다. 팀과 선수가 계약 조건에 조금도 동의하지 못하면, 그들은 '연봉중재arbitration'에 손을 내민다. 연봉 분쟁에서 합의를 도출하기 위해 제3자를 끌어들이는 것이다.

계약서에 서명하고 나서 오랜 시간이 지난 후, 팀이 그 선수를 더는 원하지 않을 수도 있다. 계약서에 트레이드 불가 조항이 있으면, 팀으로서는 도리 없이 그를 데리고 있어야 한다.(이른바 '10/5 선수10/5 player'는 어떤 트레이드에도 거부권을 행사할 수 있다. 10/5 선수란 메이저리그에서 적어도 10년을 뛰었고, 현재 팀에서 5시즌 이상 연속으로 뛴 선수를 말한다.) 그렇지 않으면 단장이 트레이드를 시도해볼 수 있다. 하지만 선수의 어마어마한 급료를 감당하겠다고 나설 팀을 찾는 데 쩔쩔매기 십상이다. 선수가 너무 형편없어져서 선수로서 어떤 가치도 분명 없어진다면, 팀은 그를 그냥 방출해버린다. 하지만 방출당한 선수에게 안됐다는 마음을 품을 필요는 없다. 그래도 그는 남은 계약 기간 동안 돈을 받을 것이기 때문이다. 시즌 중간에 잘린 감독들과 야구와 관련한 부상으로 경기에서 빠진 선수들도 마찬가지다.* 앨버트 벨은 2000년 시즌 후 엉덩이 관절염으로 급작스럽게 은퇴했다. 그러나 2003년까지 남은 계약으로 오리올스에서 3900만 달러를 수금했을 뿐만 아니라, 팀이 원정을 갈 때 나오는 식사비까지 계약 기간 동안 계속 챙겼다고 한다.

프리 에이전트

저 옛날에는 구단주가 선수를 온전히 좌지우지했다. 급료는 예전과 다름없이 계속 낮았고, 선수들은 팀을 마음대로 바꿀 수 없었다. 서로 밀고 당기는 거래 따위는 없었다. 그러다가 1966년 메이저리그야구선수협회(선수노동조합이라고도 한다.)가 미국제철노동조합의 수석 협상가 마빈 밀러를 고용하면서 모든 것이 뒤집혔다.

이듬해 밀러는 스프링 트레이닝 기간 중에 모든 팀을 방문하고, 그곳에서 선수들의 지지를 얻고, 선수들에게 서로 단결하라고 설득했다. 밀러의 성공적인 법정 싸움, 견실한 전략을 등에 업고 이렇게 단결한 결과, 선수들의 급료는 20년 만에 큰 폭으로 올랐다. 광고와 방송으로 늘어난 수입을 더 많이 나누어주라고 구단주들을 압박한 결과였다. 밀러는 외

---

* 야구장 바깥에서 다치면, 선수는 돈을 잃을 수도 있다. 계약서에서 금지한 활동에 의한 부상일 경우이다. 2002년 스프링 트레이닝 중 자이언츠의 2루수 제프 켄트가 오토바이를 타고 재주를 부리다가 손목을 부러뜨렸다. 하지만 그는 브라이언 사빈 단장에게 트럭을 세차하다 떨어졌다고 말했다. 빠르게 회복해갔고 여전히 돈도 받고 있었지만, 진실이 밝혀지자 켄트는 손가락질받았다. 2년 후 양키스의 3루수 에런 분이 농구를 하다가 무릎 인대가 파열됐다. 농구는 메이저리그 계약서에서 흔히 금지하는 또 다른 활동이다. 부상의 진상을 실토하자, 양키스는 575만 달러짜리 계약을 무효로 하고 그를 방출해버렸다. 하지만 그는 그래도 해고수당 조로 91만 7553달러를 챙겼다.(외야수 켄 그리피 주니어가 매리너스에 있던 시절, 보호대가 흘러내려 공에 고환을 얻어맞는 바람에 결장한 게임에 돈을 받았는지는 알 수 없다. 실화다)

야 펜스를 푹신하게 만들도록 조치하고, 향상된 워닝 트랙, 안전한 라커룸, 합리적인 일정을 요구하여 선수들의 환경을 개선했다.

그중에서도 가장 큰 성과는 선수들에게 처음에 계약했던 팀 말고 다른 팀들의 계약 제안도 받아들일 권리를 안겨준 것이었다. 그것이 바로 프리 에이전트라는 것이다. 명예의 전당 투수 캣피시 헌터가 1974년 12월에 프리 에이전트 계약(조지 스타인브레너의 양키스와 말이다.)을 한 최초의 선수가 되었다. 갑자기 구단주들은 스타 플레이어를 잡기 위해 상대 팀을 능가하는 값을 불러야 하는 처지가 되었다. 그리고 연봉은 치솟았다.

물론 경제 인플레이션이 한몫을 하고 있다지만, 많은 사람들이 이 고삐 풀린 수치를 밀러 탓으로 돌리는 데만 급급할 뿐, 혁신가이자 강인한 협상가 그리고 다른 프로 스포츠의 선수들을 돕고 고무한 열정적인 야구팬으로서 그가 이룬 공은 잊고 있다.

메이저리그 평균 연봉	
1970년	2만 9303달러
1975년	4만 4676달러
1980년	14만 3756달러
1985년	37만 1571달러
1990년	57만 8930달러
1995년	107만 1029달러
2000년	199만 8034달러
2005년	263만 2655달러
2010년	헉!

메이저리그 스캔들

세상 모든 일이 다 그렇듯이 야구도 침체기와 번영기를 번갈아 겪어왔다. 커다란 이슈들이나 추했던 순간들을 짚어보자.

블랙삭스 | 1919년에 화이트삭스의 선수 몇 명이 도박사들에게 돈을 받고 월드 시리즈에서 레즈에게 일부러 졌다. 이에 메이저리그 총재 케네소 마운틴 랜디스는 그중 8명에게 영구 출장정지를 내렸다. 거기에는 인기 많았던 '맨발의' 조 잭슨도 들어 있었다. 많은 사람들은 그가 최선을 다해 플레이했고 억울한 혐의를 뒤집어썼다고 느꼈다. 1919년 월드 시리즈는 블랙삭스 스캔들이라는 이름으로 알려지게 되었고, 야구라는 스포츠에 대한 대중의 신뢰를 거의 다 뭉개버렸다. 다행스럽게도 한 젊은 선수가 스타로 떠오르고 있었으니, 그는 '장거리 홈런 *tape-measure home run*'으로 연일 헤드라인을 장식하고, 야구장으로 팬들을 다시 끌어들였다. 그의 이름은 베이브 루스였다.

피트 로즈 | 선수생활을 마친 후 레즈의 감독으로 일하는 동안, 피트 로즈는 야구계의 가장 큰 죄악으로 걸려들었다. 그것은 도박이었다. 비록 자기 팀에 돈을 걸긴 했지만, 그렇더라도 심각한 위반행위였다. 왜냐하면 특정한 날에 특정한 투수들을 지나치게 많이 던지게 할 수 있고, 그리하여 자신의 이득을 위해 선수의 경력을 위험에 빠뜨릴 수 있기 때문이었다. 바트 지아마티 총재는 1989년에 로즈를 메이저리그에서 영구 추방했다. 그리고 도박을 한 적이 없다고 주장했음에도, 로즈는 당시에는 그 처벌을 받아들였다. 15년이 흐른 후 그는 도박을 했다고 시인했고,

버드 셀리그 총재가 추방을 철회하고 자신을 명예의 전당에 입회시켜주었으면 하는 바람을 나타냈다.

총재는 받아들이지 않았다.

기록으로 보아 로즈가 명예의 전당에 입성해야 마땅함은 누구나 동의한다. 하지만 많은 사람들이 고결하지 못한 행태 때문에 그가 명예의 전당에 입성할 자격이 없다고 느낀다.(물론 이름난 인종차별주의자 타이 콥이 이 전당에 있는 것은 아무도 개의치 않는 듯하다.)

빈볼 │ 돈 드라이스데일이 언젠가 이런 말을 했다. "투수는 타자가 겁을 먹었는지 알아내야 한다. 타자가 겁을 먹었다면, 투수는 그에게 그가 겁먹었다는 것을 상기시켜주어야 한다." 밥 깁슨은 홈 플레이트 근처를 바짝 얼씬거리면 제 어머니에게라도 공을 던질 것이라고 공언한 것으로 유명하다. 이런 태도가 약간 가혹해 보일지는 몰라도, 이들이 안쪽 공을 던진다는 이유로 비난하는 사람은 아무도 없었다. 어쨌거나 그들도 타석에 들어서서 앙갚음에 직면해야 했기 때문이다. 그러나 아메리칸 리그가 1973년에 지명타자 제도를 도입하자, 공격적인 투수에게 직접 똑같은 방법으로 되갚아줄 길이 갑자기 사라져버렸다. 그리하여 불똥이 다른 데로 튀었다. 그들은 그의 무고한 동료 중 한 명에게 빈볼을 던지거나, 야비한 슬라이딩으로 중간내야수 한 명을 경기에서 걷어낼 수도 있었다. 하지만 분이 풀리게 복수할 길은 전혀 없었다. 결과적으로 오늘날의 성질 급한 선수들은 재빨리 '마운드로 돌진한다 charge the mound'.*

---

* 1994년에 레즈의 외야수 레지 샌더스는 엑스포스의 페드로 마르티네스가 투 스트라이크 노 볼 상황에서 던진 공에 맞고 마운드로 달려나갔다. 페드로 마르티네스는 8이닝째 퍼펙트 게임을 진행중이었다!

심판들은 실랑이를 막아야 하는 어려운 임무에 직면해 불순한 의도가 처음 보였을 때 재빨리 경고를 내린다.

그러니 뭐가 문제인가?

양 팀 투수 중 1명이 경고 후에도 '고의성'이 보이는 안쪽 볼을 던지면, 투수와 감독 모두 퇴장당한다. 이로 인해 투수가 안쪽으로 공을 던지기 꺼리게 되고, 두려워할 이유가 사라진 타자들은 플레이트 쪽으로 몸을 쑥 들이밀고 바깥쪽 코너 공에 닿을 수 있게 된다.(어떤 사람들은 왜 '공격력offense'이 증가하는지 의아해한다.)

빗나간 기록 │ 한 시즌 154경기를 했던 옛날 선수들에 비해 162경기를 뛰는 선수들이 기록에서 득을 보듯이, 비슷한 변화가 포스트시즌의 기록도 비틀어놓았다. 디비전 시리즈와 리그 챔피언십 시리즈 때문이다. 사례를 살펴보자. 1964년에 양키스의 외야수 미키 맨틀이 포스트시즌 통산 18개째 홈런을 치면서 신기록을 작성했다. 2003년에 똑같은 양키스의 외야수 버니 윌리엄스가 그의 기록을 넘어섰으며, 그후 매니 라미레스가 28개로 새로운 기록을 세웠다. 맨틀은 모든 홈런을 월드 시리즈에서 쳤다. 그러나 라미레스에게는 더 많은 기회가 있었다. 누가 더 나은가? 알 길은 없다.

공에 장난치기 │ 투수가 중원을 압도하던 몇십 년이 지난 후, 1987년에 설명할 길 없는 이유로 홈런의 수가 치솟았다. 그러자 메이저리그 관계자들이 공에 은밀하게 '장난을 친' 것이 아니냐는 의심을 받았다. 달리 말해, 롤링스 사에 볼을 더 촘촘하게 꿰매서 더 멀리 날아가게 만들라고 지시하고, 그리하여 홈런에 굶주린 팬들을 만족시키려는 술수가 아니냐는 뜻이었다. 메이저리그 측에서 이를 부인하자, 몇몇 투수들이 공을 해부해보고 새로운 공의 고무심이 옛날 것보다 아닌 게 아니라 정말로 더 높이 튀어 오른다는 것을 발견했다. 옛날 공들이 다른 식으로 제조된 걸까, 아니면 그냥 낡은 걸까?

스테로이드 | 공에 대한 농간은 잊자. 문제는 농간을 부린 근육이다. 마크 맥과이어가 1998년에 로저 매리스의 단일 시즌 최다 홈런 기록을 산산이 깨부수었을 때, 그는 안드로스텐디온을 복용하고 있었다. 이것은 테스토스테론 분비를 돕는 약으로, 의사의 처방 없이 살 수 있었다. '안드로'는 다른 많은 스포츠에서는 이미 투약을 금지했지만, 야구에서는 2004년까지 합법적인 약으로 남아 있었다. 야구계의 슈퍼스타 몇 명―게리 셰필드, 제이슨 지암비 그리고 배리 본즈―이 스테로이드 스캔들에 휘말리고, 대배심에서 발코사와의 결부 여부에 대해 증언한 후 상황이 바뀌었다. 이 회사는 그들에게 스테로이드를 공급한 터였다. 이 증언이 미디어로 흘러나갔고, 세 사람 모두 스테로이드 복용 사실을 시인했다는 것을 온 세상이 알게 되었다.(본즈와 셰필드는 스테로이드인 줄 모르고 복용했다고 주장했지만 말이다.) 그 후 야구를 정화하라는 미국 정부의 압박이 점차 커졌고, 선수조합과 메이저리그는 더 엄격한 테스트 정책을 시행하고 불법 물질 리스트를 더 확대할 것에 마침내 동의하게 되었다. 사상 최초로, 선수들은 무작위로 테스트를 받게 되었고, 첫 번째 위반에 대한 징계로 급료 없이 10일간 출장정지를 받게 되었다. 두 번째로 위반한 선수는 30일간 출장정지를 당하고, 세 번째는 60일 그리고 네 번째 위반자―그만큼 많이 걸릴 정도로 명청한 선수가 어디 있을까마는―는 한 시즌 전체를 못 뛰게 되었다.

2005년 미국 정부는 한 발짝 물러섰다. 그러나 전 MVP이자 스테로이드 복용을 시인한 호세 칸세코가 무대에 나섰다. 부정행위를 했을 것으로 보이는 선수들과, 이것을 모르는 척했다고들 하는 메이저리그 관계자들에 대해 밝힌 '이제는 모든 것을 말한다'식의 책을 그가 출간하자, 이제 더욱 강력한 대책이 필요해 보였다. 미국 의회는 조사를 개시했고, 특별청문회를 열었다. 몇 달 후, 이제 막 3000안타 클럽에 합류했던 안타 제조기 라파엘 팔메이로가 테스트 결과 당시 새로이 금지된 스타노졸롤에 양성 반응을 보였다.

다시 논란이 불붙었다.

그해 말 무렵에, 다시 관여를 하겠다는 정부의 위협에, 메이저리그와 선수노동조합은 벌칙을 더 강화하자는 데 합의했다. 첫 번째 위반자에게는 50게임 출장 정지, 두 번째는 100게임, 세 번째는 영구 출장정지였다. 2006년에도 새로운 스캔들과 혐의가 헤드라인을 장식했음에도, 2명의 메이저리거만이 양성 판정을 받았다.

메이저리그는 파업 중 │ 메이저리그는 1972년 이래 여덟 번의 파업을 겪었다. 대부분은 정규 시즌이 시작되기 전에 해결되었지만, 큰 건이 두 번 있었다. 1981년에 50일간 지속된 파업은 시즌을 반으로 쪼개놓았고, 전반기의 승자와 후반기의 승자가 10월에 마주하는 결과를 낳았다. 1994년에 일어나 232일간 벌어진 파업은 월드 시리즈를 취소시켰고, 다음 시즌까지 이어졌다. 이런 분란에서 팬들은 소외된다. 하지만 해결해야 할 심각한 문제들이 있었고, 사실 그런 문제는 지금도 있다. 가장 중요한 문제는 경쟁력의 불균형이다. 바꿔 말하면, 구단이 선수들에게 얼마만큼 돈을 줄 수 있는지, 그 한계에 관한 것이다. 그것을 '샐러리 캡salary cap'(연봉상한선)이라고 부르는데, 야구에는 그런 게 없다. 그 대신 메이저리그는 선수단 총 연봉이 미리 정한 수준을 넘어서는 팀들에게 매년 '사치세luxury tax'를 매긴다.* 하지만 세금으로는 낭비를 단념시키지 못했다. 그리고 그 결과 작은 도시의 '시장이 작은 팀small-market team'들은 부유한 프랜차이즈들과 경쟁을 벌이기가 늘 힘겹다. 스타 플레이어들이 계약서에 서명하게 하거나, 아니면 계속 팀에 묶어둘 돈을 마련해내지 못하기 때문이다.

팀 축소 | 많은 구단주들이 돈을 잃는 것에 불만을 품는다. 사람들이 제안하는 한 가지 해결 방안이 '팀 수를 줄이는 것contraction'이다. 팀 수를 줄이면, 재능이 더 뛰어난 선수들이 집중될 것이다. 플레이의 수준이 높아질 것이다. 경기를 보는 게 더 재미있어질 것이다. 팀당 팬들도 더 많아질 것이며, 그러면 재정적인 부담도 완화되지 않겠는가. 그러나 누가 쫓겨나야 마땅한가? 선수들은 어떤 팀도 아니라고 말한다. 팀 하나가 줄어든다는 것은 25개의 일자리가 줄어든다는 뜻이다. 그렇기에 선수노동조합은 팀 수 축소에 저항하고 있다. 그리고 일자리를 잃을 경기장 직원 수백 명과 함께, 사업을 접어야 할 근처의 호텔과 식당, 상점들도 무시할 수 없다.

---

* 그 수준은 2005년에 1억 2800만 달러까지 상승했다. 양키스(2억 1310만 달러)는 야구 역사상 최초로 총 연봉 2억 달러를 깼다. 3년 연속으로 상한선을 초과했기 때문에, 양키스는 넘는 액수의 최대 40퍼센트, 액수로 3400만 달러를 메이저리그 사무국에 내야 했다. 양키스 외에는 단 한 팀, 레드삭스(1억 4190만 달러)만이 사치세를 물었다. 같은 디비전에 속한 두 팀은 모두 플레이오프에 진출했으나 첫 라운드에서 패했다.

하품 | 많은 사람들이 야구가 시간을 재지 않는 게임이라는 것을 아주 좋아한다. 그러나 경기 시작한 지 벌써 3시간이 지났는데 7회이고, 5개 연속 견제구를 던지고 나서 한 타자를 상대한 투수가 연달아 교체되는 상황인데, '인간 우천 지연human rain delay'이 투구 사이마다 타석에서 물러나 집착적으로 타격 장갑을 매만지는 것을 보고 좋아할 팬은 아무도 없다. 평균 게임 시간이 거의 3시간에 달했던 2000년 시즌이 끝나고 나서, 버드 셀리그 총재가 행동에 나섰다. 그는 배트가 부러질 때를 대비해, 타자들이 배트 하나를 더 준비해놓을 것을 강제사항으로 정했다. 그는 감독들에게 불펜투수는 신호가 떨어지는 즉시 신속히 마운드로 이동시키라고 지시했다. 공을 받은 투수가 12초 내로 투구를 하지 않으면, 볼을 하나 판정한다. 이닝 사이에 정해진 광고 시간 2분 5초가 지나면 바로 경기를 속개해야 한다. 여기까지는 아주 좋은 생각이었다. 그렇다면 잠깐 시도해보고 나서 셀릭이 폐기 처분한 야릇한 아이디어도 들려줄까? 그는 타자들에게 타석에서 물러나는 짓을 하지 말라고 했다.(타석에서 물러나는 것이 투수의 리듬을 고의로 흐트러뜨리는 정당한 시도라고 여기는 이들도 있다.) 그는 스트라이크를 더 부르게 하기 위해 투구 수에 따라 심판의 순위를 매겼다.(이는 능히 예측할 수 있는 소동을 불러왔다.) 그는 심지어 고의사구 던지는 과정을 생략하고, 고의사구를 던질 것이면 타자를 곧바로 1루로 보내버리기를 원했다.(투수가 고의사구를 던지는 중에 와일드 피치를 저지르는 것을 본 적 있는가? 실제로 일어나는 일이다.) 야구는 여전히 느린 경기다. 하지만 셀릭에게도 공을 좀 돌리자. 2001년부터 2003년까지, 그는 평균 경기 시간을 12분 깎아냈다.

심판 대 MLB | 퀘스텍과 투구 수 순위뿐만 아니라, 심판들은 많은 경우

에 메이저리그 측과 부딪친다. 1999년에 양측의 관계가 너무나 악화된 나머지, 새로운 계약 협상이 다가오는 시점에 심판노동조합의 지원을 받는 심판 22명이 대량 사퇴의 행렬에 합류했다. 그러나 메이저리그 측은 그들의 사표를 수리하고 다른 심판들을 찾아 나서 그들을 충격에 몰아넣었다. 그 후 몇 명은 다시 고용되었지만, 나머지 심판들은 법정 소송을 제기했다. 그러니 심판들에게 눈이 멀었느냐, 바보냐 하고 소리 지르기 전에, 그것이 그들에게는 최소한의 걱정거리에 지나지 않음을 상기하자.

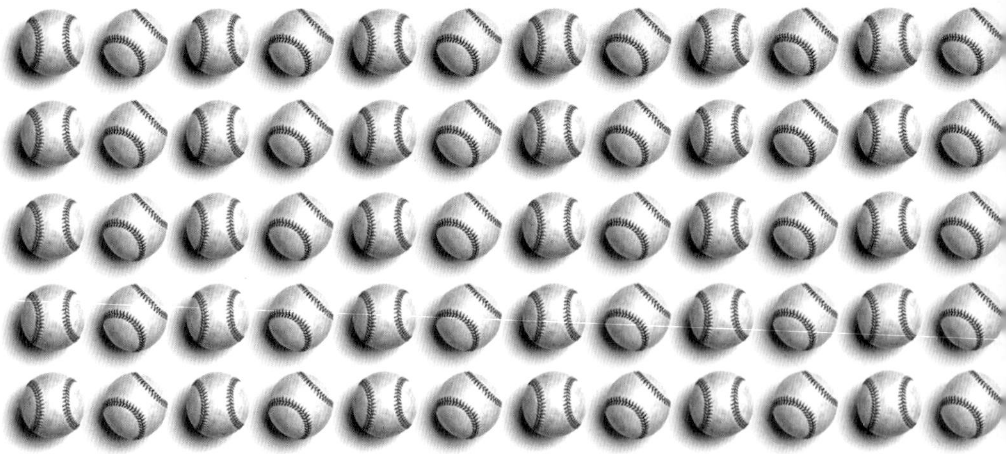

CHAPTER 10

보는 것으로 아주 많은 것을 관찰할 수 있다.
―요기 베라, 명예의 전당 포수

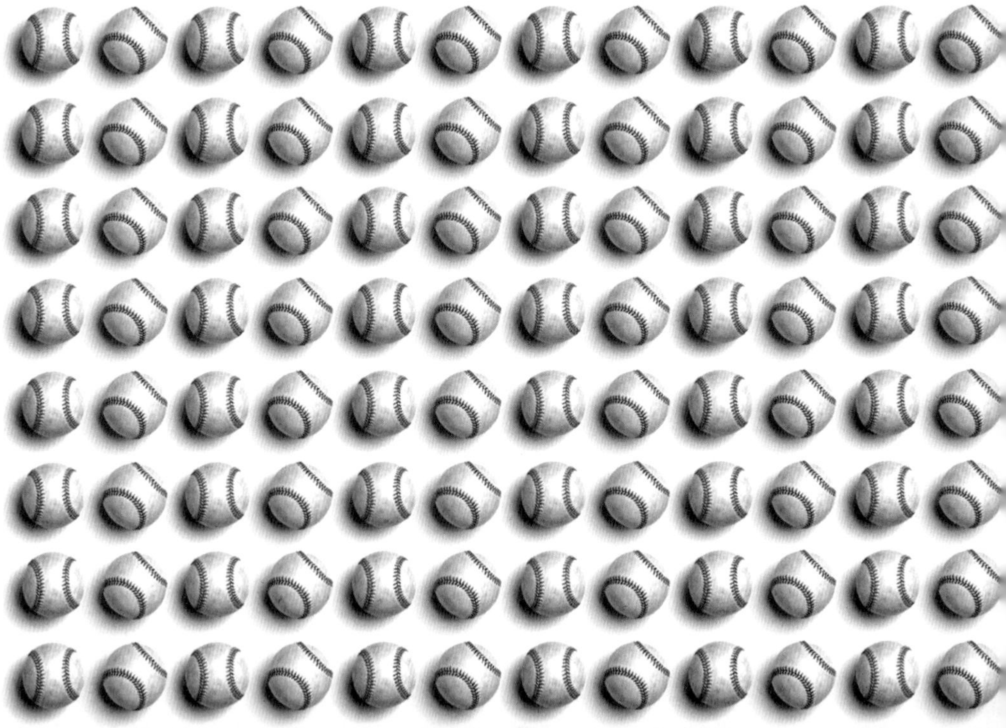

RANDOM STUFF TO NOTICE
현장에서 느끼는 즐거움

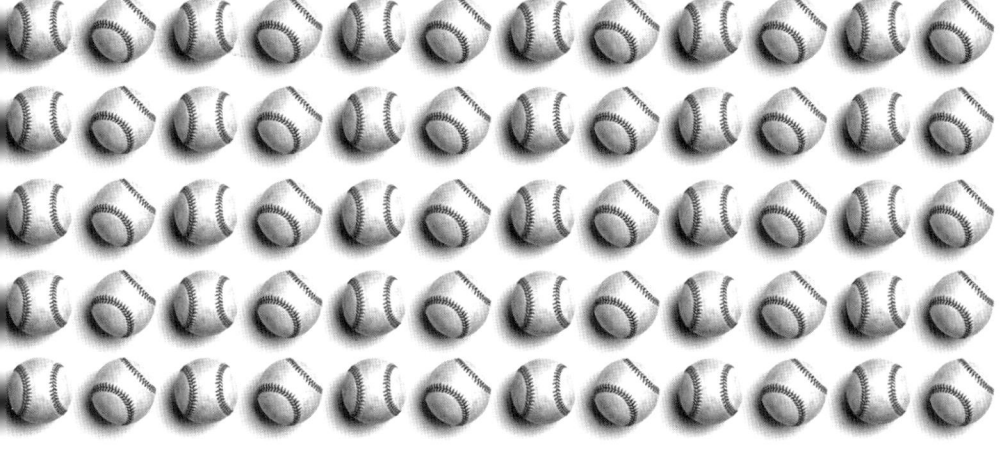

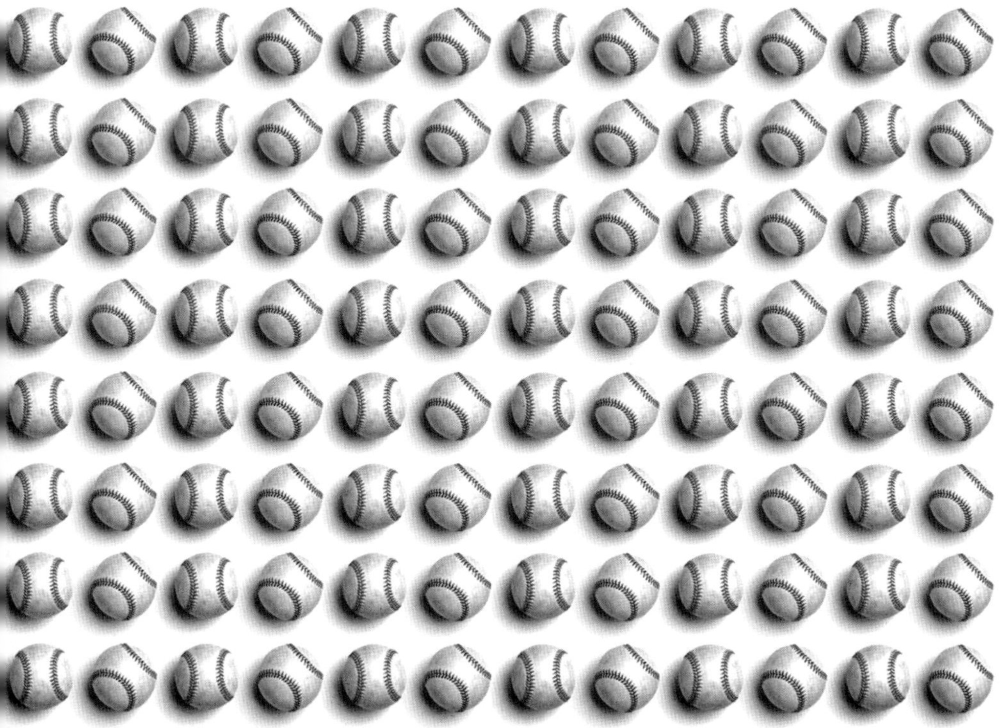

Watching Baseball Smarter

언제나 씹는 중

야구 경기에 참여하는 사람들은 늘 기다려야 한다. 벤치에 앉아 있거나, 필드에 서 있거나, 선수들은 뭔가 즐길 만한 것이 필요하다. 그래서 그들은 씹는다. 그리고 씹고 또 씹는다.

구단에서는 풍선껌과 해바라기씨―진정한 야구선수라면 한 움큼을 입에 넣고 하나하나씩 깐 껍질을 뱉어내야 한다―를 나눠주지만, 메이저리그 선수 중 거의 3분의 1이 공짜로 주는 것보다는 씹는담배를 선택한다. 그러니 그들은 뱉는다. 그리고 뱉고 또 뱉는다.(어떤 선수들은 아무것도 씹지 않는다. 하지만 여전히 침은 뱉는다. 그것은 야구의 문화이다.)

부푼 아랫입술이나 아이스하키 퍽 모양의 담배통 윤곽이 뒷주머니에 나 있는 것으로, '담배를 씹는*dip*' 선수들을 알아볼 수 있다. 하지만 마이너리그 경기를 볼 때는 그렇게 애써 찾을 필요가 없다. 마이너리그에서는 경기 중의 끽연이 1993년에 금지되었다.

입술을 읽어봐

감독과 심판의 언쟁은 입술 읽기를 연습하기에 아주 훌륭한 기회가 된다. 유심히 보면 간단한 단어(예를 들면, '보크 balk' '세이프 safe')를 집어낼 수 있을 뿐만 아니라, 대화까지 알아볼 수 있을지도 모른다. "태그가 됐소" "나는 완전히 다르게 봤는데" 같은 것 말이다.

경기 중 어떤 이닝을 힘겹게 마치고 더그아웃으로 가는 투수에게서 또 좋은 기회를 맞을 수도 있다. 하지만 그가 글러브로 입을 가려버리면, 야수들이 외치는 "내 공이야!" 정도로 만족해야 할 것이다.

흙과의 싸움

선수들은 언제나 흙을 처리하느라 갖은 부산을 떤다. 다 이유가 있다.

- 타자는 타석 뒤쪽에 작은 구멍을 판다. 그렇게 하면 발을 거기에 디디고 투구에 배트를 돌릴 때 밀어붙일 수 있기 때문이다. 흙이 신발에 들러붙으면, 배트로 두드려 떨궈낸다.
- 투수는 투수판 앞을 파서 딜리버리를 할 때 더 힘껏 밀 수 있도록 한다. 또 상대편 투수가 투구 때 '발을 디딘 자리 landing spot'도 성가시게 느껴지면 메운다. 신발에 흙이 달라붙으면 마운드 뒤쪽에 심긴 작은 스파이크 판에 문질러 제거하거나, 손톱 줄로 덩어리를 파낸다.
- 내야수는 불규칙 바운드를 막기 위해 주변의 흙을 톡톡 두들기듯 밟아 고른다. 공 던지는 손에 땀이 차면, 땅을 쓸어 닦아서 공을 잘 쥘 수 있게

한다.
- 주자는 스타트를 잘하고 더 잘 뛰기 위해 흙을 떨어내느라 여념이 없다. 머리부터 슬라이딩을 하면 벨트 버클에 흙이 들어간다. 그러면 타임을 부르고 바지에 흙이 더 들어가지 않도록 조심스럽게 흔들어 털어낸다.

음악

홈팀은 투구나 타석, 그리고 이닝 사이에 음악을 울릴 수 있다. 하지만 플레이 상황에서는 절대로 틀지 않는다. 때로 음악은 구장에서 방금 일어난 일에 맞추어 선곡하기도 한다. 이를테면 사사구 후에 〈와일드 싱 Wild Thing〉이 나올 수도 있고, 원정팀 감독이 투수를 교체하면 퀸의 〈또 한 놈이 쓰러진다 Another One Bites the Dust〉를 틀 수도 있다.

홈팀 타자들은 타석에 서기 전 들려주는 음악을 고를 수 있으며, 같은 노래로 몇 주, 몇 달, 심지어 몇 년을 고수하기도 한다. 왜 그들은 항상 록, 랩 아니면 살사를 선택할까? 짐작건대 야구선수들은 뮤지컬 노래는 듣지 않나 보다. 아니면 그런 걸 듣는다는 것을 인정하고 싶어하지 않을지도 모른다.

경기 중의 소리

대화를 멈추고 볼륨을 높여보자. 들을 수 있는 것이 아주 많다.

- 어떤 투수들은 투수판을 차면서 궁시렁거린다.
- 주심이 어째서 투구가 스트라이크 존에서 벗어났는지 말하는 소리가 때로 들린다. "안쪽 공! 투 앤드 투."
- 가만 있지 못하는 팬이 외친다. "보크!" 원정팀 투수가 합법적인 방법으로 견제 동작을 속이는데도 그렇게 외친다.
- 빈볼에 맞은 타자가 비명을 지를 수도 있다.
- 1루수가 베이스를 벗어나 땅볼을 잡으면, 동료나 코치가 "얼른 가!"라고 소리 지르며 투수에게 베이스 커버에 들어갈 것을 상기시킨다.
- 때로 베이스에 마이크로폰이 부착되어서 주자가 슬라이딩하는 소리를 들을 수 있다.
- 타자가 희생플라이가 될 수도 있는 공을 치면, 3루 코치는 소리를 지른다. "태그!" 주자가 원래 베이스로 돌아가야 함을 상기시키는 것이다.
- 관중 틈에 섞인 아이들이 고래고래 소리를 지른다. "여기이이이요!! 여기이이이요!!" 볼 보이나 코치가 경기에서 아웃된 공을 회수해 들일 때마다 말이다.
- 팬들이 끊임없이 환호하고 야유한다. 관중이 이름에 '우' 발음이 있는 선수를 부를 때(가령 케빈 유킬리스[유우우우우~]나 마이크 무시나[무우우우우~])는 환호인지 야유인지 구분하기가 어렵다. 때로 관중은 파울 볼을 잡아채거나 떨어뜨린 팬에게 소란을 떤다.
- 선수들은 생각보다 욕을 훨씬 많이 한다. 방송국은 당연히 그것을 숨기려고 하지만, 몇 마디는 감시망을 뚫고 흘러나온다.

아나운서

어떤 아나운서들은 특정한 플레이 상황에서 똑같은 구절을 사용한다. 크리스 버먼은 홈런에 "뒤로, 뒤로, 뒤로, 뒤로, 뒤로, 뒤로"라고 한다. 존 스털링은 경기의 마지막 아웃 후에 "저어어어어어어 양키스가 이겼습니다!"라고 선언한다. 해리 커레이와 필 리주토는 "홀리 카우 Holy cow!"라는 감탄사를 유행어로 만들었다. 이렇게 귀에 쏙 들어오는 말에 귀를 기울이다 보면, 중계석에 있는 사람들을 흉내 낼 수도 있다.

물론 최고의 아나운서들조차 완벽하지는 않다. 당신이 미처 생각할 기회도 갖기 전에 퀴즈의 답에 대해 의논할 뿐만 아니라, 선수들의 이름을 잘못 발음하고, 좌익수와 우익수를 헛갈리며, 감독이 교체를 한 것을 잊어먹기도 하는 것이다. 그걸 알아챘으면, 그들도 알지 못하는 것을 당신이 알았다는 것에 자부심을 가질 법도 하다.

공 돌리기

포수가 스트라이크아웃 다음에 공을 늘 투수에게만 던지지는 않는다는 것을 알아챈 적이 있는가? 혹은 땅볼 아웃 후에 1루수가 공을 어디로 던지는지 보았는가? 베이스에 주자가 아무도 없을 때, 내야수들은 팔을 풀고 마음을 다잡기 위해서 잡은 공을 '내야 주위의 누군가 around the horn'에게 던진다. 공이 가는 길은 아웃이 어디서 이루어졌는지에 따라 다르다. 패턴을 몇 개나 찾아낼 수 있을까?

현재 게임 상황

경기장에서는 스코어보드가 경기 상황을 일러준다. 집에서 TV로 볼 때는 화면 속의 작은 박스가 같은 일을 한다. 모든 방송국마다 저마다 스타일이 있다. 한 가지 예를 든다.

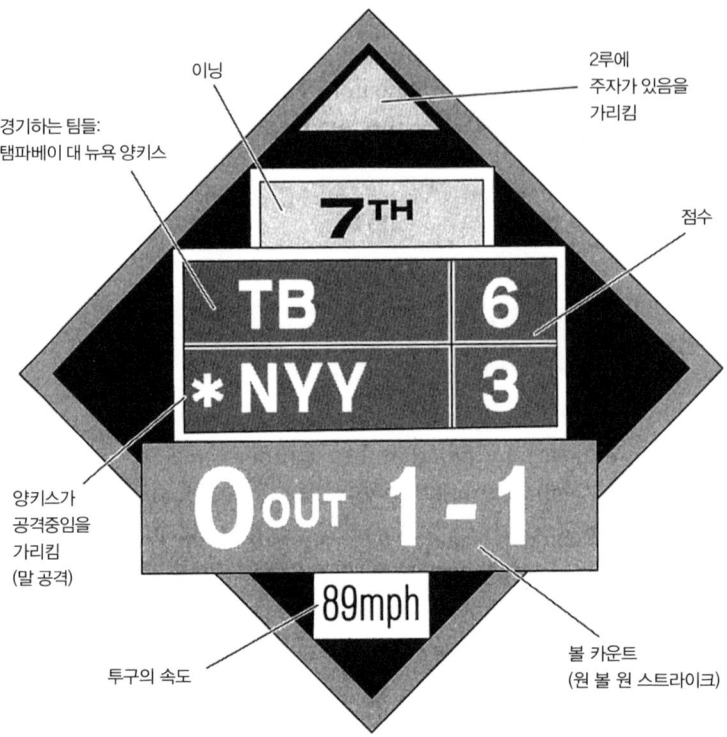

모자

야구 모자에 대해 잘 알려지지 않은 사실이 세 가지 있다.

- 거의 모든 선수들이 챙 아래, 또는 적어도 모자 안쪽에 자기 이름이나 유니폼 번호를 써넣는다. 그렇게 하면 스리 아웃 후에 잔루 주자로 베이스에 남았을 때 동료들이 모자(글러브도 함께)를 가져다줄 수 있다.
- 홈팀이 '점수를 올려야 할 crooked number' 상황에서, 팬들은 행운을 불러오기 위해 갖가지 기발한 방식으로 모자를 쓴다. 이것을 '랠리 캡 rally cap'이라고 부른다. 가장 쉬운 방법은 안과 바깥을 뒤집어 쓰는 것이다. 어떤 사람들은 모자를 접어 머리 한쪽에만 쓰기도 한다. 뭐니 뭐니 해도 가장 대담한 것은 챙을 위로 구부려 그 위에 절묘하게 공을 올려놓는 것이다.
- 외야수들은 간혹 가다 모자를 느슨하게 써서, 달려가 공을 잡을 때 모자가 날아가게 하여 더 멋진 모습을 연출하려고 한다. 윌리 메이스가 그런 짓을 잘하기로 아주 유명했다.

고의사구

누가 고의사구를 주문하며, 어떤 식으로 하는 걸까? 먼저 수비 팀 감독이 네 손가락을 까딱거린다. 어디에서나 통하는 사인이다. 그러면 투수가 홈 플레이트에서 꽤 먼 곳에 공을 로브해서, 타자가 손도 대지 못하게 한다. 하지만 포수가 잡을 만큼의 거리로는 던져야 한다. 쉽지 않은 일인데, 왜냐하면 포수는 투수가 공을 놓을 때까지 포수석에 최소한 한 발은 두고 있어야 하기 때문이다. 발이 벗어나면, 심판이 포수 보크(이 룰은 거의 집행된 사례가 없다.)를 선언한다. 그래서 포수는 선 자세로 한 팔을 뻗어 투수에게 넓은 타깃을 제공한다.

워밍업 피치

투수의 팔은 너무나 민감하다. 그러므로 투수는 경기가 잠깐 지연되는 동안 내야수와 캐치볼(팔을 계속 풀기 위해)을 하거나, 주루를 하는 동안 재킷을 입는(팔과 어깨를 따뜻하게 유지하기 위해) 특전을 얻는다. 그러나 이닝 간 휴식 후나 교체로 올라간 투수에게는 8개의 워밍업 피치만이 엄격하게 적용된다. 단 부상을 당하거나 퇴장당한 투수를 대신해 올라온 투수에게는 그 룰이 적용되지 않는다. 그는 던지고 싶은 만큼 워밍업 공을 던질 수 있다. 어쨌거나 이때 투수는 글러브로 표준적인 일련의 제스처를 표현해서 포수에게 무엇을 바라는지 말한다.

- **패스트볼** | 글러브 끝을 아래로 향하고 그 부분을 마치 파리를 쫓아내듯이 위로 펄럭거린다.
- **커브볼** | 글러브의 바닥을 가슴과 마주하며 끝을 위로 향하게 하고 바깥쪽으로 뒤집었다가 밑으로 내린다.
- **슬라이더** | 글러브를 백핸드 모션으로 한쪽으로 옮긴다.
- **체인지업** | 바닥을 아래로 향하게 한 채로 글러브 끝을 홈을 향해 찌르듯 가리켰다가 재빨리 거두어들인다.
- **스플리터** | 바닥을 아래로 한 채로, 글러브 끝을 땅 쪽으로 휘두른다.

- **너클볼** | 바닥을 아래로 한 채로, 글러브를 흔든다.

마지막 워밍업 피치를 하기 전에 투수는 글러브를 어깨 위에 두드리며, 포수에게 이제 다 됐음을 상기시킨다. 그리고 베이스에 주자가 있는데 아직 몸이 풀리지 않았다면, 그쪽으로 견제구 몇 개를 더 던져볼 수 있다.

1루수의 공

스리 아웃 후에 1루수가 더그아웃으로 향하면서 공을 가져가는 것을 본 적이 있는가? 그것은 내야수의 워밍업 공이다. 1루 코치가 이닝이 시작되면 가지고 있다.

새 공

투수가 공의 느낌이 그다지 마음에 안 든다거나(실밥이 너무 납작하거나 너무 매끄러운 느낌을 줄 수 있다.) 타자가 파울을 쳐서 관중석으로 날리거나 하면, 심판은 새 공을 경기에 투입한다. 보통 심판은 포수에게 공을 건네주지만, 때로 투수에게 직접 던져주기도 한다. 조심! 어떤 심판은 대포알 같은 공을 쏘는 어깨를 가지고 있으니까.

팬도 가지가지

참으로 대책이 서지 않는 팬들이 있다. 그들은 평범한 플라이 볼이 전부 홈런이 될 것이고, 아슬아슬한 플레이에서 자기편에 불리한 판정이 나면 다 심판들이 꾸민 모사라고 생각한다.

늘 준비된 팬들도 있다. 홈런 장면을 옆에서 잡은 것을 틀어줄 때, 더그아웃 위 사람들을 보라. 공이 날아가는 곳을 바로 판단하고 다른 사람들보다 먼저 튀어 올라 환호하는 사람이 꼭 하나는 있다.

어떤 팬들은 인간이다. 파울 팁이 포수 뒷그물을 강타하면, 그물로 보호를 받고 있음에도 움찔하는 팬들이 꼭 있다.

깜박이는 눈

포수들도 사람이다. 투구가 들어갈 때의 슬로모션, 클로즈업 리플레이를 잘 보라. 그들은 거의 언제나 눈을 깜박한다.

거꾸로 보기

아름다운 왼손 스윙이 오른편에서는 어떻게 보일까? 그 볼을 치고 타자가 3루까지 달려간다면 어떨까? 만약 포수가 왼손잡이라면? 텔레비전을 거울에 비추어 몇 분간 보라. 알게 될 것이다.

음소거 버튼

경기를 보면서 또 한 가지 기발한 방법을 시험해보자. TV 음소거 버튼을 누르고 라디오 중계를 튼다. 더욱 생생한 영상을 얻을 것이다. 그리고 이 책에서 말한 모든 용어며 묘사 같은 것들이 좀 더 쉽게 이해될 것이다.

용어집: 야구 은어
BASEBALL SLANG

베이스들이 취해 있었고, 나는 내 최고의 야커로 공략했다.
하지만 블루가 나를 옥죄었다. 풀 카운트까지 갔다. 나는 히터로 승부를 걸었지만,
막대기가 공을 다른 방향으로 날려버렸고, 타자는 초크 라인을 따라 2루까지 갔다.
3어니 허용! 정신을 차리고 보니, 스키퍼가 나를 이미 끌어내렸고,
나는 클럽하우스 직원과 맥주를 마시고 있었다.
– 에드 린치, 전 메이저리그 투수

A

A-B-C ball | ABC 볼. 공격 팀이 기본 전략을 구사하여 주자들을 한 번에 한두 베이스씩 진루시키는 플레이 스타일.

A-ball | A 볼. 마이너리그 여섯 단계 중 밑에서 세 번째 단계. 흔히 싱글 A라고 부른다.

ace | 에이스. 팀에서 가장 실력이 뛰어난 선발투수.

activate | 복귀. 부상이나 출장정지를 당한 선수가 로스터에 되돌아오는 것.

add and subtract | 완급 조절. 여러 가지 스피드로 투구하는 것.

advance scout | 어드밴스 스카우트. 팀보다 먼저 가서 앞으로 맞붙을 상대의 강점과 약점을 보고하는 스카우트.

ahead in the count | 유리한 볼 카운트. 볼과 스트라이크 수에 따라 투수 또는 타자가 얻는 이점.

airmail | 볼을 너무나 높게 던지는 것.

ALCS | 아메리칸 리그 챔피언십 시리즈 American League Championship Series. 플레이오프 세 단계 중 둘째 라운드.

ALDS | 아메리칸 리그 디비전 시리즈 American League Division Series. 플레이오프 세 단계 중 첫째 라운드.

all field/no hit | 수비는 잘하되 타격은 약한 선수를 일컬음.

All-Star break | 올스타 브레이크. 올스타 게임이 열려서 생기는 시즌 중간의 휴식기.

All-Star Game | 올스타 게임. 양 리그의 최고 선수들이 참여하는 연례 시범 경기.

alley | 세 외야수 사이에 있는 공간.

amateur draft | 아마추어 드래프트. → First-Year Player Draft.

appeal | 어필. 베이스를 너무 일찍 떠났거나 베이스를 전혀 터치하지 않고 지난 주자에게 아웃을 선언해달라고 야수가 심판에게 요청하는 것.

arbitration | 연봉 중재. 연봉 분쟁을 해결하기 위해 제3자를 이용하는 것.

Arizona Fall League | 애리조나 가을 리그. 메이저리그 구단들이 가장 유망한 선수들을 보내는 32경기짜리 교육 리그.

arm slot | 투수가 볼을 뿌릴 때 팔의 각도.

around the horn | 내야 주변.

aspirin tablet | 투구가 어찌나 빠르게 날아오는지 작은 하얀 반점 같다고 해서 부르는 말.

Assist | 어시스트. 다른 야수에게 공을 던져 아웃시킨 야수에게 돌아가는 기록.

asterisk | 기록이나 업적이 석연치 않게 달성된 것을 표현하는 상징.

AstroTurf | 애스트로터프. 인조잔디 상표. 2004년 블루제이스가 마지막으로 사용했다.

at' em ball | 야수에게 곧바로 가는 직선타구.

atom ball → at' em ball.

B

backdoor | 백도어. 바깥쪽으로 가다가 마지막에 홈 플레이트 가장자리로 들어가는 오프스피드 투구(종종 슬라이더나 커브볼)를 묘사하는 말.

backstop | 백스톱. 1. 홈 플레이트 뒤편에 있는 벽. 2. 포수.

backup | 백업. 홈 플레이트 안쪽 가장자리 위에 걸치는 오프스피드 투구(종종 슬라이더).

bad ball hitter | 배드 볼 히터. 스트라이크 존 바깥으로 벗어나는 공을 잘 쳐내는 타자.

bad hop | 예기치 않은 바운드. 불규칙 바운드.

bag | 베이스.

bail out | 타자가 피치에 놀라 뒤로 물러서는 것. 보통 커브볼이 휘기 전의 움직임에 속아서 하는 행동.

balk | 보크. 투수가 주자를 속이려고 저

지르는, 규칙에 어긋나는 움직임.
Baltimore Chop | 볼티모어 찹. 홈 플레이트(혹은 바로 그 근처)를 치고 너무나 높이 튀어 올라서 야수들이 수비할 시간이 부족한 타구.
bandbox | 밴드박스. 타자들에게 유리한 작은 구장.
bang-bang play | 매우 아슬아슬한 플레이.
barrel | 배트의 가장 두꺼운 몸통 부분.
base hit | 베이스 히트. 1루타.
base knock → base hit.
base on balls | 베이스 온 볼스. 볼 4개에 따른 출루.
basement | 꼴찌.
bases are drunk → bases loaded.
bases empty | 베이스에 주자가 1명도 없음.
bases loaded | 만루. 모든 베이스에 주자가 있음.
basket catch | 두 손바닥을 허리 높이에서 위로 해서 공을 잡는 것.
bat around | 타자 일순. 한 이닝에 타순에 있는 타자가 모두 타석에 서는 것.
bat speed | 배트 스피드. 타자의 스윙 속도.
batter's eye | 타자가 투수의 손에서 떠난 공을 잘 볼 수 있게 해주는 중견수 뒤

의 어두운 배경.
battery | 배터리. 투수와 포수.
batting a thousand | 만점 타율을 기록하는 타자를 묘사하는 말.
batting average | 타율. 타자가 얼마나 자주 안타를 치는지 알려주는 기록.
batting crown | 타격왕. → batting title.
batting title | 리그에서 타율 수위를 기록할 때 얻는 타이틀.
BBWAA | 미국야구기자협회 Baseball Writers' Association of America.
beanball | 빈볼. 타자를 맞힌 투구.
beaned | 히트 바이 피치. 투수가 나쁜 마음을 품고 머리 쪽으로 던질 때도 있다.
beat out | 아웃될 타구에 1루에 가까스로 세이프되는 것.
bees in the hands | 공을 배트 손잡이 부분으로 때린 후 드는 얼얼한 느낌.
behind in the count | 스트라이크와 볼 수 때문에 불리한 처지에 놓이는 것.
bender | 커브볼. → curveball.
Bermuda Triangle | 버뮤다 트라이앵글. 내야수들과 외야수들 사이의 지역.
big club | 메이저리그 야구단.
big dance | 월드 시리즈.
→ World Series.
big fly | 홈런.

bite | 1. 스윙을 하다. 2. 아래로 움직이는 커브볼.
biter | 슬라이더. →slider.
blank | 완봉승을 거두다.
bleeder | 내야를 굴러나가거나 살짝 넘어가 안타가 되는 약한 타구.
bloop and a blast | 2점을 얻는 빠른 길.
blooper | 1. 힘없는 플라이 볼. 2. 에러로 이어지는 우스꽝스러운 플레이. 3. 이퍼스. →eephus.
blue | 심판의 별명.(이제는 더 이상 파란색 옷을 입지 않아도 이렇게 부른다.)
body armor | 타자의 유별나게 큰 팔꿈치 보호대.
bonus baby | 드래프트 상위 라운드에서 지명되어 커다란 사이닝 보너스를 받는 선수.
boot | 에러를 저지르다.
bow tie | 높은 안쪽 패스트볼.
box score | 박스 스코어. 경기 내용을 압축하고 기록을 요약해서 적어놓는 것.
BP | 타격 연습batting practice.
BP fastball | 스트라이크 한가운데로 가는 약한 패스트볼.
break the wrists | 체크 스윙을 했는데, 배트가 홈 플레이트를 지나쳐 돌아가 버리는 것.

breaking ball | 브레이킹 볼. 패스트볼보다 느리며 타자에게 도달할 즈음 뚝 떨어지는 피치.
bring it | 세게 던지다.
bring up | 마이너리그 선수를 메이저리그로 승격시키는 것.
brushback | 타자가 몸을 피할 수밖에 없게 가까이 들어오는 안쪽 공.
bullpen | 불펜. 1. 팀의 구원투수들. 2. 구원투수들이 워밍업을 하는 지역.
bunt | 번트. 홈 플레이트 위로 배트를 가져다 대고 공을 살짝 치는 것.
bush league | 아마추어적 플레이나 행동.
butcher-boy | 번트를 대는 척하다가 배트를 고쳐 들고 정상적인 타격 자세로 돌아가 내야수들을 넘기는 공을 때려내려고 하는 타자.
butterfly | 너클볼. →knuckleball.

C

Cactus League | 캑터스 리그. 애리조나 주에서 벌어지는 스프링 트레이닝 시범경기 리그.
Cadillac | 캐딜락. 느긋하게 뛰는 것.
call time | 타임아웃을 선언하거나 요청하는 것.

call-up | 마이너리그에서 메이저리그로 승격한 선수.
camp under it | 플라이 볼이나 팝업이 떨어질 자리 바로 아래 서 있는 것.
can of corn | 평범한 플라이 볼.
cannon | 강한 어깨.
career year | 선수생활 최고의 해.
carpet | 애스트로터프 혹은 인조적으로 만든 필드 표면을 일컫는 말.
catbird seat | 볼 카운트에 유리한 타자가 갖는 이점.
catcher's interference | 스윙 중에 포수가 타자나 배트를 건드리는 에러.
caught looking | 헛스윙이 아니라 공이 포수 미트에 들어오는 것을 보고도 당하는 삼진.
cellar | 꼴찌.
chalk | 초크. 파울 라인.
change-of-pace | 체인지업.
  → change-up.
change-up | 체인지업. 타자가 너무 빨리 배트를 휘두르게 하기 위해 패스트볼보다 느리게 던지는 피치.
charge the ball | 공을 더 빨리 잡기 위해 앞으로 달려들어 수비하는 것.
charge the mound | 투수와 육탄전을 벌이기 위해 마운드로 달려드는 것.
cheat | 부정행위.

check swing | 체크 스윙. 타자가 중간에 멈추려 하는 스윙.
cheddar → cheese.
cheese | 유별나게 빠른 구속.
chin music | 빠른 안쪽 패스트볼.
choke up | 손잡이로부터 3~5센티미터 위로 배트를 쥐는 것.
chuck-n-duck | 하도 형편없어서 투구를 하고 난 후 몸을 피할지도 모를 투수를 가리킴.
circle-change | 서클체인지. 체인지업의 한 부류.
circus catch | 기막히게 멋진 포구.
Class A | 클래스 A. 마이너리그 여섯 단계 중 밑에서 세 번째 단계. 흔히 싱글 A라고 부른다.
Class A Advanced | 클래스 A 어드밴스트. 마이너리그 여섯 단계 중 위에서 세 번째 단계.
Class A Short-Season | 클래스 A 쇼트시즌. 마이너리그 여섯 단계 중 밑에서 두 번째 단계. 가장 아래인 루키 단계처럼 6월부터 9월까지 경기한다.
cleanup hitter | 클린업 타자. 라인업의 4번타자. 처음 3명의 타자가 출루하면 만루 홈런을 쳐서 베이스를 일소할 수 있는 타자라는 의미.
clear the pitcher's slot | 투 아웃에

투수 앞 타석에서 출루하는 것.
clicker | 코치가 투수의 투구 수를 세거나, 심판이 볼과 스트라이크 수를 세기 위해 손에 드는 기계.
climb the ladder | 1. 높은 패스트볼에 스윙하는 것. 2. 전 공보다 공을 높이 던지는 것.
clock | 피치의 구속을 재는 것.
closer | 클로저. 리드를 지키려고 나오는 마지막 투수. 마무리투수.
closer by committee | 감독이 경기를 마무리하는 데 여러 투수들을 쓰는 시스템.
clothesline | 빨랫줄 타구. 공이 엄청난 속력으로 땅과 평행하게 날아갈 때 쓰는 말.
clubby | 클럽하우스 직원.
clutch hit | 클러치 히트. 팽팽한 상황에서 나오는 결정적인 안타.
come-backer | 투수에게 가는 땅볼.
command | 제구력. 스트라이크를 던질 뿐만 아니라 포수가 스트라이크 존 안에 맞춰놓은 타깃에 공을 던질 수 있는 투수의 능력.
complete game | 완투. 선발투수가 경기를 마칠 때까지 공을 던지는 것.
contact hitter | 콘택트 히터. 교타자. 삼진을 잘 당하지 않는 타자.

contraction | 메이저리그에서 구단을 없애는 것.
cookie | 치기 쉬운 피치.
Cooperstown | 쿠퍼스타운. 야구 명예의 전당이 있는 도시.
count, the | 볼 카운트. 스트라이크와 볼의 수.
country hardball | 책략 없이 힘으로 밀어붙이는 플레이 스타일.
courtesy trot | 긴 홈런에 외야수가 벽을 향해 형식적으로 달려가는 것. 공을 잡을 가능성이 있는 것처럼 보여서 투수의 민망함을 덜어준다.
cowhide | 야구공의 표면을 감싸고 있는 재질.
crew chief | 주심.
crooked number | 1점이 넘는 득점.
cross hairs | 스트라이크 존 한복판.
cross-seam fastball | 포심 패스트볼. → four-seam fastball.
crossed up | 어떤 피치가 올지 헷갈림.
crow hop | 외야수가 송구를 하기 전에 모멘텀을 얻기 위해 딛는 작은 점프스텝.
crowd the plate | 타자가 홈 플레이트에 바짝 다가서는 것.
cue shot | 배트 끝에 맞고 회전이 아주 많이 먹힌 약한 땅볼.
cup of coffee | 메이저리그에 잠깐 등

장했다가 사라질 때 쓰는 표현.
Curse of the Bambino | 밤비노의 저주. 1920년 베이브 루스(일명 '밤비노')를 양키스에 팔아넘긴 후 84년간 월드 시리즈 우승을 하지 못한 레드삭스의 징크스를 이름.
curveball | 커브볼. 타자에게 도달할 즈음 꺾여 떨어지는 투구.
cut fastball | 컷 패스트볼. 타자에게 다다를 즈음 좌우 — 오른손투수가 던졌을 때 오른손타자로부터 멀리 간다 — 로 비켜나가는 패스트볼.
cutoff man | 컷오프 맨. 외야로부터 날아온 공을 중계해주는 내야수.
cut-out | 인조잔디 구장에서 베이스 주변의 흙으로 덮인 부분.
cutter | 커터. 컷 패스트볼.
 → cut fastball.
Cy Young Award | 사이영상. 매년 양 리그의 최고 투수를 뽑아 시상한다.

D

dancer | 너클볼. → knuckleball.
day-night doubleheader | 하루 동안 낮에 한 번, 밤에 한 번 경기를 치르는 것. 입장권을 따로 사야 한다.
day-to-day | 부상자 명단에 올릴 정도로 심각하지는 않은 부상.
daylight play | 2루에서 이루어지는 견제 동작의 한 종류.
dead ball | '더 이상 플레이되지 않는다'고 판정하는 공. 그 공으로는 플레이를 그만두어야 한다.
dead fish | 체인지업. → change-up.
dead red | 패스트볼. → fastball.
deadball era | 데드볼 시대. 공에 탄력이 그다지 없어 홈런이 성행하기 전인 20세기 초반의 20년을 가리킨다.
decision | 투수의 승패 여부.
deek | 주자로 하여금 공이 다른 곳에 있다고 생각하게끔 속이는 것.
defensive indifference | 수비 무관심 혹은 무관심 도루. 주자의 도루 시도에 그냥 진루하도록 내버려두는 팀의 결정.
delayed steal | 투수가 공을 던진 후에 베이스를 출발하는 주자의 도루 시도.
delivery | 투수가 공을 던지는 동작.
designated hitter | 지명타자. 투수의 타순에 타격을 하고, 수비는 하지 않는 선수.
deuce | 커브볼. → curveball.
dewdrop | 이퍼스. → eephus.
DH | 지명타자. → designated hitter.
dial it up | 평소보다 투구나 스윙을 세게 하는 것.

diamond | 내야.
Diamond Dust | 내야 땅에 고인 물을 흡수하기 위해 구장 관리인들이 쓰는 모래 비슷한 물질.
dig in | 타석에서 타격 준비를 하는 것.
dinger | 홈런.
dip | 담배를 씹는 것.
disabled list | 부상자 명단. 부상당한 선수들의 명단.
dish | 홈 플레이트.
Division | 대학 스포츠 1부 리그.
DL | 부상자 명단. → disabled list.
doctored ball | 조작하거나 표면을 손상시킨 공.
Double-A | 더블 A. 마이너리그 여섯 단계 중 위에서 두 번째 단계.
double clutch | 더블 클러치. 결단을 내리지 못하거나 공에 대한 그립이 좋지 않아 공을 던지기 전에 망설이는 것.
double dip | 더블헤더.
　→ doubleheader.
double play | 더블 플레이. 수비 팀이 한 플레이 상황에서 아웃을 2개 잡는 것.
double-play ball | 병살타. 수비 팀이 아웃 2개를 잡을 수 있게 친 땅볼.
double-play depth | 중간내야수들이 더블 플레이할 가능성을 높이기 위해 내야 안쪽과 2루 쪽으로 가까이 서는 수비 대형.
double steal | 더블 스틸. 두 주자가 동시에 도루하는 것.
double switch | 더블 스위치. 투수와 야수를 동시에 교체하는 것.
doubled off | 타자가 친 플라이 볼이 잡혔는데, 원래 베이스로 돌아가지 못해 주자가 아웃되어 당하는 더블 플레이.
doubleheader | 더블헤더. 하루에 두 경기를 치르는 것.
down Broadway
down Main Street
down the chute
down the gut
down the pipe
drag bunt | 드래그 번트. 왼손타자가 투구가 도달하기 전에 1루 쪽으로 움직이면서 대는 번트.
drilled | 히트 바이 피치.
drop the hammer | 커브볼을 던지다.
ducks on the pond | 베이스에 나간 주자.
dying quail | 내야수들과 외야수들 사이에 뜬 약한 플라이 볼.
dynasty | 짧은 기간에 여러 번 월드 시리즈에서 우승한 구단.

E

E-6 | 유격수 실책.
earned run average | 방어율. 9이닝을 기준으로 투수가 자책으로 허용한 점수 기록.
earned runs | 자책점. 투수의 잘못으로 허용한 점수.(팀 동료의 실책으로 허용한 점수를 뜻하는 비자책점의 반대말.)
earnies | 자책점. → earned runs.
eat the ball | 공을 던지지 않고 쥐고 있는 상태.
eephus | 이퍼스. 공이 매우 높이 반원을 그리게 던지는 속임수 투구. 극도로 드물다.
$8 taxi ride | 매우 긴 홈런.
Elias | 일라이어스 스포츠 뷰로. 잘 알려지지 않은 기록을 제공하는 회사.
emergency catcher | 보결포수. 주전 포수가 될 수 없을 때 공을 받을 수 있는 선수.
emeryball | 손톱 다듬는 줄로 문지른 공. 이제는 투수가 그 공을 던지면 부정행위이다.
ERA | 방어율. → earned run aver-age.
even count | 스트라이크와 볼의 수가 같음.
even with the bag | 베이스 바로 옆에 섬.

excuse-me hit | 체크 스윙에 난 안타.
expand the strike zone | 스트라이크 존 바깥의 피치에 스윙하는 것. 아니면 투수가 그쪽에 고의로 던지는 것.
expansion | 메이저리그에 구단을 더 만드는 것.
express | 패스트볼. → fastball.
extra-base hit | 장타. 즉, 2루타, 3루타, 홈런.
eye-black | 햇빛을 완화하기 위해 선수들이 눈 아래 바르는 물질.

F

fadeaway | 스크루볼. → screwball.
Fall Classic | 월드 시리즈. → World Series.
fall off a table | 타자에게 도달할 즈음 날카롭게 꺾이는 커브볼을 묘사하는 말.
fan | 스트라이크아웃시킴.
fan interference | 관중석 밖으로 몸을 내밀어 공을 만진 관중 때문에 경기가 방해받는 것.
fantasy baseball | 판타지 베이스볼. 팬이 메이저리그 선수들을 드래프트하고 다양한 기록 범주에서 서로 경쟁하는 '판타지' 팀들을 만들어내 감독 역할을 하는 게임.

farm system | 팜 시스템. 한 메이저리그 팀 산하에 있는 모든 마이너리그 팀들.
farm team | 마이너리그 팀.
farmhand | 마이너리그 선수.
fastball | 패스트볼. 비교적 직선으로 빠르게 날아가는 피치.
feed | 야수를 베이스로 이끄는 짧은 송구.
fielder's choice | 야수선택. 타자 대신 주자를 아웃시키는 수비 플레이.
fielding average | 수비율. 야수가 수비를 망치지 않고 얼마나 자주 성공했는지 보여주는 기록.
55-footer | 홈 플레이트 앞에서 바운드되는 투구.
fight it off | 투 스트라이크 상황에서 어려운 공을 파울로 걷어내기.
finesse pitcher | 볼을 가볍게 던지면서 제구력이 뛰어난 투수.
fireballer | 대단히 빠른 강속구를 던지는 투수.
fireman | 게임 후반에 나오는 구원투수.
first movement | 투수가 하는 딜리버리의 시작 단계.
First-Year Player Draft | 메이저리그 구단들이 고교와 대학 아마추어 선수들을 뽑는 연례행사.
five o'clock hitter | 타격 연습 때는 잘 치는데, 본 경기에서는 고전을 면치 못하는 타자.
5.5 hole | 3루수와 유격수 사이의 공간.
five-run homer | 팀이 4점 넘게 뒤지고 있는데 어리석게 홈런을 치려고 애쓰는 타자의 닿을 수 없는 목표.
five-tool player | 빨리 달리고, 강하게 던지며, 수비 잘하고, 장타력 있으며, 타율 좋은 선수.
flame-thrower | 대단히 빠른 공을 던지는 투수.
flash leather | 아주 멋진 수비를 해냄.
flip-downs | 필요할 때가 아니면 렌즈를 위로 접어서 올릴 수 있는 선글라스.
floater | 너클볼. → knuckleball.
flutterball | 너클볼. → knuckleball.
folly floater | 이퍼스. → eephus.
force play | 주자가 다음 베이스로 달리지 않으면 안 되는 플레이 상황.
forkball | 스플릿핑거 패스트볼의 느린 버전.
fosh | 체인지업. → change-up.
foul pole | 파울 폴. 외야 펜스 너머에 파울과 페어 지역을 구분하기 위해 세운 봉.
foul tip | 배트가 공을 건드릴락 말락 해서 방향을 거의 바꾸지 않은 파울 볼.
four day's rest | 5선발 체제에서 한 선발투수가 경기에 나가지 않는 기간.

four-bagger | 홈런.
four-seam fastball | 포심 패스트볼. 똑바로 날아가기 때문에 컨트롤하기 쉬운 패스트볼의 종류.
four-seamer | 포심 패스트볼.
→ four-seam fastball.
four-wheel drive | 홈런.
frame | 1. 이닝. 2. 스트라이크일 수도, 볼일 수도 있는 공에 대해 심판의 판정에 영향을 미치기 위해서, 포수가 공이 미트에 들어와도 잠시 동안 멈추어 있는 것.
free agent | 프리 에이전트. 어떤 팀과도 계약을 맺을 수 있는 선수.
free pass | 볼넷으로 걸어 나감.
→ base on balls.
free-swinger | 대부분의 피치에 배트를 휘두르는 타자.
Frick Award | 프릭상. 명예의 전당에 헌액되는 아나운서들을 위한 상.
frisbee | 아주 느린 커브볼.
front office | 막후에서 중요한 결정을 내리는 구단의 경영진들.
frozen rope | 극도로 강한 직선타구.
full count | 풀 카운트. 투 스트라이크 스리 볼.
fungo | 연습 시간에 야수에게 날려주는 타구.

G

gamer | 1. 선수가 오로지 경기에서만 사용하는 특별한 배트나 글러브. 2. 통증과 고통을 참고 분전하며, 이기기 위해서는 무슨 일이든 불사하는 강한 의지의 선수.
gap | 외야수들 사이의 공간.
gapper | 외야수들 사이에 떨어지는 공.
gas | 패스트볼. → fastball.
gassed | 효과적으로 투구하기에 너무나 힘이 빠진 상태.
get-away day | 양 팀 모두 다음 날 다른 도시로의 원정을 앞두고 치르는 마지막 경기.
get cheated | 최대한 세게 스윙하는 데 실패함.
get good wood on it | 공을 세게 때려 냄.
get-me-over fastball | 불리한 볼 카운트에서 투수가 오로지 스트라이크를 잡기 위해 던지는 약한 패스트볼.
get the handle | 공을 제대로 쥐는 것.
giddy-up | 높은 구속.
glove-to-glove | 포수가 투수에게 공을 받고 주자의 도루 시도에 2루를 커버하러 들어간 중간내야수에게 공을 던지는 데까지 걸리는 시간.
go against the book | 관습에서 벗어난 전략적 결정을 내리는 것.

go deep | 홈런을 치다.
go fishing | 스트라이크 존을 벗어난 공에 스윙하는 것.
go for the downs | 홈런을 치려고 하다.
go the distance | 완투를 하다.
go the other way | 구장 반대편으로 공을 치다.
go yard | 홈런을 치다.
Gold Glove Award | 골드글러브상. 양 리그에서 각각의 포지션에서 가장 훌륭한 수비를 펼친 선수들에게 주는 상.
Gold Glover | 골드글러버. 골드글러브상을 수상한 선수.
golden sombrero | 골든 솜브레로. 한 경기에 스트라이크아웃을 네 번 당한 것을 조롱하는 표현.
good eye | 스트라이크 존에 대한 지식이 훌륭함.
goose egg | 스코어보드의 숫자 '0'.
gopher ball | 홈런을 맞은 공.
gopheritis | 많은 홈런을 허용하는 투수.
grand salami | 만루 홈런.
→ grand slam.
grand slam | 그랜드 슬램. 만루 홈런.
granny | 만루 홈런. → grand slam.
Grapefruit League | 그레이프프루트 리그. 플로리다 주에서 벌어지는 스프링 트레이닝 시범경기 리그.

grass-cutter | 너무 많이 바운드되어 거의 굴러가듯이 가는 땅볼.
green light | 도루를 하거나 노 스트라이크 스리 볼에 스윙을 해도 된다고 더그아웃에서 나는 사인.
Green Monster | 그린 몬스터. 보스턴 펜웨이 파크 좌측 외야의 약 11미터짜리 벽.
groove the ball | 스트라이크 존 한복판을 뚫고 들어가는 투구를 던지다.
ground-rule double | 그라운드룰 더블. 필드에 바운드된 페어 볼이 펜스를 넘어가거나 팬이 그 공을 만지는 바람에 자동으로 선언되는 2루타.
ground rules | 각각의 구장마다 다른 환경에 따라, 메이저리그 규칙에는 나와 있지 않고 따로 책정한 룰.
guess-hitter | 투수가 투구하기 전에 미리 예측하여 스윙할지 안 할지 결정하는 타자.
gun | 1. 강한 송구가 가능한 어깨. 2. 투구의 속도를 재는 레이더 건.
gyroball | 자이로볼. 일본의 과학자 2명이 최근에 발명했다는 신비의 마구.

H

hack | 스윙.

hammer | 커브볼. →curveball.
hammy | 햄스트링. →hamstring.
hamstring | 햄스트링. 허벅지 뒤쪽의 근육 무리.
handcuffed | 공을 잡아야 하는데 글러브가 미치지 못하는 상태.
hanger | 행잉 커브볼.
 →hanging curveball.
hanging curveball | 행잉 커브볼. 더 떨어지지 않고 스트라이크 존에 머물러서 치기에 쉬운 커브볼.
happy zone | 타자가 공을 가장 강하게 칠 수 있는 스트라이크 존 안의 지점.
hat trick | 해트 트릭. 한 경기에 스트라이크아웃을 세 번 당한 것을 조롱하는 표현.
headhunter | 타자의 머리나 그 근처로 공을 던지기로 평판이 나 있는 투수.
heater | 패스트볼. →fastball.
heavy ball | 한층 모멘텀이 있어서 타자의 배트에서 튀어 나가지 않는 투구.
heavy hitter | 많은 홈런을 치는 타자.
hidden ball trick | 내야수가 견제구를 받거나 마운드에서 회합한 후에 공을 비밀리에 숨겨놓고 있다가, 아무 의심도 품지 않고 베이스에서 발을 뗀 주자를 태그해서 아웃시키는 드문 수비 플레이.
hill | 투수 마운드.

hit-and-run | 히트앤드런. 주자가 2루를 향해 달려가면서 야수들을 제 위치에서 끌어내어 타자가 안타 칠 가능성을 더 높여주는 플레이.
hit behind the runner | 1루 쪽으로 땅볼을 굴려서 2루주자가 3루로 진루할 수 있게 하는 것.
hit for the cycle | 사이클 히트. 단타, 2루타, 3루타, 홈런을 한 게임에서 다 치는 것.
hit it on the screws | 공을 극도로 세게 치다.
hit it where it's pitched | 바깥쪽으로 온 공을 밀어쳐서 그 방향으로 날리다.
hit it with the Sunday Times | 배트가 신문을 말아 만든 것이라도 되는 양 약하게 친 타구.
hit the cutoff man | 중계 플레이를 할 컷오프 맨이 잘 잡을 수 있게 낮게 송구하는 것.
hitch | 스윙 전에 손을 떨어뜨렸다가 재빨리 다시 드는 일부 타자들의 습관.
hitter's park | 작은 넓이 덕에 공격에 유리한 구장.
hitting streak | 연속안타. 경기마다 연속해서 최소 안타 하나를 치는 기록.
hold | 홀드. 게임 중간에 나와 최소 원아웃을 잡고 근소한 리드를 지키는 구원

투수에게 돌아가는 기록.
hold the runner on | 야수가 베이스 위에 머물러 견제구를 기다리면서 주자를 베이스 가까이 묶어두는 것.
Home Run Derby | 홈런 더비. 올스타 게임 전날에 열리는 홈런 콘테스트.
homestand | 홈스탠드. 홈구장에서 하는 경기 시리즈.
hook | 커브볼. →curveball.
hook slide | 후크 슬라이딩. 주자가 태그를 피하기 위해 슬라이딩을 해 베이스를 지나치면서 뒷발을 베이스에 거는 베이스러닝 기법.
horsehide | 야구공의 별명. 지금은 소가죽으로 만들지만 여전히 이렇게 부른다.
hosed | 베이스에서 주자가 횡사하다.
hot box | 런다운. →rundown.
hot corner | 3루.
hot stove | 비시즌 트레이드와 프리 에이전트들의 계약.
hug the line | 공이 파울 라인에 가까이 붙어서 가다.
hugger | 파울 라인 바로 안쪽으로 쫄쫄쫄 굴러가는 땅볼.
human rain delay | 투구 사이사이에 준비하는 데 긴 시간을 잡아먹는 선수.
hummer | 패스트볼. →fastball.
hung out to dry | 베이스 사이에서 걸리다.
hung up | 베이스 사이에서 걸리다.
hustle double | 평범한 1루 타구에 타자가 타석에서 재빨리 출발해 전속력으로 달려 만든 2루타.

I

in a hole →behind in the count.
in-between hop | 야수에게서 애매한 거리에서 잡기 어렵게 바운드된 공.
in-betweener →in-between hop.
in play | 플레이가 진행중인 상태.
in the driver's seat
　→ahead in the count.
in the hole | 1. 두 내야수 사이. 2. 대기 타석에 있는 선수 다음에 타석에 들어서기로 되어 있는 것.
independent league | 인디펜던트 리그. 메이저리그와 관계를 맺지 않은 리그.
indicator | 인디케이터. 코치나 선수가 사인을 유효로 확정하거나 무효로 할 때 쓰는 제스처.
infield fly rule | 인필드 플라이 규칙. 내야 뜬공에 주자를 포스 상황으로 몰아넣어 수비가 이득을 보는 것을 막으려는 규칙.
infield in | 3루주자가 땅볼에 홈을 밟는

것을 막기 위해 내야수들이 홈 플레이트 가까이 다가가 수비하는 것.
inherited runners | 물려받은 주자(들). 구원투수가 등판했을 때 베이스에 있던 주자(들).
inside-out the ball | 안쪽으로 들어오는 피치를 밀어쳐서 반대 방향으로 날리는 것.
inside-the-park home run | 인사이드파크 홈런. 공이 그라운드에 머무는 동안 기록하는 홈런.
instant replay | 심판(다른 스포츠에서)의 정확한 판정을 위해 사용하는 슬로모션 리플레이 비디오.
insurance run | 작은 점수차를 늘려주는 득점.
interleague | 인터리그. 내셔널 리그 팀 대 아메리칸 리그 팀의 경기.

J

jack | 홈런.
jam | 1. 배트의 손잡이 부분으로 안쪽 공을 치지 않을 수 없게 만듦. 2. 투수에게 힘든 상황.
jam sandwich | 타자가 배트 손잡이 부분으로 안쪽 공을 칠 수밖에 없게 하는 피치.

jelly legs | 커브볼에 속아 무릎이 꺾이는 타자.
journeyman | 저니맨. 팀을 빈번하게 바꾸는 선수. 선발타순 혹은 심지어 메이저리그에라도 붙어 있는 데 애를 먹는 선수일 가능성이 높다.
juice | 스테로이드.
jump | 점프. 주루를 하거나 수비를 위해 타구를 쫓을 때 처음 딛는 몇 걸음.
Junior Circuit | 아메리칸 리그.(내셔널 리그보다 25년 후인 1901년에 메이저리그가 됨.)
junkballer | 오프스피드 피치를 아주 많이 던지는 투수.

K

K | 스트라이크아웃.
keep score | 특정한 상징과 약어를 써서 게임 내용을 기록하는 것.
keystone | 키스톤. 2루.
kitchen | 타자 손 부근.
knock | 안타.
knockdown pitch | 타자가 급히 몸을 빼다가 주저앉게 만드는 안쪽 피치.
knuckle-curve | 너클커브. 커브볼의 한 종류.
knuckleball | 너클볼. 예측할 수 없게

나부끼는 피치.
knuckler | 너클볼. → knuckleball.

L

LaLob | 이퍼스. → eephus.
landing spot | 착지지점. 투수가 투구할 때마다 발을 딛는 자리.
last licks | 9회말(필요하다면 연장전) 홈팀의 마지막 타격 기회.
laugher | 일방적인 스코어의 게임.
launching pad | 홈런이 많이 나오는 구장.
lay one down | 번트를 대다.
lay out | 공을 잡기 위해 다이빙하다.
lead runner | 선행주자. 홈에 더 가까운 곳에 있는 주자.
leadoff hitter | 선두타자. 첫 번째 타자.
League Championship Series | 리그 챔피언십 시리즈. 플레이오프 세 단계 중 둘째 라운드.
League Division Series | 리그 디비전 시리즈. 플레이오프 세 단계 중 첫째 라운드.
leave the building | 홈런을 치다.
leg it out | 전속력으로 달려 1루에서 가까스로 세이프되다.
letter-high | 스트라이크 존 꼭대기.

leverage | 레버리지. 투수의 릴리스 포인트 높이.
life | 투구의 종반 무브먼트.
lights out | 칠 수 없음.
line drive in the box score | 약한 안타에 대한 익살스러운 묘사.(경기를 보지 않은 사람이 다음 날 신문에서는 그저 안타로 읽을 것에 빗대어 하는 말.)
lip | 내야 흙바닥이 외야의 잔디와 만나는 지점.
lit up | 많은 안타를 내주는 투수를 묘사.
little ball | 작은 야구. 공격 팀이 기본 전략을 구사하여 주자들을 한 번에 한두 베이스씩 진루시키는 플레이 스타일.
local | 오프스피드 피치.
  → off-speed pitch.
lollipop | 부드러운 송구.
long man | 롱 맨. → long reliever.
long reliever | 롱 릴리버. 종종 몇 이닝 동안 길게 투구하는 구원투수.
longball | 홈런.
long-toss | 최대한 멀리 떨어져서 주고받는 캐치볼.
Lord Charles | 압도적인 커브볼.
luxury tax | 사치세. 해마다 선수 총 연봉이 미리 정한 한계를 초과한 팀에게 매기는 벌금.

M

magic number | 매직 넘버. 1위 팀이 포스트시즌 진출에 얼마나 가까이 있는지 알려주는 수치.
major league pop-up | 어마어마하게 높이 떠오른 팝업.
makeup | 태도와 야구 소질.
manufacture a run | 큰 안타보다는 기본 전략으로 점수를 착실히 내는 것.
meatball | 치기 쉬운 피치.
Mendoza line | 멘도사 라인. 2할 이하의 타율. 메이저리그 경력 9년 동안 다섯 차례 2할 이하를 기록한 내야수 마리오 멘도사의 이름에서 따왔다.
merry-go-round | 투 아웃 풀 카운트에서 베이스에 있던 세 주자 모두 달리기 시작하는 내야의 모습을 묘사.
middle infielders | 중간내야수들. 2루수와 유격수.
middle reliever | 중간계투. 경기 중간에 등판해 던지는 구원투수.
middle-in | 스트라이크 존 한가운데와 홈 플레이트 안쪽 끝 사이.
Midsummer Classic | 올스타 게임. → All-Star Game.
MiLB | 마이너리그 베이스볼 Minor League Baseball.
MLB | 메이저리그 베이스볼 Major League Baseball.
modern era | 야구의 현대 시대. 1893년~현재.
moon shot | 높고 기다란 홈런.
mop up | 다른 투수가 많은 점수를 허용하고 난 후 구원으로 던지는 것.
moth | 너클볼. → knuckleball.
movement | 무브먼트. 투구의 불규칙적인 비행.
Mr. Snappy | 커브볼. → curveball.
mustard | 빠른 송구.
MVP | 최우수 선수 most valuable player.

N

napping | 집중하지 않음.
Negro Leagues | 니그로 리그. 1947년 메이저리그의 인종차별 폐지 전에 열리던 흑인 선수들의 리그.
neighborhood play | 포스 플레이 상황에서 중간내야수가 심판에게 아웃 판정을 얻어낼 수 있을 정도로만 2루 베이스를 스치듯 건드리거나 심지어 건드리는 시늉만 하는 것.
nibble | 스트라이크 존 가장자리를 조준하는 것.
nightcap | 더블헤더의 두 번째 경기.
90 feet | 한 베이스에서 다음 베이스까

지의 거리(27.43m).

NLCS | 내셔널 리그 챔피언십 시리즈 National League Championship Series. 플레이오프 세 단계 중 둘째 라운드.

NLDS | 내셔널 리그 디비전 시리즈 Na-tional League Division Series. 플레이오프 세 단계 중 첫째 라운드.

no-decision | 투수가 승도 패도 기록하지 않는 것.

no-doubles defense | 경기 후반에 작은 점수차를 지키기 위해 2루타 이상을 치기 어렵게 막는 수비대형.

no-doubter | 볼 것도 없이 확실한 홈런.

no-hitter | 노히트 게임. 투수가 안타를 하나도 허용하지 않은 게임.

no-no | 노히트 게임. → no-hitter.

non-tender | 구단들로부터 계약을 제안받지 못한 선수.

nose to toes | 높게 출발해서 낮게 들어가는 커브볼의 무브먼트를 묘사하는 표현.

nothing on it | 속도가 빈약하거나 무브먼트가 작은 피치를 묘사하는 표현.

nubber | 홈 플레이트에서 얼마 안 떨어진 곳으로 굴러가는 약한 땅볼.

number one | 패스트볼. → fastball.

number two | 커브볼. → curveball.

O

October | 포스트시즌.

off-balance throw | 야수가 땅에 발을 제대로 딛지 못한 상태에서 하는 송구.

off-speed pitch | 오프스피드 피치. 패스트볼보다 느리게 던지는 피치.

official scorer | 공식기록원. 게임 내용을 기록하고 각각의 기록을 어떤 범주에 넣을지 결정하는 사람. 공식 스코어키퍼scorekeeper라고도 한다.

ohfer | 어떤 타자의 무안타 경기, 혹은 연속 무안타 경기.

on a fly | 공이 땅에 떨어지기 전의 상태.

on deck | 지금 치는 타자의 다음 타자.

on his horse | 전속력으로 달리기.

on the black | 홈 플레이트에 가까스로 걸침.(땅에 묻힌 홈 플레이트 가장자리에 검은 테가 둘러져 있다.)

on the interstate | 2할 이하의 타율.(예를 들어 여러 주를 통과하는 I-95번 고속도로가 0.195처럼 보여서 생긴 말.)

on the schneid | 슬럼프에 빠지다.

on-base percentage | 출루율. 타자가 얼마나 자주 베이스에 나갔는지 매기는 기록.

on-deck circle | 대기타석. 홈 플레이트와 더그아웃 사이에서 다음 타자가 타

순이 돌아오기를 기다리는 지역.
one way | 원 아웃.
one-hopper | 야수가 잡기 전에 한 번 바운드된 공.
one-two-three inning | 세 타자 모두 범퇴를 당한 이닝.
open base | 오픈 베이스. 주자 뒤에 비어 있는 베이스.
opposite field | 반대편 필드. 왼손타자에게 왼쪽 필드, 오른손타자에게 오른쪽 필드.
optioned | 옵션 행사를 당하다. 즉 메이저리그에서 마이너리그로 강등되다.
organization | 메이저리그 팀과 그 산하 마이너리그 팀들.
out of play | 플레이에서 빠진 공.
out-pitch | 아웃피치. 한 투수의 결정구. 타자를 끝장낼 때 쓰는 공.
outer half | 스트라이크 존 한가운데와 홈 플레이트 바깥쪽 끝 사이.
over .500 | 5할 이상. 승이 패보다 많음.
overshift | 오버시프트. 당겨치는 왼손 장타자에 대비한 수비대형.

P

paint the corner | 홈 플레이트 코너 가장자리에 던지는 피치.

palmball | 팜볼. 체인지업.
→ change-up.
parachute | 내야수들과 외야수들 사이에 떠오른 약한 플라이 볼.
parent club | 오거니제이션 안의 메이저리그 팀.
parking place | 오픈 베이스.
→ open base.
passed ball | 패스트 볼. 포수가 잡아야 할 피치이지만, 놓쳐서 주자의 진루를 허용하는 공.
payoff pitch | 투 스트라이크 스리 볼에서 던지는 피치.
pea | 빠른 스피드로 날아가는 공.
pearl | 한 번도 쓰지 않은 새 공.
peeker | 뒤를 돌아보고 포수의 사인이나 공의 로케이션을 훔쳐보는 것으로 유명한 타자.
'pen | 불펜. → bullpen.
pennant | 리그 우승.
pepper | 여러 명의 투수가 한 타자에게 돌아가며 가볍게 공을 던지고, 타자는 6~9미터 떨어져서 땅볼을 치는 연습 게임.
perfect game | 퍼펙트 게임. 투수가 단 1명의 타자도 출루시키지 않은 경기.
phantom tag | 주자를 간발의 차로 건드리지 못했으나 심판이 아웃 판정을 내

리도록 속인 태그.
piano mover | 느린 주자.
pick it | 짧은 바운드 공을 잡아내다.
pick up the ball | 공을 보다.
pickle | 런다운. →rundown.
pickoff | 견제구. 주자가 리드를 잡고 있는 베이스로 던지는 공.
pinch-hit | 대타. 다른 타자 대신 타격을 하는 것.
pinch-run | 대주루. 다른 주자 대신 주루를 하는 것.
pine tar | 끈적이는 물질로, 타자가 배트를 더 잘 쥘 수 있게 함.
pitch around | 스트라이크 존 바로 바깥쪽에 던져서(고의사구를 내주지 않으려고) 타자가 스윙하도록 꾀는 피치.
pitcher of record | 리드가 뒤바뀌지 않을 경우 승이나 패 기록을 가져갈 투수.
pitcher's best friend | 더블 플레이. →double play.
pitcher's park | 넓어서 수비 쪽에 더 유리한 구장.
pitcher's pitch | 투수가 의도한 대로 들어가는 피치.
pitchers' duel | 점수가 별로 나지 않는 게임.
pitchout | 피치아웃. 포수가 타자의 방망이에 가리지 않고 도루를 시도하는 주자 쪽으로 공을 던져 아웃시킬 수 있게끔, 높고 바깥쪽으로 빠지게 던지는 피치.
plate appearance | 타석. 타격을 하러 들어섬.
plate coverage | 안쪽과 바깥쪽을 모두 치는 타자의 능력.
platooned | 플래툰. 한 포지션을 두 선수가 공유해야 하는 체제.
play under protest | 심판의 잘못된 규칙 적용에 대해 정식으로 거부하고 플레이를 계속하는 것.
player to be named later | 트레이드에 관련되긴 했으나 구단들이 나머지 거래 사항을 발표할 무렵에도 아직 이적이 확정되지 않은 선수.
player's manager | 팀의 누구와도 편하게 지내며 잘 어울리는 감독.
plunked | 히트 바이 피치.
plus | 투수가 새로운 이닝에 등판해 1명 이상의 타자를 상대하고 아웃을 하나도 기록하지 못한 것을 뜻함.
pop | 힘power.
pop-up slide | 팝업 슬라이딩. 발이 먼저 들어가서 주자가 쉽게 다시 일어설 수 있는 슬라이딩.
position player | 포지션 플레이어. 투수가 아닌 야수.
power alley | 좌중간과 우중간 펜스까

지의 거리.
power hitter | 장타자. 많은 홈런을 치는 타자.
power pitcher | 파워 피처. 뛰어난 패스트볼에 의존하는 투수.
protect the plate | 투 스트라이크에서 공을 맞히기 위해 방어적으로 스윙하는 것.
protect the runner | 주자가 베이스를 출발했을 때 배트를 공에 맞히는(적어도 헛스윙을 하는) 것.
pull-hitter | 반대편 필드로 공을 밀어치는 일이 드문 타자.
pull the ball | 공이 홈 플레이트에 도달하기 전에 약간 일찍 스윙을 해서 맞히는 것. 오른손타자는 왼쪽 필드로 당겨치고 왼손타자는 오른쪽으로 당겨친다.
pull the string | 커브볼을 던지다.
pull the trigger | 스윙을 하다.
Punch 'n' Judy | 힘이 별로 없는 타자.
punched out | 스트라이크 판정으로 삼진당하는 것.
purpose-pitch | 타자를 위협하고 타자가 다음 투구에 홈 플레이트에서 떨어져 서게 하려는 안쪽 높은 공.
putout | 풋아웃. 플라이 볼을 잡거나 주자를 태그하거나 포스 플레이에서 베이스를 밟아 주자를 아웃시킨 야수에게 돌아가는 기록.

Q

Quadruple-A | 쿼드러플 A. 트리플 A와 메이저리그 사이의 가상 단계.
quality start | 퀄리티 스타트. 선발투수가 최소 6이닝 이상을 던지고 3점 이하의 자책점을 기록하는 것.
QuesTec | 퀘스텍. 심판이 스트라이크와 볼을 얼마나 정확히 가려내는지 메이저리그 측이 판단하는 데 사용하는 기구.
quick-pitch | 타자나 주자가 미처 준비하기 전에 던지는 피치.

R

rabbit | 너클볼. → knuckleball.
rabbit ears | 자신에 대한 나쁜 얘기는 어떻게든 다 듣는 성깔 있는 심판.
rain-maker | 몹시 높이 솟은 팝업.
raked | 세게 맞다.
rally | 뒤지는 팀의 공격력이 폭발하는 것.
rally cap | 랠리 캡. 행운을 빌고 응원하는 팀이 득점하도록 기원하는 의미에서 우스꽝스러운 방식으로 매만져 쓴 모자.
range | 한쪽에서 다른 쪽으로 이동하는

야수의 능력.
RBI | 타점. → runs batted in.
reach back | 보통 때보다 패스트볼을 더 세게 던지는 것.
real estate | 외야수가 맡아야 할 구역.
recalled | 마이너리그에서 메이저리그로 승격됨.
receiver | 포수.
regular season | 정규 시즌. 스프링 트레이닝과 플레이오프 사이 162경기의 일정.
rehab assignment | 부상에서 회복하기 위해 마이너리그에서 짧은 기간 동안 뛰는 것.
rent-a-player | 시즌 마지막 두 달 동안 플레이오프 진출을 다투고 있는 팀에 트레이드되어, 프리 에이전트가 되자마자 다른 팀과 계약을 맺는 선수.
retired | 수비 팀에게 아웃을 당하다.
rib-eyes → ribbies.
ribbies | 타점의 별칭.('RBIs'를 문자 그대로 발음한 것.)
rifle | 송구하기에 강한 어깨.
ring | 월드 시리즈를 우승한 팀의 구성원들에게 돌아가는 반지.
rising fastball | 라이징 패스트볼. 스트라이크 존을 지나치면서 솟아오르는 공.
roll one over | 땅볼을 치다.

rookie ball | 마이너리그 여섯 단계 중 가장 하위 단계.
room service hop | 야수 앞에 딱 좋게 바운드되어 잡기 쉬운 공.
rope | 강한 라인 드라이브.
rotation | 로테이션. 구단의 선발투수들.
rotator cuff | 회전건판(어깨 관절을 지지하는 근육).
Rotisserie baseball | 로티세리 베이스볼. 판타지 베이스볼. 판타지 베이스볼은 처음에는 '로티세리'라고 불렸는데, 게임을 발명한 사람(유명한 야구기자 댄 오크렌트)이 라 로티세리 프랑세즈라는 뉴욕의 레스토랑에서 친구들과 이 게임을 즐겼기 때문이다. → fantasy baseball.
roundtripper | 홈런.
rubber | 피처 플레이트. 투수판. 직사각형의 하얀색 널빤지로, 공을 던지기 전에 투수가 한 발을 반드시 대고 서 있어야 한다.
rubber arm | 고무팔. 지치지도 않고 매일매일 던질 수 있는 구원투수의 팔.
rubber game | 동률이던 시리즈의 마지막 게임.
rug | 애스트로터프를 비롯한 인조 경기장 표면.
rule 5 Draft | 이미 마이너리그에 있는 선수들을 대상으로 한 비시즌의 연례 드

래프트.
run his hands up | 번트를 대기 전에 배트에서 손을 옮기는 것.
run support | 한 투수가 던지는 동안 자기 팀이 올려준 점수.
rundown | 런다운. 주자가 베이스들 사이에서 여기도 저기도 못 가고 걸린 상황.
rung up | 스트라이크 판정으로 삼진당하는 것.
runner's box | 타자가 1루 송구를 막지 않기 위해 달려야 하는 14m 길이의 구간. 초크로 표시되어 있으며 파울 라인 바로 바깥쪽에 있다.
runners on the corners | 1루와 3루에 있는 주자들.
runs batted in | 타점. 타자가 자신의 타격 플레이로 얻어낸 점수를 측정하는 공격 기록.
runway | 더그아웃과 관중석 밑 공간을 잇는 통로.

S

sac bunt | 희생번트. → sacrifice bunt.
sac fly | 희생플라이. → sacrifice fly.
sacrifice bunt | 희생번트. 주자를 진루시키기 위해 타자가 1루에서 아웃되는 것을 감수하고 대는 번트.
sacrifice fly | 희생플라이. 야수에게 잡히지만 주자가 득점을 올릴 수 있게 한 플라이 볼.
safety | 단타.
safety squeeze | 세이프티 스퀴즈. 번트가 확실히 이루어지기 전에는 3루주자가 스타트를 끊지 않는 신중한 스퀴즈 플레이.
salary cap | 샐러리 캡. 야구 외의 다른 프로 스포츠에서 팀의 전체 연봉을 제한한 상한선.
save | 세이브. 이기는 팀에서 작은 리드(보통 3점 이하)를 지키고 경기를 마무리한 투수에게 돌아가는 기록.
scoring position | 스코어링 포지션. 2루와 3루.
scratched | 경기 직전에 선발 라인업에서 제외되는 것.
screamer | 강한 직선타구.
screwball | 스크루볼. 커브볼의 반대 방향으로 움직이는 피치.
scroogie | 스크루볼. → screwball.
second cleanup hitter | 타순에서 8번타자를 조롱하며 부르는 별명.
secondary lead | 투수가 공을 뿌릴 때 주자가 발을 더 떼어 리드를 크게 잡는 것.
seed | 빠른 속도로 날아가는 공.

seeing-eye single | 내야수 두어 명을 쓱 지나치는 느린 땅볼.
send down | 선수를 메이저리그에서 마이너리그로 강등시키는 것.
Senior Circuit | 내셔널 리그.(아메리칸 리그보다 25년 전인 1876년에 결성되어 붙은 이름.)
sent to the showers | 경기에서 퇴장당함.
set | 세트 포지션. → set position.
set position | 세트 포지션. 주자가 리드를 크게 벌리는 것을 막기 위해 투수가 투구 전에 취하는 자세.
set the table | 이닝 처음에 출루하기.
set-up man | 셋업 맨. 마무리 투수에게 넘기기 전에 리드를 지키는 구원투수.
seventh-inning stretch | 7회의 초와 말 사이 시간에 몸을 펴며 휴식을 갖는 전통.
shade | 수비를 하면서 살짝 왼쪽이나 오른쪽으로 옮겨 수비 위치를 잡는 것.
shag | 1. 플라이 볼을 잡는 연습. 2. 타격 연습 때 쓴 공을 모아 오다.
shake off | 포수의 구종 선택에 투수가 고개를 흔들어 반대의 뜻을 나타내는 것.
shelled | 많은 안타를 허용한 투수를 묘사하는 말.
shineball | 스핏볼. → spitball.

shoestring catch | 공이 땅에 떨어지기 직전에 달려가 잡아내는 것.
short hop | 야수 앞에 매우 가깝게 바운드되는 공.
short leash | 1. 한 타자만 더 출루를 허용하면 강판당할 투수를 이르는 말. 2. 제한된 투구 수.
short porch | 홈 플레이트 쪽으로 가깝게 튀어나온 외야 관중석.
shorten up | 1. 꼼짝 못하고 당하다. 2. 재빠르고 안정된 스윙을 하다.
shovel | 목표 지점으로 움직이면서 언더핸드로 짧게 토스해주는 것.
Show, The | 더 쇼. 메이저리그.
shutout | 완봉승. 1점도 주지 않고 끝내는 게임.
Silver Slugger Award | 실버슬러거 상. 그해에 양 리그에서 각 수비 포지션별로 공격력이 가장 뛰어난 선수 1명씩을 뽑아 주는 상.
simulated game | 시뮬레이션 게임. 실제 경기와 유사한 페이스로 피칭을 해보는 과정.(부상에서 회복중인 투수가 하는 연습.)
Single-A | 싱글 A. 마이너리그 여섯 단계 중 밑에서 세 번째 단계.
sinker | 싱커. 타자에게 도달할 즈음 뚝 떨어지는 공.

sit dead red | 패스트볼이 올 것을 예상하다.
situational hitting | 특정한 지점으로 공을 맞혀 보내서 주자를 진루시키는 능력.
sit on a fastball | 패스트볼이 올 것을 예상하다.
situational lefty | 한 게임에서 단 한두 명의 왼손타자를 상대하기 위해 올라오는 왼손투수.
skin | 내야에서 잔디 없이 흙으로 덮인 지역.
skipper | 감독.
slab | 투수판.
slam range | 4점 이하의 점수.
slap-hitter | 짧고 간결한 스윙을 하면서 종종 필드 반대편으로 공을 밀어치는 왼손타자.
slice the ball | 반대편으로 공을 치다.
slide piece | 슬라이더. → slider.
slide step | 투수가 투구할 때 발을 거의 들지 않으면서 홈 플레이트 쪽으로 작게 한 걸음을 내딛는 것.
slider | 슬라이더. 패스트볼과 커브볼의 무브먼트를 조합한 피치.
slop | 꾸준히 오프스피드 피치를 던짐.
slugfest | 점수가 많이 나는 게임.
slugging percentage | 장타율. 타자가 2루타 이상의 안타를 생산하는 능력을 측정하는 기록.
slump | 슬럼프. 타격을 제대로 해내지 못하는 기간.
slurve | 슬러브. 슬라이더와 커브볼의 무브먼트를 조합한 피치.
small ball | 작은 야구. 공격 팀이 기본 전략을 구사하여 주자들을 한 번에 한두 베이스씩 진루시키는 플레이 스타일.
small-market team | 작은 도시에 연고를 두어 팬 수가 많지 않기 때문에 선수들에게 돈을 적게 쓰는 팀.
smart ball | 스몰 볼에 비해 덜 경멸적인 표현. 화이트삭스의 감독 오지 기엔이 2005년 우승하던 당시 처음으로 쓴 말이다.
smoke | 패스트볼. → fastball.
snap throw | 갑자기 던지는 견제구.
snapper | 커브볼. → curveball.
snatch catch | 외야수가 글러브로 공을 확 낚아채는 것.
snow cone | 공이 글러브 끝에 걸려서 콘 아이스크림 덩어리처럼 튀어나온 모습으로 포구한 것.
soft-toss | 가볍게 토스한 공을 쳐서 그물을 맞히는 타격 훈련.
softball numbers | 엄청나게 좋은 타격 기록.

solo home run | 솔로 홈런. 주자가 아무도 없는 상태에서 쳐서 1점을 올리는 홈런.
sophomore slump | 2년차 징크스. 훌륭하게 신인 시즌을 보내고 두 번째 시즌에 겪는 슬럼프.
southpaw | 사우스포. 왼손잡이 선수.
specialist → situational lefty.
spiked | 스파이크에 부상당하다.
spikes | 스파이크. 뾰족한 쇠붙이들이 달린 신발 바닥. 선수들이 땅에 발을 잘 딛는 데 도움이 된다.
Spink Award | 스핑크상. 명예의 전당에 헌액되는 스포츠 기자들을 위한 상.
spitball | 스핏볼. 침(혹은 어떤 것이라도 끈적이는 물질)을 공에 발라 던지는 피치. 이제는 금지되었다.
split-finger fastball | 스플릿핑거 패스트볼. 타자에게 도달할 즈음 뚝 떨어지는 패스트볼.
splitter | 스플리터. 스플릿핑거 패스트볼. → split-finger fastball.
splitty | 스플릿핑거 패스트볼. → split-finger fastball.
spoiler | 스포일러. 성적이 저조하지만 시즌 종반에 포스트시즌 진출이 유력한 팀을 꺾어버리는 팀.
spot a fastball | 포수가 맞추어준 타깃으로 패스트볼을 집어넣다.
spot starter | 간혹 선발로 등판하는 투수.
spray chart | 타자가 공을 날린 방향을 보여주는 도표.
spray-hitter | 적은 힘으로 필드의 온 방향으로 공을 날리는 타자.
Spring Training | 스프링 트레이닝. 프리시즌.
square around | 투수를 마주보고 서도록 몸을 돌려 번트할 자세를 취하는 것.
squeeze | 스퀴즈. 1. 스퀴즈 플레이. → squeeze play. 2. 스트라이크 존에 가깝게 들어온 피치를 '볼'로 판정하는 것.
squeeze play | 스퀴즈 플레이. 번트로 3루주자를 득점시키는 공격 방법.
squibber | 배트 끝에 맞고 회전이 아주 많이 걸린 채 천천히 굴러가는 땅볼.
stand-up double | 타자가 슬라이딩을 하지 않고 서서 2루로 들어가는 2루타.
starter | 선발투수.
station-to-station | 한 번에 한 베이스씩.
step in the bucket | 히트 바이 피치를 당할까 봐 홈 플레이트에서 떨어져 서는 것.
Steve Blass Disease | 제구력을 완전히 잃어버리는 심리적인 상태. 파이리츠

의 잘나가던 투수였으나 1972년 시즌 후 알 수 없는 이유로 완전히 무너져버린 선수의 이름에서 따왔다.
stick it in his back pocket | 공을 던지지 않고 쥐고만 있는 모양.
stolen base percentage | 도루성공률. 주자가 도루 시도에서 얼마나 성공했는지 보여주는 기록.
stopper | 리드를 지키려고 나오는 마지막 투수.
straight steal | 다른 플레이나 전략 없이 시도하는 도루.
straightaway | 정상적인 수비 위치.
stranded | 이닝이 끝날 때 잔루로 남다.
stretch | 주자가 있을 때 투수가 쓰는 간결한 딜리버리.
strike-'em-out/throw-'em-out double play | 타자가 스트라이크아웃을 당한 공을 던져 도루를 시도하는 주자까지 잡는 더블 플레이.
stuff | 공의 무브먼트, 속력을 비롯한 투수의 전체적인 투구 능력.
submariner | 잠수함 투수. 극단적인 각도의 사이드암 모션으로 거의 밑에서 공을 집어 올려 던지는 것처럼 보이는 투수.
suicide squeeze | 3루주자가 투수의 투구 전에 홈으로 스타트를 끊는 공격적인 스퀴즈 플레이.

Sunday hop | 야수 바로 앞에 딱 알맞게 바운드되어 잡기 쉬운 공.
sweep | 한 팀과의 시리즈 경기에서 승리를 싹쓸이함.
sweet spot | 1. 공을 가장 세게 칠 수 있는 배트의 부분. 2. 야구공에서 로고의 반대편에 있는, 팬들이 선수들의 사인을 받기 좋아하는 부분.
swifty | 패스트볼. → fastball.
swing from the heels | 극도로 강하게 스윙하다.
swinging bunt | 번트처럼 약하게 맞아 굴러가는 타구.
swingman | 스윙맨. 선발과 구원 양쪽 모두 쓰이는 투수.
switch-hitter | 스위치히터. 오른손, 왼손 모두 타격할 수 있는 타자.

T

tag | 태그. 1. 공(혹은 공이 든 글러브)으로 건드려서 주자를 아웃시키는 것. 2. 베이스에서 태그 업을 하는 것.
tag up | 태그 업. 플라이 볼이 야수에게 잡힌 후 다음 베이스로 진루를 시도하는 것.
tailing fastball | 타자에게 도달할 즈음 횡으로 — 오른손투수가 던지면 오른

손타자 쪽으로 — 움직이는 패스트볼.
tailor-made | 수비하기 쉬운 공.
take a lead | 리드를 잡다. 투수가 투구하기 전에 주자가 베이스로부터 몇 발자국을 미리 떼어놓는 것.
take a pitch | 스윙하지 않고 피치를 흘려보내는 것.
take one for the team | 1. 고의로 투구에 몸을 맞다.(규칙에 어긋나기 때문에 교묘하게 해야 한다.) 2. 불펜을 휴식시키기 위해서 현재 올라가 있는 투수가 형편없어도 계속 던지게 하는 것.
takeout slide | 다른 곳으로 송구하는 것을 막기 위해 주자가 야수와 충돌하면서 시도하는 슬라이딩.
take sign | 피치에 스윙하지 말고 그냥 흘려보내라는 지시.
take something off | 전 피치보다 속도를 확 줄인 피치를 던지다.
tank | 에러를 범하다.
tape-measure shot | 긴 홈런.
tater | 홈런.
Ted Williams shift | 테드 윌리엄스 시프트. 당겨치는 왼손잡이 강타자를 상대하기 위한 수비대형.
10/5 player | 메이저리그에서 10년 이상, 현재의 팀에서 5년 이상 연속으로 뛴 덕분에 어떤 트레이드에도 거부권을 행사할 수 있는 선수.
Texas Leaguer | 내야수들과 외야수들 사이에 똑 떨어지는 약한 플라이 볼.
textbook | 메커니즘이 완벽함.
30/30 club | 한 시즌에 홈런과 도루를 각각 30개 이상씩 기록한 선수들의 그룹.
thread the needle | 자로 잰 듯 정확한 피치.
three day's rest | 선발투수의 보통 휴식 기간인 4일보다 하루 짧은 휴식 기간.
three-quarters | 오버핸드와 사이드암 사이의 팔 각도.
three up, three down | 타자들이 삼자범퇴를 당한 이닝을 뜻함.
through the wickets | 가랑이 사이로 빠짐.
throw behind the runner | 주자가 베이스를 통과한 직후에 그 베이스에 공을 던짐.
throw the kitchen sink | 타자를 필사적으로 아웃시키려고 희한한 공(들)을 던지는 것.
throw through | 다른 어떤 곳으로도 던질 수 있는데, 홈 플레이트에서 2루로 공을 던지는 것.
tip the pitch | 구질을 불의에 들킴.
toe the rubber | 투구 전에 투수판에 발을 대는 것.

tomahawk | 1. 높은 공을 치다. 2. 내 리치는 각도로 스윙해 공의 윗부분을 맞 히다.
Tommy John surgery | 토미 존 수술. 팔꿈치 수술을 이름.
tools of ignorance | 포수의 장비들.
top out | 한 투수가 자신의 최고 구속을 기록하다.
total bases | 타자가 공을 친 다음 밟은 베이스 수의 합계.
total chances | 야수가 기록한 풋아웃, 어시스트, 에러의 총 합계.
touch'em all | 홈런을 치고 나서 베이 스를 전부 돌다.
tough save | 동점 주자가 베이스에 있 는 상황에서 등판하여 얻은 세이브.
trademark | 배트의 손잡이와 두꺼운 몸통 사이의 약한 부분.
trading deadlines | 선수들을 트레이 드하고 포스트시즌 로스터를 짜기 위한 마감 시한.
trail runner | 후발주자. 앞선 주자에 비해 홈 플레이트에서 더 멀리 떨어진 주자.
transaction | 팀의 로스터에서 선수를 추가하거나 제외하는 것.
trap | 플라이 볼이나 라인 드라이브가 땅을 치자마자 걷어 올리는 것.
Triple-A | 트리플 A. 마이너리그 여섯 단계 중 가장 높은 단계.
Triple Crown | 트리플 크라운. 홈런, 타점, 타율에서 리그 수위를 차지한 타자 혹은 승, 삼진아웃, 방어율에서 리그 수위 를 차지한 투수에게 돌아가는 타이틀.
triple play | 트리플 플레이. 수비 팀이 한 플레이 상황에서 아웃을 3개 잡는 것.
true rookie | 현재 시즌 전에 메이저리 그 경험이 전혀 없었던 선수.
tumbler | 꺾이지 않은 커브공.
tunnel | 관중석 밑의 클럽하우스와 배 팅 케이지, 심판실 등으로 연결되는 통로.
Turface | 내야 흙의 물기를 빨아들이기 위해 구장 관리인들이 사용하는 모래 비 슷한 물질.
turn him loose | 노 스트라이크 스리 볼 상황에서 타자에게 스윙을 허용하는 것.
turn on the ball | 공을 당겨치다.
turn two | 더블 플레이를 해내다.
tweener | 마이너리그에서는 당할 자가 없는데, 메이저리그에서 주전을 꿰차기에 는 재능이 부족한 선수.
12-to-6 | 높게 출발했다가 낮게 도착하 는 커브볼.(시계의 숫자 12와 6을 그려볼 것.)
twi-night doubleheader | 늦은 오후 나 저녁에 시작하는 더블헤더.

twin bill | 더블헤더.
 → doubleheader.
twin killing | 더블 플레이.
 → double play.
two-seam fastball | 투심 패스트볼. 타자에게 도달할 즈음 횡으로 움직이는 패스트볼의 한 종류.
two-seamer | 투심 패스트볼.
 → two-seam fastball.

U

unassisted triple play | 송구하는 일 없이 이루어지는 트리플 플레이.
unbalanced schedule | 한 시즌에 각 팀을 반드시 똑같은 수의 게임으로 상대하지는 않는 (현재 메이저리그에서 사용하는) 일정.
Uncle Charlie | 커브볼. → curveball.
under .500 | 승보다 패가 많음.
unintentional intentional walk | 비고의 고의사구. 타자가 나쁜 공에 손을 댈 것을 기대하며 스트라이크 존을 살짝 벗어나는 공을 던지는 보통의(그러나 계획한) 볼넷.
up the elevator shaft | 홈 플레이트 바로 위.
up the middle | 센터필드 방향.

uppercut | 홈런을 치려는 시도로 걷어 올리는 스윙을 하는 것.
utilityman | 유틸리티맨. 여러 포지션에서 수비가 가능한 비주전선수.

V

veteran | 베테랑. 메이저리그에서 오래 뛴 노장.
Veterans Committee | 명예의 전당 원로위원회. 15년의 자격 기간이 지난 선수를 명예의 전당에 입성시킬지 결정하는 데 도움을 준다.
virtual tie | 승률에서 약간 차이가 난다고 해도 두 팀(혹은 더 많은 팀)이 같은 순위에 있는 것.
vulture | 많은 승수를 챙기는 구원투수.

W

waiver | 두고 싶지 않은 선수를 내쫓기 위해 경영진이 쓰는 책략.
walk-off home run | 끝내기 홈런. 9회 혹은 연장 이닝의 말 공격에서 터지는 결승 홈런.
walking lead | 주자가 달리기 전에 모멘텀을 얻기 위해 투수의 딜리버리 시간에 맞추어 몇 걸음을 떼어놓으며 두는 리

드.
warning track | 워닝 트랙. 필드 끝 가장자리에 흙으로 된 구역. 외야수가 공을 잡으러 달려가다가 이곳을 지나면 곧 펜스에 다다른다는 것을 알게 된다.
warning track power | 깊은 플라이 볼이 담장을 넘기지 못하고 워닝 트랙까지밖에 미치지 못함을 조롱하는 것.
waste-pitch | 버리는 공. 고의로 볼을 던지는 것.
wheel play | 주자가 2루에 있는 상황에서 희생번트 작전을 막기 위해 쓰는 수비 플레이.
wheelhouse | 타자가 가장 큰 힘을 실어 타격할 수 있는 스트라이크 존 내의 위치.
wheels | 주력.
whiff | 스트라이크아웃을 잡다.
Wild Card | 와일드 카드. 양 리그에서 각 디비전의 우승 팀을 제외하고 승률이 가장 좋은 팀에게 돌아가는 포스트시즌 티켓.
wild pitch | 와일드 피치. 포수가 잡아준 타깃을 터무니없이 벗어나 빠지고 주자에게 진루를 허용하는 투구.
wild within the strike zone | 스트라이크 존에는 들어가지만, 포수가 잡아놓은 특정 타깃에는 집어넣지 못하는 투구를 말함.
windup | 와인드업. 투구하는 데 따르는 일련의 복잡한 동작.(약간 뒤로 발을 딛고, 발을 축으로 삼아 돌리고, 다리를 차고, 투수판을 밀고, 앞으로 발을 떼어놓으면서 공을 놓는 것.)
winning percentage | 승률. 팀. 투수, 혹은 감독이 얼마나 자주 승리를 거두었는지 보여주는 기록.
work the count | 스트라이크는 파울로 걸어내고 볼에는 스윙을 하지 않으며 타석에 있는 시간을 늘리는 것.
work up a lather | 불펜에서 재빨리 워밍업을 하는 것.
workhorse | 많은 이닝을 던질 능력이 있는 투수.
World Baseball Classic, WBC | 월드 베이스볼 클래식. 4년 주기로 개최되는 국제야구대회.(2회째인 2009년에만 2006년 첫 대회에 이어 3년 만에 열리고, 다음부터는 4년마다 열린다. - 옮긴이)
World Series | 월드 시리즈. 포스트시즌의 대미.
worm-burner | 작게 여러 번 바운드되는 땅볼.

Y

yakker | 커브볼. → curveball.

yardwork! | 홈런!

부록 A
메이저리그 기록실
MORE STATISTICS

> 헨드릭의 19호 홈런입니다.
> 이제 하나만 더 치면 두 자리 숫자가 됩니다.
> — 제리 콜먼, 명예의 전당 입성 아나운서.

야구에서 가장 중요한 지표들의 단일 시즌 및 통산 기록을 소개한다.

타격		단일시즌	통산
G	출장 경기 수	165 – 모리 윌스, 1962년	3562 – 피트 로즈
AB	타수	705 – 윌리 윌슨, 1980년	14053 – 피트 로즈
PA	타석	773 – 레니 다익스트라, 1993년	15861 – 피트 로즈
H	안타	262 – 스즈키 이치로, 2004년	4256 – 피트 로즈
1B	1루타	225 – 스즈키 이치로, 2004년	3215 – 피트 로즈
2B	2루타	67 – 얼 웹, 1931년	792 – 트리스 스피커
3B	3루타	36 – 치프 윌슨, 1912년	309 – 샘 크로퍼드
HR	홈런	73 – 배리 본즈, 2001년	762 – 배리 본즈
AB/HR	홈런 비율	6.52 – 배리 본즈, 2001년	10.80 – 마크 맥과이어
GS	만루 홈런	6 – 2명 공동*	23 – 루 게릭
AVG	타율	0.440 – 휴 더피, 1894년	0.367 – 타이 콥
SLG	장타율	0.863 – 배리 본즈, 2001년	0.690 – 베이브 루스
OBP	출루율	0.609 – 배리 본즈, 2004년	0.483 – 테드 윌리엄스
OPS	출루율+장타율	1.422 – 배리 본즈, 2004년	1.164 – 베이브 루스
TB	총 베이스 수	457 – 베이브 루스, 1921년	6856 – 행크 에런
XBH	장타	119 – 베이브 루스, 1921년	1477 – 행크 에런
R	득점	192 – 빌리 해밀턴, 1894년	2295 – 리키 헨더슨
RBI	타점	191 – 핵 윌슨, 1930년	2297 – 행크 에런
SO	삼진아웃	204 – 마크 레이놀즈, 2008년	2597 – 레지 잭슨
BB	볼넷	232 – 배리 본즈, 2004년	2558 – 배리 본즈
IBB	고의사구	120 – 배리 본즈, 2004년	688 – 배리 본즈
HP	히트 바이 피치	51 – 휴이 제닝스, 1896년	287 – 휴이 제닝스
SB	도루	130 – 리키 헨더슨, 1982년	1406 – 리키 헨더슨
CS	도루사	42 – 리키 헨더슨, 1982년	335 – 리키 헨더슨
PH	대타 안타	28 – 존 밴더 월, 1995년	212 – 레니 해리스
SAC	희생번트	67 – 레이 채프먼, 1917년	512 – 에디 콜린스
SF	희생플라이	19 – 길 호지스, 1954년	128 – 에디 머레이
GIDP	병살타	36 – 짐 라이스, 1984년	350 – 칼 립켄 주니어

* 돈 매팅리(1987년)와 트래비스 해프너(2006년)

투구		단일시즌	통산
W	승	41 – 잭 체스브로, 1904년	511 – 사이 영
L	패	35 – 레드 도너휴, 1897년	316 – 사이 영
PCT	승률	0.947 – 로이 페이스, 1959년	0.717 – 스퍼드 챈들러
G	등판 수	106 – 마이크 마셜, 1974년	1252 – 제시 오로스코
GS	선발등판	52 – 에이머스 루지, 1893년	815 – 사이 영
CG	완투	50 – 에이머스 루지, 1893년	749 – 사이 영
IP	투구이닝	482 – 에이머스 루지, 1893년	7356 – 사이 영
SO	삼진아웃	383 – 놀런 라이언, 1973년	5714 – 놀런 라이언
K/9	9이닝당 삼진	13.41 – 랜디 존슨, 2001년	10.67 – 랜디 존슨
BB	볼넷	218 – 에이머스 루지, 1893년	2795 – 놀런 라이언
WP	와일드 피치	30 – 레드 에임스, 1905년	277 – 놀런 라이언
BK	보크	16 – 데이브 스튜어트, 1988년	90 – 스티브 칼턴
HB	몸 맞히는 공	40 – 조 맥기니티, 1900년	219 – 칙 프레이저
H	허용 안타	497 – 테드 브라이텐스타인, 1894년	7092 – 사이 영
HR	허용 홈런	50 – 버트 블라일레븐, 1986년	505 – 로빈 로버츠
R	허용 점수	320 – 테드 브라이텐스타인, 1894년	3167 – 사이 영
ER	자책점	238 – 테드 브라이텐스타인, 1894년	2147 – 사이 영
ERA	방어율	0.96 – 더치 레너드, 1914년	1.82 – 에드 월시
SH	완봉	16 – 그로버 '피트' 알렉산더, 1916년	110 – 월터 존슨
SV	세이브	62 – 프란시스코 로드리게스, 2008년	554 – 트레버 호프먼
BS	블론 세이브	14 – 4명 공동*	112 – 리치 고시지
WHIP	이닝당 볼넷+안타	0.74 – 페드로 마르티네스, 2000년	0.97 – 애디 조스

* 롤리 핑거스(1976년), 브루스 서터(1978년), 밥 스탠리(1983년), 론 데이비스(1984년)

다른 기록들은 스코어보드나 텔레비전에 나타나는 법이 결코 없다. 뭔가 애매하거나 어떤 특정 상황에서만 의미가 있기 때문이다. 하지만 그런 기록이 존재한다는 사실을 알아두는 것도 괜찮다.

타격

- **PAB** pinch-hit at-bats, 대타 타수 ｜ 이것은 그 자체로 수상쩍은 기록이다. 기

록을 보유하고 있더라도 그 선수가 주전 라인업에 들 만큼 실력이 좋지는 않다는 것을 의미하기 때문이다.

- **RISP** runners in scoring position, 스코어링 포지션의 주자 | 당신이 가장 좋아하는 팀이 "RISP 상황에서 0.083을 친다"는 것을 어디선가 읽게 되면, 팀이 왜 14연패를 당하고 있는지 납득할 것이다.

- **LIPS** late-inning pressure situations, 경기 후반의 압박이 큰 상황 | 감독은 이 기록을 이용하여 경기 후반 RISP 상황에서 어떤 타자를 기용할지 고를 수 있다.

- **LOB** number of runners left on base, 잔루 | 주자가 남겨졌건, 더블 플레이로 아웃이 되었건 간에, 타자(혹은 팀 전체)는 주자를 베이스에 남겨둔 책임이 있다. 하지만 그게 항상 타자의 잘못일까? 1975년에 메츠의 내야수로 뛰던 중 한 게임에서 병살타를 네 번이나 친 조 토리는 그렇게 생각하지 않았다. 네 번 다 그의 앞 타석에서 안타를 네 번 모두 쳤던 펠릭스 미얀을 베이스에서 물러나게 한 터였다. 토리가 나중에 불만을 토로했다. "왜 전부 나만 탓하는 거요? 펠릭스 탓이란 말이오. 그가 줄줄이 단타만 치지 않았으면 내가 병살타를 치는 일도 없었을 거 아니오."

- **RMU** runners moved up, 주자의 진루 | 안타는 기본적으로 주자들이 베이스를 옮겨가게 한다. 볼넷과 희생번트를 비롯한 여러 가지 상황도 마찬가지로 주자를 진루시킨다. 하지만 이 기록이 구체적으로 의미하는 것은 땅볼 아웃에 주자가 진루하는 것이다.

- **NP/PA** number of pitches seen per plate appearance, 타석당 투구 수 | 타자로서는 많을수록 좋다. 카운트가 차오를수록 타자는 투수의 밑천을 동내고 걸어 나갈 기회를 높이는 것이다.

- **PA/SO** plate appearances per strikeout, 타석 대비 삼진 | 1932년에 양키스의 3루

수 조 슈얼은 시즌 내내 삼진을 단 세 번 당하며 192 : 1이라는 놀라운 비율을 기록했다.

- **G/F** ground ball/fly ball ratio, 땅볼/플라이 볼 비율 | 만약 이 비율이 한쪽으로 심하게 기울어진다면, 타자는 타격 연습에 더 일찍 나오라는 주문을 받을지도 모른다.
- **IsoP** isolated power, 힘 측정 | 계산하기 쉽다. 장타율에서 타율을 빼면 된다.
- **SB%** stolen base percentage, 도루성공률 | 75퍼센트 이상의 성공률을 얻지 못하는 주자는 팀에 도움이 안 된다.

투구

- **QS** quality starts, 퀄리티 스타트 | 최소 6이닝을 던지고 3점 이하의 자책점을 허용한 투수에게 돌아가는 기록이다.
- **I/GS** innings pitched per game started, 선발등판 투구 이닝 | 요즘 같은 투수 과보호의 시대에는, 6이닝이나 7이닝이면 훌륭하다고 친다.
- **RS** run support, 득점 지원 | 1960년대의 투수 보 빌린스키가 이렇게 말한 적이 있다. "팀 동료들이 1점도 얻어주지 않는데 이길 재간이 있는 투수가 어디 있겠는가?" 핵심을 아주 훌륭하게 짚은 말이다.(그가 15 : 0으로 진 적이 있다는 사실은 빼면.) 이 기록은 투수가 던지는 동안 팀이 평균적으로 얼마나 득점하는지를 재는 것이다.
- **K/BB** strikeout/walk ratio, 삼진/볼넷 비율 | 좋은 투수라면 평균적으로 볼넷 하

나당 최소 2개의 삼진은 잡는다. 1994년에 메츠의 선발투수 브렛 세이버헤이겐은 11:1의 비율을 기록했고, 이 시즌에 승수보다 더 적은 볼넷을 내주었다!

- **BB/9** walks per nine innings, 9이닝당 볼넷 | 고의사구라는 별도의 범주가 있기는 하지만, 보통의 볼넷을 셈하는 데도 포함되므로 이 비율에 들어간다. 좋은 투수는 9이닝당 3명 미만의 타자를 볼넷으로 내보낸다.

- **H/9** hits per nine innings, 9이닝당 안타 | 제구력이 뛰어난 투수들도 어쩌다가 많은 안타를 내준다. 피치가 스트라이크 존이나 그 근처로 잘 꽂히기 때문이다. 그레그 매덕스를 보면 쉽게 이해할 수 있다.

- **CGL** complete-game losses, 완투패 | 그다지 많이 볼 수 없는 기록이다. 오늘날에는 투수들이 이기고 있는 중에도 9이닝을 다 던지는 경우는 많지 않다.

- **OBA** opponents' batting average, 피안타율 | 최고의 투수들은 상대 타자들의 타율을 평균 2할 이하로 묶어놓는다.

- **NP** number of pitches thrown, 투구 수 | 한 이닝에 20개는 형편없는 수치다. 15개면 괜찮다. 10개면 놀라운 기록이다.

- **BF** total batters faced, 총 상대 타자 | 박스 스코어를 읽을 때, 투수가 34명의 타자를 상대했다는 기록을 보고 지레 감탄하지 말자. 겨우 2이닝만 던졌을지도 모른다.

- **PK** pickoffs, 견제사 | 이것은 수비 기록에 가깝지만, 기록은 투수들만이 가져갈 수 있다. 리그 선두는 언제나 왼손투수들의 차지다.

- **XBA** extra-base hits allowed, 2루타 이상 허용률 | 이 기록을 들여다보는 사람은 거의 없다. 홈런을 얼마나 많이 허용했는지에 따라 투수를 판단하는 편

이 더 낫다.

- **IRA** inherited runs allowed, 물려받은 주자에게 득점을 허용하는 비율 | 주자가 있는 상황에서 구원투수가 등판하는 경우, 기존 주자들이 득점을 했다고 구원투수에게 자책점을 매기는 것은 불공평하다. 그리하여 IRA라는 기록을 새로 고안했다. 아쉽게도 대부분의 기록처럼 이 기록도 상황을 감안해서 담아내지는 못한다. 그러니까 구원투수가 2사에 주자 1루 상황에서 들어섰는지, 노 아웃에 주자 3루 상황에서 등판했는지 하는 위험도를 셈에 넣을 수 없는 것이다.
- **RW** relief wins, 구원승 | 구원으로 나서서 승수를 챙기는 것은 실력보다는 운에 달려 있다. '독수리 vulture'는 물론 생각이 다르겠지만 말이다.
- **SVO** save opportunities, 세이브 기회 | 최고의 마무리투수들은 세이브 기회에서 85퍼센트 이상 성공한다. 에릭 가니에는 LA 다저스에서 2002년에서 2004년까지 84번의 세이브 기회를 연속으로 성공시켰다. 그가 너무나 압도적이었던 나머지, 스코어보드 관리자는 그가 불펜에서 뛰어나오기만 하면 '경기 종료 GAME OVER'라는 사인을 깜박였다.
- **HLD** holds, 홀드 | 이 기록은 경기 중간에 세이브 상황에서 등판하여 적어도 원 아웃을 잡고 리드를 지키는 투수에게 돌아간다. 1999년 이 기록이 생겨나 중간계투들은 자신의 공로를 제대로 인정받게 되었다. 당신이 관심을 가질 경우에 대비해(꼭 그럴 필요는 없다.) 톰 고든과 스콧 라인브링크가 36개의 홀드로 단일 시즌 기록을 보유하고 있다.
- **ND** no-decisions, 승패 기록 없음 | 디시전이라 함은 투수가 승이나 패를 기록했음을 뜻한다. 선발투수는 경기가 무승부인 상태에서 내려왔거나, 내려온 다음 전세가 뒤바뀌면 승패 기록이 남지 않게 된다. 리드를 잡았으

나 5이닝 이상 던지지 않고 내려왔을 때도 승패 기록은 없다.

- **GF** games finished, 게임을 끝냄 | 완투와 혼동하면 안 된다. 이것은 그저 누가 마지막 타자를 아웃시켰는지에 대한 기록이다.

수비

- **INN** innings played, 플레이한 이닝 | 통계가들이 1999년부터 내기 시작한 기록.
- **TC** total chances, 총 수비 기회 | 아웃을 잡으리라고 기대되는 야수가 공을 만지는 것으로 얻는 기회이다. 예를 들어 1루수가 견제구를 받는 것은 수비 기회가 아니다.(그가 주자를 태그 아웃시키거나 에러를 범하지 않는 이상.) 왜냐하면 주자가 아웃되지 않았다는 이유로 에러 기록을 부과받지는 않기 때문이다. 하지만 평범한 팝업을 처리한다면, 그것은 수비 기회이다.
- **PO** putouts, 풋아웃 | 야수가 상대 선수를 아웃시키는 방법에는 크게 세 가지가 있다. 타격한 공이 플라이가 됐을 때 잡거나, 주자를 태그 아웃시키거나, 베이스를 밟아 포스 아웃시키는 것이다. 덧붙여 포수는 모든 삼진아웃에서 아웃시킨 기록을 갖는다.(세 번째 스트라이크 공을 놓쳐서 낫 아웃 상태에서 1루에 공을 던져야 할 때만 제외하고.) 그리고 페어 지역에서 타구에 주자가 맞으면, 그와 가장 가까이 있던 야수가 아웃 기록을 갖는다. 여러분도 이런 것까지는 몰랐을 것이다.
- **A** assists, 어시스트 | 야수가 송구하여 주자를 아웃시키면 어시스트 기록

을 하나 얻게 된다. 포수는 스트라이크아웃에 풋아웃 기록을 갖지만, 투수는 어시스트를 기록하지 못한다.(왠지 불공평해 보인다.)

- **OFA** outfield assists, 외야수의 어시스트 | 내야수들이 시즌당 수백 개의 어시스트를 기록하는 동안, 외야수는 한 시즌에 10개만 되어도 뛰어난 기록이다. 1937년 명예의 전당에 일곱 번째로 입성한 전설적인 중견수 트리스 스피커는 단일 시즌(35개)과 통산(449개) 기록을 모두 보유하고 있다.
- **E** errors, 에러 | 1890년에 플레이어스 리그* 필라델피아 퀘이커스의 유격수 빌리 신들은 119개의 에러를 저질렀다. 하지만 그때는 구장 상태들이 썩 좋지가 않았다.
- **FA** fielding average, 수비성공률 | 빌리 신들의 수비성공률은 너무나 끔찍해서, 꼬마들조차 몸서리칠 정도였다고 한다.
- **DP** double plays, 더블 플레이 | 1939년부터 1960년까지 선수생활을 했던 1루수 미키 버넌이 통산 2044개로 최고 기록을 보유하고 있다.
- **TP** triple plays, 트리플 플레이 | 대부분의 야수들이 메이저리그 전체 선수생활 동안 트리플 플레이에는 한 번 참여조차 못한 채 끝난다.
- **CS%** caught stealing percentage, 도루저지율 | 최고의 포수들은 도루 시도자 중 약 3분의 1을 잡아낸다.

---

* 1889년에는 메이저리그가 2개 있었다. 내셔널 리그와 아메리칸 어소시에이션이다. 플레이어스 리그는 그다음 해에 두 리그와 경합을 벌이기 위해 창설되었다. 하지만 첫 시즌을 끝으로 더 버티지 못하고 문을 닫았다.(어쩌면 일부 팀들의 이름 탓인지도 모른다. 피츠버그 버거스Burghers[주민, 시민이라는 뜻. -옮긴이] 대 클리블랜드 인펀츠Infants[갓난아이라는 뜻-옮긴이]의 경기를 돈 내고 볼 마음이 들겠는가?) 아메리칸 어소시에이션도 오래가지 못하기는 마찬가지였다. 이 리그는 1882년부터 1891년까지 버텼다. 그 밖에 유니언 어소시에이션(1884년)과 페더럴 리그(1914~1915년)도 메이저리그였지만 결국 폐물이 되었다.

- **PB** passed balls, 패스트 볼 | 패스트 볼은 에러로 치지 않으므로, 수비성공률에 아무 영향도 주지 않는다.
- **CERA** catcher's earned run average, 포수 자책점 | 알다시피 포수들은 투구를 하지 않는다. 이 기록은 특정한 포수가 홈 플레이트 뒤에 앉아 있을 때 투수들의 방어율을 따지는 것이다.

부록 B
유니폼 번호
UNIFORMS
NUMBERS

롱 릴리버들은 대개 부모에게 자신이 무슨 일을 하는지 말하기를 부끄러워한다. 그들에게 단 하나 좋은 점은 다른 선수들과 똑같은 유니폼을 입는다는 것이다.

– 짐 바우턴, 전 메이저리그 투수

참고 | 번호를 바꾼 선수들도 리스트에 한 번밖에 나오지 않는다. 그들은 가장 오래 달았던 번호에 넣었다.

1 리치 애시번(외야수), 짐 보텀리(1루수), 얼 콤스(외야수), 바비 도어(2루수), 토니 페르난데스(유격수), 래빗 마란빌(유격수), 빌리 마틴(감독), 빌 매케크니(감독), 피 위 리스(유격수), 오지 스미스(유격수), 루 휘터커(2루수)

2 리오 더로셔(감독), 넬리 폭스(2루수), 찰리 게링거(2루수), 빌리 허먼(2루수), 데릭 지터(유격수), 토미 라소다(감독), 레드 쇤딘스트(2루수)

3 얼 아베릴(외야수), 해럴드 베인스(외야수/지명타자), 미키 코크런(포수), 키키 카일러(외야수), 지미 폭스(1루수), 프랭키 프리시(2루수), 하먼 킬리브루(1루수/3루수), 척 클라인(외야수), 헤이니 마너시(외야수), 데일 머피(외야수), 에드가 렌테리아(유격수), 알렉스 로드리게스(유

격수/3루수), 베이브 루스(외야수/투수), 빌 테리(1루수), 앨런 트래멀(유격수)

4 루크 애플링(유격수), 조 크로닌(유격수), 루 게릭(1루수), 구스 고슬린(외야수), 칙 헤이피(외야수), 로저스 혼스비(2루수), 랠프 카이너(외야수), 어니 롬바디(포수), 폴 몰리터(3루수/지명타자), 멜 오트(외야수), 듀크 스나이더(외야수), 미겔 테하다(유격수), 얼 위버(감독), 핵 윌슨(외야수)

5 제프 배그웰(1루수), 조니 벤치(포수), 루 부드로(유격수/감독), 조지 브렛(3루수), 조 디마지오(외야수), 노마 가르시아파라(유격수), 행크 그린버그(1루수), 트래비스 잭슨(유격수), 앨버트 푸홀스(1루수/3루수/외야수), 브룩스 로빈슨(3루수), 데이비드 라이트(3루수)

6 바비 콕스(감독), 스티브 가비(1루수), 라이언 하워드(1루수), 앨 캘라인(외야수), 토니 라제리(2루수), 스탠 뮤지얼(외야수/1루수), 토니 올리바(외야수), 조니 페스키(유격수/3루수), 조 토리(포수/1루수/감독), 윌리 윌슨(외야수)

7 크레이그 비지오(2루수), 조지 켈(3루수), 케니 로프턴(외야수), 미키 맨틀(외야수), 조 마우어(포수), 조 메드윅(외야수), 호세 레예스(유격수), 이반 로드리게스(포수), 앨 시먼스(외야수)

8 앨버트 벨(외야수), 요기 베라(포수), 게리 카터(포수), 독 크레이머(외야수), 빌 디키(포수), 릭 페럴(포수), 조 모건(2루수), 칼 립켄 주니어(유격수), 윌리 스타젤(외야수/1루수), 칼 야스트렘스키(외야수)

9 밥 분(포수), 개비 하트넛(포수), 로저 매리스(외야수), 빌 마제로스키(2루수), 미니 미뇨소(외야수), 그레이그 네틀스(3루수), 후안 피에르(외야수), 이너스 슬로터(외야수), 밥 우커(포수), 테드 윌리엄스(외야수)

10 래리 보와(유격수/감독), 안드레 도슨(외야수), 레프티 그로브(투수), 치퍼 존스(3루수), 토니 라루사(감독), 조니 마이즈(1루수), 필 리주토(유격수), 론 샌토(3루수), 게리 셰필드(외야수), 러스티 스토브(외야수), 로이드 웨이너(외야수), 마이클 영(유격수)

11 스파키 앤더슨(감독), 루이스 아파리시오(유격수), 레프티 고메즈(투수), 칼 허벨(투수), 배리 라킨(유격수), 에드가 마르티네스(지명타자), 핼 맥레이(지명타자), 지미 롤린스(유격수), 폴 웨이너(외야수)

12 로베르토 알로마(2루수), 더스티 베이커(외야수/감독), 스티브 핀리(외야수), 제프 켄트(2루수), 프레디 린드스트럼(3루수/외야수), 알폰소 소리아노(2루수)

13 데이브 컨셉시온(유격수), 칼 크로퍼드(외야수), 오지 기옌(유격수/감독), 랜스 패리시(포수), 오마르 비스켈(유격수), 빌리 왜그너(투수)

14 어니 뱅크스(1루수/유격수), 켄 보이어(3루수), 짐 버닝(투수), 래리 도비(외야수), 훌리오 프랑코(유격수/2루수), 길 호지스(1루수), 조지 켈리(1루수), 루 피넬라(외야수/감독), 짐 라이스(외야수), 피트 로즈(외야수/1루수/3루수/2루수)

15 딕 앨런(1루수/3루수), 카를로스 벨트란(외야수), 짐 에드먼즈(외야수), 숀 그린(외야수), 팀 허드슨(투수), 서먼 먼슨(포수), 레드 러핑(투수), 대지 밴스(투수)

16 화이티 포드(투수), 제이슨 지암비(1루수), 드와이트 구든(투수), 제시 헤인스(투수), 테드 라이언스(투수), 핼 뉴하우저(투수), 앨 올리버(외야수), 허브 페넉(투수), 레지 샌더스(외야수)

17 랜스 버크먼(외야수), 디지 딘(투수), 마크 그레이스(1루수), 토드 헬턴(1루수), 키스 에르난데스(1루수), 스콧 롤렌(3루수)

18 모이세스 알루(외야수), 조니 데이먼(외야수), 레드 페이버(투수), 멜 하더(투수), 제이슨 켄딜(포수), 테드 클루주스키(1루

수), 에파 릭시(투수), 대릴 스트로베리(외야수)

19 밥 펠러(투수), 후안 곤살레스(외야수), 토니 그윈(외야수), 로빈 욘트(유격수/외야수)

20 벌리 그라임스(투수), 몬티 어빈(외야수), 마크 멀더(투수), 프랭크 로빈슨(외야수/감독), 마이크 슈미트(3루수), 돈 서턴(투수), 파이 트레이너(3루수), 프랭크 화이트(2루수)

21 루 브록(외야수), 스퍼드 챈들러(투수), 로저 클레멘스(투수), 로베르토 클레멘테(외야수), 밥 레먼(투수), 조 슈얼(유격수/3루수), 새미 소사(외야수), 워렌 스판(투수), 아키 본(유격수)

22 빌 버크너(1루수), 해리 하일먼(외야수), 짐 파머(투수), 앨리 레이놀즈(투수), 샘 라이스(외야수)

23 펠리페 알루(외야수/감독), 돈 매팅리(1루수), 라인 샌드버그(2루수), 테드 시먼스(포수), 마크 테셰이라(1루수), 루이스 티안트(투수)

24 월터 올스턴(감독), 미겔 카브레라(외야수/3루수), 드와이트 에번스(외야수), 켄 그리피 주니어(외야수), 리키 헨더슨(외야수), 윌리 메이스(외야수), 토니 페레스(1루수/3루수), 매니 라미레스(외야수/지

명타자), 그레이디 사이즈모어(외야수), 얼리 윈(투수)

25 돈 베일러(지명타자/외야수), 버디 벨(3루수), 배리 본즈(외야수), 바비 본즈(외야수), 카를로스 델가도(1루수), 프랭크 하워드(외야수), 토미 존(투수), 앤드루 존스(외야수), 마크 맥과이어(1루수), 라파엘 팔메이로(1루수/지명타자), 짐 토미(1루수)

26 웨이드 보그스(3루수), 데이브 킹먼(외야수/1루수), 빌리 윌리엄스(외야수)

27 케빈 브라운(투수), 칼턴 피스크(포수), 블라디미르 게레로(외야수), 캣피시 헌터(투수), 후안 마리찰(투수)

28 버트 블라이레븐(투수), 스파키 라일(투수), 랜디 마이어스(투수), 베이다 핀슨(외야수)

29 로드 캐루(1루수/2루수), 크리스 카펜터(투수), 조 카터(외야수), 미키 롤리치(투수), 프레드 맥그리프(1루수), 사첼 페이지(투수), 댄 퀴젠베리(투수), 존 스몰츠(투수)

30 오를란도 세페다(1루수), 팀 레인스(외야수), 윌리 랜돌프(2루수/감독), 멜 스토틀마이어(투수), 모리 윌스(유격수)

31
존 프랑코(투수), 퍼기 젱킨스(투수), 그레그 매덕스(투수), 로브 넨(투수), 마이크 피아자(포수), 호이트 윌헬름(투수), 데이브 윈필드(외야수)

32
스티븐 칼턴(투수), 로이 핼러데이(투수), 샌디 코팩스(투수), 데니스 마르티네스(투수)

33
호세 칸세코(외야수/지명타자), 에디 머레이(1루수), 래리 워커(외야수), 데이비드 웰스(투수)

34
롤리 핑거스(투수), 데이비드 오르티스(지명타자), 커비 퍼킷(외야수), 놀런 라이언(투수), 페르난도 발렌수엘라(투수)

35
마이크 무시나(투수), 필 니크로(투수), 프랭크 토머스(1루수), 존 웨틀랜드(투수), 돈트렐 윌리스(투수)

36
데이비드 콘(투수), 짐 카트(투수), 조 니크로(투수), 게일로드 페리(투수), 로빈 로버츠(투수)

37
케이시 스텡겔(외야수/감독)

38 에릭 가니에(투수), 커트 실링(투수), 카를로스 삼브라노(투수)

39 로이 캠퍼넬라(포수), 로베르토 에르난데스(투수), 데이브 파커(외야수)

40 바르톨로 콜론(투수), 트로이 퍼시벌(투수), 프랭크 타나나(투수)

41 대럴 에번스(3루수/1루수), 에디 매슈스(3루수), 제프 리어든(투수), 톰 시버(투수)

42 앨 로페스(포수/감독), 마리아노 리베라(투수), 재키 로빈슨(2루수), 브루스 서터(투수), 모 본(1루수)

43 데니스 에커슬리(투수)

44 행크 아론(외야수), 애덤 던(외야수), 레지 잭슨(외야수), 윌리 매코비(1루수), 로이 오스월트(투수)

45 밥 깁슨(투수), 페드로 마르티네스(투수)

46 앤디 페티트(투수), 리 스미스(투수)

47 톰 글래빈(투수), 잭 모리스(투수)

48 트래비스 해프너(지명타자), 웨이트 호이트(투수)

49 아르만도 베니테스(투수), 론 기드리(투수), 찰리 허프(투수)

40 버키 해리스(감독), 톰 헹크(투수)

41 트레버 호프먼(투수), 랜디 존슨(투수), 윌리 맥기(외야수), 스즈키 이치로(외야수), 버니 윌리엄스(외야수)

52 C.C. 사바시아(투수)

53 바비 어브레유(외야수), 돈 드라이스데일(투수)

54 리치 고시지(투수)

55 오렐 허샤이저(투수), 마쓰이 히데키(외야수)

61 박찬호(투수)

요한 산타나(57번)와 배리 지토(75번)에게는 실례를 무릅쓰고 리스트를 여기서 끝맺겠다. 높은 숫자를 단 선수들은 대개 실력이 썩 좋지 않기 때문이다.(팀 스푸니바거는 의심의 여지 없이 91번을 단 선수 중 최고이다. 하지만 스푸니바거 여사를 빼면 그 숫자까지 소개하지 않았다는 것에 괘념할 사람은 별로 없을 줄로 안다.) 그들은 스프링 트레이닝을 통과해 메이저리그로 올라가리라고는 기대하기 힘든 마이너리거이다. 메이저리거 중에 영광의 상징으로 높은 숫자를 그대로 간직하는 선수들도 간혹 있지만, 대부분은 그 숫자를 버리고 좀 더 품위 있는 숫자로 바꾸고 싶어서 안달을 하게 마련이다.

야구 교과서
규칙과 전략이 한눈에 보이는 똑똑한 야구 관전 가이드

1판 1쇄 펴낸 날 2023년 3월 10일
1판 3쇄 펴낸 날 2024년 6월 20일

지은이 잭 햄플
옮긴이 문은실

펴낸이 박윤태
펴낸곳 보누스
등록 2001년 8월 17일 제313-2002-179호
주소 서울시 마포구 동교로12안길 31 보누스 4층
전화 02-333-3114
팩스 02-3143-3254
이메일 bonus@bonusbook.co.kr

ISBN 978-89-6494-607-7 13690

- 이 책은 《야구 교과서》의 개정판입니다.
- 책값은 뒤표지에 있습니다.